我們
都是
脆弱的人

Secrets de psys

Ce qu'il faut savoir pour aller bien

Christophe André

克里斯多夫・翁推——編著 黃奕菱——譯

CONTENTS

目錄

2 CHAPTER 平靜與平衡

3
CHAPTER

4
CHAPTER

PREFACE 推薦序

好日子心理治療所執行長
／臨床心理師
陳品皓

身為一位心理治療師，我的工作是和許多正歷經生命幽谷的靈魂交會，以同在的姿態，陪伴案主找到一條涵容自己的道路。

每每我在和眼前的案主互動時，這種生命與生命的碰撞，都會不自覺碰觸到自己深藏於內心的議題。每一個人，都有他自己的個人議題，也就是在他生命經驗中尚未獲得覺察、融會、整合或跨越的心理門檻，這些議題往往會在他日常生活中的許多人際關係裡，以各式各樣的樣態浮現，定調了情緒的範圍、行為的範疇。不安、憤怒、脆弱、懷疑或是焦慮，每一種不平衡的感受背後，往往有著我們個人議題的存在，這是一個經驗彼此交雜而成的幽冥狀態，構成我們當下生命的底蘊。

治療師，作為案主的心理治療提供者，也有他個人的生命議題。每一位治療師對於自己的議題往往會有相對敏感而細膩的覺察，本書透過治療師自身覺察與接受治療經驗的分享，讓我們有機會得以一窺心理治療中的樣貌；是如何協助當事人解決困擾而獲得身心平衡的過程。同時在每一位治療師的經驗分享中，進而了解各式現行心理治療法的主張與價值。

這些治療師的經驗串接，正好成為貫通本書核心精神的主軸，亦是心理治療的信念：「當我們不再逃避自己的脆弱，進而接納這些不完美，找到和它們共存的方式時，我們的生命將因此而邁向完整。」

PREFACE
序言

「人們應該要求我追求真理，而非找到真理。」──德尼・狄德羅《哲學思想錄(Denis Diderot，Pensées philosophiques)》

你們怎麼想我不清楚，不過我從沒遇過超人或是女超人。事實上，我從來沒遇過人生沒有一點起伏、從不曾展現出缺陷或軟弱的人。相反地，我遇過很多表面裝得很好，但其實活得很糟的人。或是另一種大家都覺得他過得很不錯，但實際上活得很苦的人。

你們也許會說我的觀點偏激，那些真的過得很好的人不會來找我諮詢。沒錯。但除了在醫院的診療室之外，我也會在其他地方觀察人！而每次當我近距離和他人交流時，每當我看到他們的日常生活或聽親友談論他們時，我發現我們大家都是由缺陷和弱點組成的。因此，長時間下來，我體認出了一些信條。

信條1 每個人都有缺點。
信條2 那些「過得好」的人，是懂得和自己缺陷相處的人。
信條3 知道自己不是唯一一個有問題的人，這讓人感到安慰。
信條4 了解他人在面對自身問題時是如何處理的，還挺有意思的。

心理治療師會活得比他們的病患好嗎？

心理治療師當然也躲不開這樣的定律：我們也有一些問題、一點恐慌、一些抑鬱。我們之中有些人曾深陷憂鬱、藥物之中，有人經歷過艱辛的童年，甚至嘗試過自殺。會知道這些是因為我們之間會聊這些問題，會互相幫助，互給建議，為彼此互相治療。

長久以來沒人談論過這些問題。或只是以「心理治療師跟他們的病患一樣瘋」一笑帶過。用荒唐的笑話掩飾認真聊這話題的意圖。然而，心理治療師與病患之間的共通點，這主題還挺有意思的……。

在幾年前的一場精神病學研討會上，我們和一些同仁，組織了一場探討心理治療師與病患關係的研討會。我們邀請了幾位病患互助協會的代表來和我們聊聊，因此很自然的，這些協會的許多成員也到場旁聽。在當時，這樣的活動還不太盛行，而許多同業也對和病患面對面的場合感到尷尬，有些甚至反對將此兩方攪和在一起。不過對我們而言，此類交流利大於弊。不幸地，會議中途觀眾席中舉起了一隻手，一位目光稍微尖銳的先生用激昂的語氣問了一個又長又令人難以理解的問題。某些人回以理解或憐憫的微笑：「這就是我們把病患請來的後果……」但演討會結束後，這位先生來找我並向我解釋。依舊是很激昂的語氣，他其實是位精神科醫師。當然，我替他感到煩惱，但我也鬆了一口氣，更加確信患者與治療師之間的關係，比他們自己想像的還要親近！

○曾經受過苦的醫師在治療上會比較厲害嗎？

什麼是好治療師的必要條件？

這麼說好了，要成為一位好的治療師，有個先決條件：當然，他必須學過如何治療他人。學歷和訓練有其重要性：一定要勇敢地向自己的治療師詢問他的學歷（心理學家、精神科醫師、醫師或其他），哪些是他建議的治療法，而這些治療法包含哪些內容。一個稱職的治療師永遠會願意花時間回答你的提問，並向你解說他的工作方式。治療法並不只是聆聽和開導。它綜合了技巧、能力、科學數據、從其他治療師獲得的經驗等等。

要成為一名好的治療師，除了先決條件外，最好還要具備的，就是在治療時治療師本身不會太痛苦。當然我們可能在其中感到壓力、受挫或驚惶，但這些狀況不會持續太久。尼采的格言：「一個能夠擺脫自身枷鎖的人，至少可以解放他的朋友。」永久適用於心理治療上。如果治療師本身就對酒精有依存感卻同時治療酗酒的病患，這是不道德且欺騙的行徑。在治療焦慮或沮喪的患者時，若治療師也同時受憂鬱症或恐慌症所苦，同樣是不道德及欺騙的行為。這讓我想到某位出名的精神分析學家，在一個離他家很遠的大城市，舉辦一場關於恐懼症演講的小趣事：他自己也是位恐懼症患者，邀請他來演講的同事們必須隨侍在側讓他不會感到恐慌；因此，這些同事在面對演說與現實狀況的巨大差異時有些不知所措……。當然也不需要誇張到要求治療師提出心理健康的證明，不過至少他們要能夠戰勝自己的弱點。

某位雙極性情感型精神病（或稱躁鬱症）的權威專家，本身即是此疾病的患者。她不畏懼地在一本感人的書[1]中提到自己的病症，她說到她的人生可能因為不接受治療而被摧毀，也提到這項疾病如何困擾又豐富她的生命。所以，疾病不是問題，重點在於治療：以此為前提，所有健康問題的專家該標榜的不是他們很健康，而是他們對維持健康的正確行為。

要成為一名好的治療師，最後一個值得關注的是：認知自身的困境並擺脫這些困擾，對心理治療師而言是有利的。這樣的行為能提高同理心，如果我們經歷同樣的病痛就能更加理解那種痛苦。我主要是強調「更容易理解」這一點，當然還是有其他除了自身受苦之外也能產生同感的方式。不過曾生病並治癒，能幫助自己掌握使用於治療自己或患者的工具。而且還能讓治療者重拾謙遜的態度，並意識到我們對患者所提的要求，有時是有其困難度的。那些克服過各式不同困境的治療者，除了原本擁有的知識之外，還具有另一項能力：經驗。他們的起跑線通常比他人要超前一些，因為他們在自己身上已經使用過對患者建議的方法，也因此更具合理性。不是人格高低的關係，而是先後嘗試的關係。

爲何出這本書？

此書敘述的是多位心理治療師，面對他們自身心理困境的經歷。其中有許多狀況相當普遍，且對大部分的人來說都不陌生，像是壓力、焦慮、或者意志消沈；還有一些較嚴重且失衡的狀況，如毒癮或虐待。在此書中，心理治療師會跟大家聊聊這些問題，更重要的是，告訴讀者是什麼幫助他們脫離了困境。書中也會提到治療師如何照料自己並持續維持的方式。因為，要保持好的狀態才能提供好的治療。治療師的良好身心狀態能大大提升他們的同理心。

因此，讀者在書中可以讀到具體的建議，不只有用，更是被使用過的建議；也就是說，這些建議都是由治療師親身體驗過的。要注意的是，書中心理治療師的案例並非被推崇的模範，而是希望能從中得到啟發：失誤，脆弱，但他們努力執行了自己提供給病患的建議。令人感動，也更能激勵他人。換言之，是一些友善的範例；相較於讀者們，他們一開始的狀況並不會比較優越，但他們有較有力的方法，並渴望能傳授一些自身的經驗。

人性的分享

對於一些同事和朋友，在他們身上發現我們從未談論過的困境時，讓我很感興趣，也有所感受。各位或許也會對書中的故事感興趣，受到觸動。在書中自白的這些治療師都展現了誠實與勇氣。如同患者來到我們面前，對我們坦白他們的苦痛、失敗、恥辱、恐懼——也展現他們的能力，讓我們參與他們的努力和進步。因此，邊閱讀他們的故事，我邊問自己：「那你呢？」我本來只想要靜靜寫篇序言就好，但這會兒我卻覺得像個「膽小鬼」般的退在幕後。事實上，我應該可以自己獨力完成這本書，因為我覺得我的一生都在對抗自身的缺陷。法國作家儒勒・雷納爾（Julies Renard）在他的日記裡提到過他的「失效的缺陷」；

我好像有滿多這種失效的缺陷，而且，我似乎總是對失去效用的努力過程感到興趣。而且是以我的立場而言有利的。不過，工程顯然尚未完工！

例如，去年夏天渡假回來後，我的機車故障了，我的電腦在我還沒有儲存一些重要的資料時當機了，還有我們家的冰箱也壞了，裡面的東西也是……我當然知道也主張這一切都不要緊，不過是一些器材，但我花了幾天才重新回到冷靜狀態。我的妻子和女兒們用戲謔的眼神看著這一切（親人的訪談長久以來就是心理學家最可靠的資訊來源）：「你這麼一個壓力與冥想的大專家，為這點事就惱火？」想當然爾，我有我的理由。我解釋若是在以前，我還不是精神科醫師之前，這樣的狀況可能會持續更久的時間。總之，我惱火的時間沒有太長，而沮喪和氣惱的高潮一過，生活又快速恢復原狀。

從前，在我的專長領域，尤其是理論方面，如果不能達到完美，我會很不安。我覺得被偽善感包圍，就是哲學家亞歷山德・鳩立昂（Alexandre Jollien）在他自傳中提到的：「我閒談著平靜並活在不安中。[2]」但今日，我的立場很簡單：我允許自己脆弱和不完美，而且我規定自己在面對這樣的狀況時，不可以持續消極或放縱。我當然也會在自己身上運用我推薦，並使用在病患身上的療法：承認自己的缺陷，然後對其採取行動。我不會放棄努力，而且接受自己的狀態。

在我治療師的生涯裡，有三樣技巧在私人的情況下幫助過我：肯定自我來處理我的內向、認知療法對付我焦慮的習性、正念療法治療我的沮喪。為此我對教授我這些領域的師長甚為感激：關於自我肯定的Madeleine Boisvert 和 Jean-Marie Beaudry[3]，關於認知療法的Ivy Blackburn 和 Jean Cottraux[4]，和最後教育我正念療法的Zindel Segal 和Jon Kabat-Zinn[5]。被教育這些技巧後的我，成了一個不一樣的人，一個我比較想成為的人，也是一個我認為比「過去」的我活得更好的人。這就是為何許多經歷過這一段的治療師，常常如此「著迷」於他們的治療工具，甚至有時無法忍受他人提出批評，就像最近「心理學家之爭[6]」所呈現的：他們常常是被這些相同的工具大力相助過。作家兼心理分析師Philippe Grimbert 寫道：「精神分析不是治療，是救助。」對一名治療師而言，不論出身哪所學校，都很難忍受針對救過他的工具的批評（啊，又一項標準可以用來檢測你的治療師：批評他的方法……）。

致謝

我的感謝不只給我的師長，還有我的病患們。多虧了他們，我可以規律地實踐。當我主導冥想小組時，我跟他們一起靜坐；當我和他們一起思索他們的人生時，我也會反思我生活的方式。他們的困境總為我開導了自己的難處。一邊了解他們，我也了解自己；一邊幫助他們，我也幫了自己；一邊治療他們，我亦自我治療！

此外，當很了解我的「老」病患對我說：「醫師，你今天看起來狀態不太好。」時，若他們所言為真，我會承認。這對他們很有幫助：就算是治療師也會有情緒，當然。人不能依據強弱或有沒有問題被分為兩類，該看做是正面臨問題的人和曾經有過問題的人，能夠面對並克服困難的人，和其他正在學習這麼做的人。互相談論彼此的問題，相互訴說彼此的努力，對我的同事、也是此書的共同作者們以及我來說，我們覺得是有助益的。

希望能為你提供一點幫助。

克里斯多夫・翁推 Christophe André 是巴黎聖安娜醫院的精神科醫師。

上一本於 Odile Jacob 出版社發表的著作為《情緒，朝向平靜的學習》。

譯注**1** Redfi eld-Jamison K., *De l'exaltation a la depression : confession d'une psychiatre maniacodepressive*,Paris, Laffont, 2003.

譯注**2** Jollien A., *Le Philosophe nu*, Paris, Seuil, 2010.

譯注**3** Boisvert J.-M. et Beaudry M., *S'affirmer et communiquer*, Québec, Éditions de l'Homme, 1979.

譯注**4** Blackburn I et Cottraux J., Psychothérapie cognitive de la dépression, Paris, Masson, 1988.

譯注**5** Kabat-Zinn J., Au coeur de la tourmente, la pleine conscience, Bruxelles, De Boeck, 2009; — Segal ZV et col., La Thérapie cognitive basée sur la pleine conscience pour la dépression, Bruxelles, De Boeck, 2006.

譯注**6** Voir Meyer C., dans sa préface de la nouvelle édition du *Livre noir de la psychanalyse*, Paris, Arènes, 2010.

戰勝苦難

作為精神科醫師並不能讓你免於疾病與痛苦，也不能消除你的混亂和不安。但是能幫助你不向下沈淪，因為我們知道應該怎麼做，並且為之努力——僅僅只要和我們的病患做相同的事，加上毅力和謙遜，便能夠發現這些努力在自己身上也行得通……。

1

CHAPTER

01

內向，臉紅，懼怕他人的目光

史蒂芬妮・羅伊
(Stéphane Roy)

對於一個內向的人來說，即便已經從事件的情緒中痊癒，但要談論自己永遠不是容易的事。

打開電腦之前，我思考了很長一段時間，如何開始這個章節呢？該怎麼做呢？數以千計的問題向我襲來，例如：怎麼說才有趣？什麼樣的資訊，對於啟發並幫助讀者在他們自己的心路歷程上是有用的？

我來到電腦螢幕前，這些思緒變得清晰：談論自己，毫無懼怕的展露自己，接受自己。就這麼簡單。正因如此，現在，我決定作為一個敞開心房的治療師，向你們傾吐自我。

第一次

自有記憶以來我一直是內向的，但並不是讓交友或參與活動產生困難的那種病態性的內向，而是一種當下的內向。這種類型的內向在你必須發表個人意見，或是必須與第一次見面的人進行對話時，會產生慌亂的感覺。對我而言，和一位女孩說話最會讓我徹底失去穩定性。但記憶有時是反覆無常的，當我們回憶所有第一次顯露出內向的時刻，很難達到完美而精細的程度。但隨著時間的推移，記憶趨向完整。我察覺到記憶像一齣劇集的片段朝我襲來，並且比我想像中更加深刻。

小學時期

我八歲時，還是一個普通的巴黎小學生。一點也不疾言厲色的學校老師如同往常，穿著不像這個時代會出現的灰色罩衫，寬大的手和嘹亮的嗓音令人印象深刻。他用一幅圖畫向我們提出問題。

我強烈記得所有能逃離現場的策略：藏在同學身後、假裝在地板上撿東西、要求去上洗手間，或甚至向耶和華祈禱別讓我最擔心的事發生在我身上。然而那一天，策略完全失效，我最擔心的事還是發生了。

當我聽到我的名字那一瞬間，我感受到劇烈心跳，雙手發抖並面紅耳赤。我站在圖畫前，老師向我提問，但我的腦中一片空白，像麻痺似的動彈不得，幾乎不明白他說了什麼，內心就像火山爆發一樣。我感到非常難受，我在同學驚訝與訕笑的目光下回到座位上。

上了中學

時光飛逝，我來到了十四歲。一如往常，是一個學年的尾聲，學校會舉辦一場體育比賽，由各個班級進行競賽。在沒有詢問任何人意見，也沒有人告訴我怎麼回事的情況下，我成了手球隊的守門員。我對守門員一點概念也沒有。讓我來簡述那一晚：永無止盡地被對手進球得分，並在年鑑上留下紀錄。除了理所當然完全沒被留在集體記憶當中的比賽成績之外，我想這是我青春期最丟臉的事件之一。憤怒與淚水佔據了我，渴望著比賽結束，畏懼接下來的後續發展。在屈辱和羞愧的驅使下，中場休息時我躲進了廁所，我對整個世界感到氣憤，但我最氣的還是自己。表現達不到水平是我最大的傷痛，我因此而懲罰自己。也就是從那天起，我甚至不需要外力的，開始貶低自我的價值。

從發現到啟發

很多年以後，在我的心理學文憑即將到手之際，我有幸進入巴黎享負盛名的醫院內，一個專門處理社交焦慮的單位。我明白這是多難得的機會，並在教授的指導下學習社交恐懼症的集體治療。我才發現（在我的學習生涯中從未聽說）原來也有其他人在不同程度上，出現像我一樣的症狀：逃避、臉紅、自我貶值、缺乏肯定等。此外，這些症狀被命名為「社交焦慮」。這個病症以及深受其害的患者，很快就引起了我濃厚的興趣。這一切都使我想起與他人相處時的困難，我想盡可能地了解並幫助自己。

如何在幫助他人的同時自我幫助

我是一個心理學家，也是一個心理治療師。心理學家顧名思義，是通過了五年大學心理學專業訓練的專家[1]。心理學是一門研究人類心理功能及行為的科學。心理學家透過研究

譯注1 台灣的心理師為國家考試資格，依據心理師法規定，必須為心理學相關研究所畢業，且經實習及格者始能應考國家考試，研究所學制三年，含一年全職實習。

想要更了解自己心理狀態的人，獲取心理機制的相關知識。至於心理治療，是由一種非常個人化的步驟所構成，每個人都是獨一無二的，目標在於讓他人自信地傾訴，傾訴他們的日常、病症以及關係困難、他們的生活計畫，而心理治療師致力於幫助這些人擺脫困難。精神科醫師或是心理學家同時接受完整心理治療訓練的情況並不罕見，結果是，我們有為數眾多的心理治療師。倘若你進行了一項心理治療，最為重要的是向你的心理治療師詢問更多在他專業領域上的細節。

這些年來我一直在幫助受社交恐懼症之苦的人，我學習、擁有及應用一些個人的技巧。它不是一帖即時速成的神奇藥方，而是一些組合，加上我作為治療師和害羞的人的經驗累積。當然，邁向痊癒和健康之路有時漫漫且崎嶇。但如果我能分享我每天運用的技巧幫助你，我的目的就達成了。

理解對方的痛苦

對於非領域內的專業人士來說，如果對方沒有清楚解釋，要想理解對方所遭受的痛苦是很困難的。偶爾有幾次我遇到的病患，因為覺得生理上和心理上都不被理解，當下就離開了診所。由於擔心他們生氣，我也不敢繼續追問下去。有很長的一段時間我也很難把自己的問題用詞彙表達，總覺得一些拐彎抹角的說明是必要的。在精神病學當中，內向一詞通常被與社交焦慮劃上等號。然而，這兩個術語卻不全然同義。

「內向」是較通俗且不精確的字眼，涵蓋了自尊、社會技能、自我主張能力、性格、身體和情感的展現等不同的概念。除此之外，「內向」代表的是一種人類深沉的情感，每個人或多或少都會有此感觸，而不一定是病態的。「社交焦慮」則被定義為一種特別的焦慮症，僅出現在人際交往的情況下。簡而言之，社交焦慮的兩大區分類別為「內向」和「社交恐懼症」。

內向

「內向」適用於輕微的社交焦慮，只在某些社交情況下出現，像是和新認識的人進行討論。內向頂多被認為是一種性格特質，驅使內向的人們閃躲，避免自己趨上前去或採取主動。這種社會壓抑的行為，主要表現在和陌生人的互動上，當交談對象令人放心或是親近時，內向的人便能重新找回能力，輕鬆自在地談話。

社交恐懼症

「社交恐懼症」被定義為一種極端且無效用的社交焦慮，流露出強烈的懼怕和失控，並且遭到他人負面的評價。通常由某些社交情境所引起，例如公開發言、或是抱持反對意見。

社交恐懼症的人畏懼這樣的情況發生，並發展出多套策略來迴避。並且為了不要陷入極為痛苦的社交情況，這些策略漸漸支配了生活。

無論是內向還是社交恐懼，某些症狀可能具有侵略性與干擾。例如對我來說，最尷尬的症狀是臉紅。但到底什麼是臉紅？臉部泛紅是一種尋常的反應，所有淺亮膚色的人類都可能發生且輕易被察覺。生理上來說，這個反應可以簡單地用臉頰上所有小血管的擴張來解釋，這時候血液在皮膚下更為清晰可見，臉部的溫度上升。這個反應是自動的，無法控制的，並且與感覺息息相關。因此，臉紅作為人體的自然反應，問題不在於臉紅本身，而是如何接受臉紅這件事。臉紅往往被認為與懦弱、窘迫或恥辱有關，這就是為什麼對於多數內向的人，臉紅會成為一個麻煩問題，必須要千方百計地隱藏。

但我們會發現，有些人在臉紅的生理表現上天生比其他人更明顯。另外像是發生在頭部的出汗也是如此，值得慶幸的是，流汗比臉紅更讓人容易聯想到的是生理機能。

在恐懼之中自我表達：一種溫和的做法

在我的心理治療療程中，「自我表達」是一個我經常分享給社會性焦慮病患的技巧，這項技巧也給了我不少幫助。

我一直被灌輸「恐懼避免不了危險」的觀念，所以也就更不用把恐懼放在危險之前。然而，當遇到印象深刻甚至驚嚇的事時，我們自然會傾向逃跑或閃避。如同我多年的行為模式：不去參加下午茶生日派對、害怕不知道要說什麼而刻意不和朋友迎面相遇、害怕說出蠢話而不敢發表意見等等。當然你可以說，我們每一個人都偶爾可能有想要避開社交生活的那一天，但這裡我想談論的是每日生活的運作，一種生活的方式。很不幸地，逃避的行為是矛盾的：逃避的越多，這樣的情景越讓我們難以負擔。在心理學的領域中，我們說是逃避加深了恐懼。

但幸好逃避並不是人類的宿命，有一種方法能夠有效地讓逃避轉為自我表達。我們將「表達」與「面對令人害怕情況時所採取的逃避行為」定義為互相對應。緩慢且謹慎的策略相當重要，因為粗暴的表達方法是無效的。

如何自我表達

以下是一些有效，且能按部就班自我表達的規則：

- 在篩選過的情況下進行發表，並盡可能長時間停留在這個狀態中，直到不自在的感覺降低五〇%。若一開始覺得太困難，可以試著只進行幾分鐘再重新開始，重複這個過程並逐漸加長時間。
- 我還記得傑羅姆，一位在建築和土木工程公司人力資源部服務的病患，來信和我敘述他在公開場合發言的困難。他和一兩位合夥人組成了一個會議，開始他第一次的練習。他盡可能讓會議持續足夠長的時間，以確保能在會議結束之前，把原本的焦慮感降五〇%。而後他不斷重複練習，並逐漸增加會議人數及時間。
- 即便已經學會了妥善處理情緒和狀況，也別忘記去面對新的情況，直到足夠熟練，幾乎不再引起焦慮為止。好比學騎腳踏車，在完全掌握平衡感之前，必須一再跌倒與回到座墊上。自信是需要透過一而再的努力建立的，比起強迫自己承受過於沉重的焦慮，重複同樣的練習更有效率。

▪ 練習之後在當下停留幾分鐘，確保你的焦慮程度不會回升。若焦慮回升了，請延長發表的時間，直到焦慮降至合理的程度。

▪ 發表必須完整。這意味你必須充分地察覺情況，不要強迫自己胡思亂想，也別嘗試要讓情況不那麼令人焦慮。不要閃躲他人的目光，也不要借助太陽眼鏡、浮誇的妝容、酒精、藥物，或拿出手帕或手機等。

▪ 不要「強迫」。無論如何，你都不需要持續待在難以忍受的情況之內，重新考慮你的承受度分級清單，選擇一個比較不令人焦慮的情況。關鍵並不在於立即的成功，而是能堅持下去。

▪ 要有耐心。花時間做一個透徹的改變非常重要，即便緩慢。你「糟糕的」習慣可能存在已久，無法在幾日之內消失。即便成功幅度很小，也要注意到自己的成功之處並鼓勵自己，為自己慶祝，因為他人無法感同身受你的感覺。你可以感到驕傲。回想自己今天做過的事，並與數日或甚至數週前相比較，這樣定期自我意識的攫取，讓你可以和自己做對比，使你對待自己更加寬容。

自我展現

另一個內向最直接的產物，是對於向別人表達自己這件事感到困難：害怕詢問、害怕拒絕、害怕收到批評，或讚美他人。

害怕對方的反應

有很長一段時間，我很難在生活中自我展現。理由很簡單，如果我自我展現，便會迎來他人的回應，但我擔心得到消極的回應，所以我保持沈默。自我表現的缺乏往往與對被否定的恐懼，甚至是害怕他者的侵犯有關。缺乏自信的負面影響，是將自己封閉在一個向下沈淪的螺旋中：「我害怕被拒絕、害怕不被愛，因為畏懼別人的回應而選擇不自我表現，從而我什麼都沒有，因此我不尊重自己的需要，因此我不尊重自己，我學不會相信自己，我質疑自己的能力，因此我還是不敢自我表現。」

但與這些認知相反的是，自我展現是可以習得的。自我展現並不是與生俱來的，而必須透過學習。但自我展現是怎麼形成的呢？

自我展現，是溝通的開始

要能良好地展現自我，良好的溝通不可或缺。嚴格來說，溝通指的是和交談對象建立一段關係的意圖。當我回應了一位與我說話的人，我和對方之間正在進行溝通，相反地，若我不予以回應，也是傳達了某種信息的溝通方式。總而言之，我們不可能不溝通！我們可以將自信視為表達需求、欲望和價值觀的一種能力，並在表達的同時尊重他者的立場，為他者著想。

這些年來我不斷研究內向和其解套方式，以及關於自信的研究。但是在這裡闡述所有建立自我展現方式的細節，將會過於詳盡且不可消化。所以我僅提出由我一位同事將這些技巧綜合建立的一套方法，他在此領域是相當傑出的一位專家。這個方法可以應用在任何需要自我展現的情況，這就是 JEEPP 法則：

能夠自我展現的方法

JEEPP 法則如下：

J（je）：第一人稱，用第一人稱來開啟句子。「我想、我希望、我覺得……」

E（empathie）：同情，站在對方的立場。「我完全能夠理解，但我想……」

E（emotions）：情緒。「我很遺憾必須堅持」、「我明白這很尷尬，但……」

P（precis）：明確，直接了當的表達。「我希望你能夠歸還我借給你的十五歐元。」

P（persistance）：堅持，複述簡潔的句子，有如一塊被刮傷的唱盤，並且搭配同情的法則。「雖然我明白你現在一貧如洗，但我希望你能夠歸還向我借的十五歐元。」

最後做一個正面的總結：「如果這禮拜不方便，那希望就是下個禮拜。謝謝你的合作！」

這個小法則的好處是可以單獨並重複地自我練習。但是在採取步驟之前，必須確保自己能夠承受失敗、負面的回饋，以及沒有感同身受的行為。

如果你有權提出一個請求、讚美、批評，別人當然也有權拒絕，或是不同意你的意見，但這並不是檢討你的人格或是你與他人之間的關係位置。**你的言論舉止並不能全然代表你，以及你內在的價值觀**。將這句話記在心上，將有助於你不去計較溝通的得失，以及排解令人畏懼的結果：拒絕、批評或放棄。

○結語

在我完成這章節的書寫時，我比任何時候都更加意識到自己正在做的努力：向別人揭露自己，將我的內向曝曬在日光之下。對於內向的人來說，發自內心地迎向他人的目光是最困難的。然而，這是最終必要的步驟。

接受帶著內向特質及缺陷的自己，並時刻提醒自己，你是一個非常好的人。本章節的最後，我希望以一段我常和病患說的故事做結尾，根據他們的說法，這段故事總讓他們受益良多：「其中一個讓你從內向性格釋放的方法，就是將內向視為一座山。當你接近這座山的時候，它看似繁重、具有壓倒性。但想像自己駕駛著一輛汽車，緩緩駛離這座山的距離，直到一個足夠遙遠的地方，停下車，轉身回頭看看這座山，便會覺得萬事皆有可能，似乎已經不再這麼令人抑鬱。」維持這樣的距離，你可以想像登上這座山的不同方法，或許你會找到一條從側邊上山的路，或許你會發現一條直攻山頂的隧道。無論何種方式，在適當的距離下，內向的山似乎不再如此繁重，而你清楚知道在這段距離之下，某部分的恐懼與焦慮變得微不足道甚至消失，尚且存在的恐懼與焦慮也變得合理許多。一切都變得更為簡單並有無限可能。

從這個比喻，我們可以理解內向由幾個要素，如恐懼感、自我貶值、逃避等所構成，也同樣是這些要素，如果被視為要達到且超越的目標，便可以是正面積極的。這麼說也許有點挑釁，但我們仔細想想，生活倘若沒有遇到任何困難，那也真的是很枯燥。

過分的內向干擾生活運作且具破壞性，這些過分的內向，可以透過在行為上保持距離而獲得控制。透過本章節所提出的，一些用以應對內向的技巧，我們可以給予適度且健康的內向好評，達到這樣的平衡就可以擺脫導致全面癱瘓的焦慮，在維持傾聽和同情能力的同時，享受與他人分享與共享訊息的樂趣，恰當地內向。

內向的朋友們呀，做出一些改變吧！你不會總是想迎合別人期待的，學會讓自己得到別人的讚賞，並做你自己吧！

更多資訊請參閱第 481 頁。

02

克服對疾病的恐懼

羅閎・齊內維斯醫生
(Dr .Laurent Chneiweiss)

幾個月前我去拜訪了呂克，我的一位皮膚科醫師朋友。

呂克不僅是我的朋友，也是我的醫師。這幾年下來，我看到角質病變在我的臉上出現，呂克盡其醫責地使用液化氮為我治療。角化症也許是因光照而引起的良性病變，但幾年後也可能惡化為癌症病變。是的，的確是這個令人打冷顫的字眼：癌症。

對疾病感到焦慮的過程

就像所有醫生一樣，我知道有較不具侵略性的惡性皮膚腫瘤（基底細胞癌），也有具侵略性的惡性皮膚腫瘤，尤其像是惡性黑色素瘤及鱗狀細胞癌。而侵略性指的是腫瘤透過轉移擴散到全身，移轉性的入侵則是宣判為最糟糕情況的至要關鍵。

不尋常的病變

幾個星期前，一個我以為是角化症的病變出現在鼻子上，我決定去見見我的皮膚科醫生朋友。時值聖誕節前夕，不久後我就要上山度假。我以為他會一如往常的用液態氮冷凍治療，療程在五分鐘之內結束。但事情並不如我預期，呂克和我說：「現在我希望你回去休息，等到回診時來做一個活體組織切片，不急，也不會很令人討厭，只是我認為應該做個檢查。」

接下來的兩週，我仍然不覺得焦慮。我告訴自己呂克只是謹慎，最終還是會像往常的治療方式，以液態氮冷凍療法作結。兩週後我回到了呂克的辦公室，準備好接受活體組織切片，但事情出乎我預料。呂克劃了切口並提取一塊病變的組織，放進小瓶子裡密封，填寫一份實驗分析用的表格，快完成撰寫之前，他抬頭望著我說：「我們也會檢查它是不是一個鱗狀細胞。」當下我只覺得震驚，直至回到家中才發覺自己異常的焦慮症狀：快要窒息、心跳加速、背脊發涼。我正在經歷我用來描述我的焦慮症病患的那些狀態。

首先，接受情緒

我並不打算立刻排除這些生理症狀，我告訴自己，這些症狀就像所有引發焦慮的危機一樣，會漸漸模糊然後淡去。在焦慮症狀開始消褪時，我做了一些幫助放鬆的運動，並檢視自己的思緒，而正是我那些病患的經驗，在此時給了我最多的幫助。想當然最痛苦的想法莫過於對鱗狀細胞癌的擔心，擔心健康惡化，隱隱約約藏著對死亡的恐懼。但我很驚訝這個想法沒有劇烈爆發，我猜測這和我先前遇到一位遭遇癌症患者之間的談話，是這一段想法的起源。我記得那位病患對我說：「你知道嗎，以個人角度來說，我們都是不朽的，我這麼說是因為我永遠看不見自己的死亡，我將永遠看見自己活著。我永遠不會知道自己死亡。」這個念頭時常伴隨著我，激起我對於死亡的討論，幫助我重新回到過去所忽視的、關乎形塑我們存在事實的辯論。

「我在害怕什麼」

詢問一個經典的問題：「我在害怕什麼？」（回答當然是「病痛」和「癌症」）這兩個認知治療師總是要求病患討論疾病的兩個面向。對於疾病存在的客觀論點來說，除了呂克學校所教授的理論知識之外，實在沒什麼好寫的。至於對疾病抱持樂觀想法則相當充分：病變並不真的是癌症，我可以感受到自己有多健康，而且我已經提出證據，證明良性是比較可能的病變。雖然不是沒有可能，但是病變成為癌症的機率很低。但如果真的是鱗狀細胞癌，是不是很嚴重？相對於這個嚴重性最強烈的論點在於：治療是存在的，特別如果病變才剛開始的話（顯然是這樣），其餘的就聽天由命。我的推理結論讓我相信，病變非常嚴重的機會也許不大，嚴重性也會是相對的。問題在於如何適應這個心態。

有一次，時常和我討論這件事並且患有疾病焦慮疾患[2]的患者喬治告訴我：「認知重組是一件了不起的事，但始終不能說服我。以我的情況來說，我總有個信念認為有一天我會

譯注2 疾病焦慮疾患，Hypochondriasis，也作疑病性神經症（Hypochondriacal neurosis）、慮病症，是指對自身出現的一些身體狀況作出不合實際的解釋，擔心自己身患一種極為嚴重的疾病。

病入膏肓。唯一可行的辦法是當焦慮感又再度浮現時重複推理一次，不用嘗試做更多其他的努力，也不需要絞盡腦汁去找其他的論點，一段時間之後，我相信我的無意識會繳械投降，讓我歸於平靜。」我決定採取喬治的做法：每當焦慮出現時，便再重複一次推理。

畢竟，我真的也沒有多少時間需要心理奮戰，約莫二十四小時之後，我就發現自己幾乎不再焦慮。而在診斷後的第六天，呂克打電話來和我說只是一個化膿性肉芽腫，是一個良性病變。

關鍵要點：接受情緒

當焦慮佔據了你，你必須對它投以應得的關注，胡思亂想只會加劇焦慮。

病患教會你的事

五十二歲的艾薩因焦慮症向我求診，她一直被患有腦癌的恐懼折磨。這要追溯到孩童時期，在她的原生國家，九歲的艾薩目睹游擊士兵在她父親頭上開了一槍。艾薩與兄弟姊妹在這場當地革命中活了下來，並來到法國避難。她在沒有心理支持的情況下獨自與這個爭戰的世界搏鬥，並在後來接受高等教育，嫁給一位地方官員，育有一個十二歲的女兒。

對於疾病持續的焦慮

儘管接受了四年的精神分析治療，她仍然無法控制她的焦慮。每當頭痛的時候，她無法阻止自己想像有一顆巨大的腫瘤用力擠壓她的腦部。她極度焦慮，不斷央求主治醫生直到對方同意拍攝核磁共振成像或腦部掃描。沒有醫生固執的拒絕、沒有無法獲得醫療補助的風險，也沒有全科醫師因為她多次的要求而辭職，檢查報告永遠顯示正常。但這不能阻止艾薩再次焦慮，幾日後她表示：「要是放射科的醫生沒有全部看到呢？要是放射科醫生沒有正確的調整機台呢？要是腫瘤在這幾天長了出來呢？」

負責認知管理工作的治療師，一部分的工作目標在讓患者的想法從情緒化轉變為理性。換句話說，就是引導患者辨別引發或伴隨焦慮而來的思緒，並且與現實情況比較。如此一來，焦慮病患的念頭都集中在危機上，所有注意力都轉向要驗證危機，以及擺脫走到這個地步的方法，以至於忽視了其他外在因素。

在艾薩的例子裡，她對身體的過度注意招致血壓上升而表現出頭疼的症狀。但她忽視了其他可能的原因而只保留癌症的可能性，這個想法強化了她的焦慮。她為了尋求安心而上網搜尋資料，然而，複雜的疾病描述及病患之間的交流，只是更加劇了她的焦慮。

在相信和質疑之間

焦慮患者周圍的親友，已經非常習慣聽到病患抱怨疾病，但也常常因為認定疾病是虛構的而缺乏傾聽，或甚至以嘲諷收場。治療師偶爾也會落入同樣的行為，若他們相信了病患對於恐懼加深的片面說辭，治療師將不再相信病患，甚至不再與之並肩作戰，失去治療師的身分。在艾薩的例子裡，我選擇仔細聆聽。第一場討論的觀點之一是腦癌發生的機率。「時常想到這件事是正常的，因為在電視上（和手機上）總是被談論，而且人數眾多。我周遭就有幾個例子。」我的第一個反應是認為艾薩誇大了腦癌的機率（一般人腦癌發生的機率是每十萬居民每年五至六位，也就是說每年有三千五到四千個新案例增加。）然而，我決定用一週的時間把自己放在高警覺性的狀態，尋找生活及身邊親友腦癌的例子。我在與家人、朋友、同事、銷售人員以及藥劑師的對話當中，安排這個話題出現。在經歷了特別關注的一週之後，我帶回來的成果令人滿意卻又辛酸。艾薩是對的，當一個人對於特定主題特別感興趣時，你會發現它比想像中的更加頻繁出現。

而另一個被討論的想法是「網路上有非常多網站和網頁討論腦癌」。事實上我也上網瀏覽了一番，法語搜尋結果顯示有五十二萬頁。相較之下若搜尋「梗塞」可找到七十九萬頁，打上「心肌梗塞」則只有二十一萬頁。法國每年心肌梗塞的新案例為十二萬筆，網路上的資料數量非常可觀。

這個故事對於我身為一位治療師，非常具有啟發性，鼓勵我們要更加傾聽病患；同時也對病患具有啟發性，如果你遇到一位治療師，不要猶豫地向他提問。如果覺得他不完全相信你，帶著論點向他諮詢，充分討論。你和治療師都將有所成長！

團體作業

心理治療時，不要等候治療師帶給你「最佳」的治療，有效率地主動迎擊每一位團體成員的麻煩。

選擇快樂，因為我想活得更久

瑪蒂爾德年約五十來歲，她因恐慌症而求助諮詢。離開家門對她來說非常不容易，但她根據她的焦慮安排了生活，因此她要面臨的障礙有限。瑪蒂爾德和丈夫在離家兩百公尺處經營一間成衣時裝精品店，他們的兩個孩子目前就讀大學。一般來說恐慌會使廣場恐懼症[3]複雜化，這便是瑪蒂爾德所遭受的。她的恐慌毛病時常發作，這種生物風暴會襲擊大腦，在幾分鐘之內帶來如心悸、出汗、呼吸急促或極度的肌肉緊張等症狀，同時也包含思緒上的驟變，如害怕死亡或變得瘋狂。只是認知和行為管理，目的在教導病患控制身體症狀及思緒過程，但也正是這個原因，我們的談話常以失敗告終。

恐慌發作的螺旋

儘管經過幾次對她災難性想法的討論，瑪蒂爾德仍然堅信恐慌發作總有一天會致她於死地。一次認知行為治療中，瑪蒂爾在一場「是否相信病情發作期間的內在聲音將誘發死亡」的討論裡，承認在她十多次的發病中，每一次都受到死亡的勸誘。但如今她來到這場諮詢也代表她仍然活著，她有可能被自己的信念所誤導。雖然她也相信我所說的，恐慌的研究清楚顯示病患不會在發病的過程中死亡。然而她的信念依舊存在，瑪蒂爾德有天拿著我的著作來到我面前，說道：「你自己看你寫的！你在書上說焦慮症的病患得到心血管疾病的比例是其他人的兩倍！你甚至也說有一個關於焦慮症患者是否比其他人更短命的辯論！」總之我們陷入了膠著，療程進展困難。

如何擺脫這些執念

幾個星期之後，瑪蒂爾德帶著歡愉的神情回來找我，她參加了一個以戒律為主題的拉比會議[4]。

「你要尊敬你的父親和母親，為了你的日子能在神賜予的土地上過得長久。」——拉比的建議表示，和父母和諧的關係將帶來幸福，而健康與長壽則以幸福為擔保。瑪蒂爾德在會議中得到一個啟示：長壽與幸福有關。既然她邁向幸福唯一的障礙是她的焦慮，她決定從現在起相信流行病學的研究（恐慌症病發並不致人於死），並且拋棄她原先的執念。她的理由很簡單：如果我放棄某些對死亡的執念，接受自己的焦慮發作，我便能夠迎戰如今懲罰著我的各種情況。如果我獲得了幸福，我的生命也將更加長久。某種程度上，就像幾年前我的朋友克里斯多夫・翁推告訴我的，他決定要為了能活得長久而更加快樂一樣！自此之後我們的進步穩定，療程重新回到令人滿意的運作上。

譯注3 廣場恐懼症，Agoraphobia，又稱懼曠症，是一種焦慮症，患者會害怕人群擁擠的情況，尤其是在封閉的空間當中，而且通常會引發恐慌症狀。

譯注4 在猶太文為「老師」之意。智者的象徵。

事件之後，我常常和病患分享這段故事。在遇到瑪蒂爾德之前，我就熟悉健康和良好心情之間的關係（以及抑鬱和死亡之間的關係），而瑪蒂爾德的啟示更是一個肯定的例子，相同的話語可能重複了幾十遍，卻在某個時候就突然深具意義。

○引發焦慮的不只是死亡

和部分想法相反的是，死亡其實並不時常縈繞在擔憂自身健康患者的心頭。克勞德・讓是一名年約四十歲的大學教員，他因向耳鼻喉科求診輾轉來到我這。

一般來說，耳鳴會突如其來地發生在聲音創傷之後（例如參加搖滾樂演唱會），或沒有遵照減壓規則的情況下（例如上升時的潛水事故）。但是在克勞德・讓的案例裡，沒有任何原因可以解釋耳鳴的發生，他的耳朵已經鳴響了一年。起初痛楚是不連續的，但漸漸地他失去了右耳的聽力，且鳴響變成持續發生。但體檢報告（斷層掃描、核磁共振成像、耳鼻喉檢查）沒有任何嚴重的發現，沒有任何一項達到需要治療的標準。耳鳴變成他必須去適應的了。

另一個掩藏的恐懼

第一次訪談結束後，我們在門口道別，克勞德向我吐露：「醫生，我並沒有全部向你坦白。」有些時候病患尋求諮詢的真正原因難以啟齒，在這個情況下，諮詢的結束對治療師來說明顯是一個緊張的局面。在送病患離開之前和緩地利用時間，是其中一個我經常給予受我督導的醫生及心理學家的意見。

「事實上，我來找你的原因並不是因為適應耳鳴的問題。最困擾我的是有時候，半夜我會被自己有腦部腫瘤的恐懼嚇醒。我第一任妻子的兄弟去年就死於腦瘤，幾個星期以來我不斷告訴自己我的耳鳴就是腦瘤的徵兆。我知道檢驗的結果都正常，但我總懷疑或許檢驗出了錯誤。」

我們以這個恐懼開啟接下來的討論，一些與膠質母細胞瘤病患有關的回憶重新被想起來，不過他們的病情卻不是最讓我印象深刻的，而是最後他們都過世了。我的思緒引導我來到自己對於死亡的焦慮，我相當擔心這件事，我相信這次討論將會以克勞德・讓對於死亡的恐懼作為開端，到時候我也會因為自己的聯想而覺得難受。

「對我來說，真正讓我焦慮的不是死亡，而是疾病的痛苦。」這番話讓我感到相當吃驚，他繼續說：「我知道這聽起來很奇怪，像是疑病症的一部分，但我已經做好死亡的準備。」

「我的父親在我十六歲那年過世了，他是一位地方上的知名人士，他的身分在商人、市議員及鎮長之間轉換。他在議會選舉時受到暴力毆打，即便如此還是很受歡迎。當他知道他患有腦瘤的那一年，我十四歲，我們談了許多。他告訴我他想了一陣子，他要放下一切和母親去環遊世界，去吃最高級的餐廳，享受生命的最後一段旅程。但幾日後父親捨棄了這些想法，他告訴我，他為市鎮和家庭所付出的一切才真正使他幸福。兩年後，他過世了，我想他已經和自己的想法和睦相處，而我們之間的談話也永遠深留在我心中。」

看吧，這就是治療師必須有分寸地使用話語最好的例證。我們的責任是傾聽病患的聲音，下一步驟，則是不要揭注自己先入為主的想法。

三個對疾病焦慮的忠告

- 焦慮改變了我們看待世界的方式。再次詰問自己那些在焦慮時期出現的內心獨白。在疑病症的思緒裡，痛苦和嚴重疾病通常相關。找到其中錯誤的地方！
- 受到執念的摧殘才會對健康感到焦慮。一般來說我們認定「健康，就是一個器官皆沈默的生活。」但這是錯誤的！這樣的想法源自於外科醫師勒里奇（Leriche）之說，可是這樣的想法否定了個體的自主功能性。接受並相信一個活生生的個體是能夠自主運作的，你的身體與心靈才能夠達到平衡。
- 儘管在對健康感到焦慮的治療上，認知行為療法被認為是一種短期療法，但仍然需要時間。

更多資訊請參閱第 481 頁。

03

幽閉恐懼症的記憶

迪迪耶・布勒
(Didier Pleux)

「你是一個焦慮患者，而軍隊訓練會幫助你好起來的！」在七〇年代初期，許多人在全科醫師善意的支持、或是躁動軍人們鼓吹成為「反抗者」的因素下選擇逃避兵役。但我為了不引起麻煩而沒有這麼做，只是軍隊生活確實讓我的病情「變得比較好」。

治療我的病情應該要有更好的方法，但我什麼都沒有要求，那一年我才二十歲，正要開始精彩的生活：使用武器及長途跋涉，加速我對於菸草和酒精的大量消費。在休假期間，大概是積累了疲勞、忍耐的情緒、以及有毒的物質，導致我第一次的焦慮症發作……

車站的離奇遭遇

當時，我身處巴黎的地鐵中，在抵達聖拉查車站前，地鐵車廂被擠得水洩不通。同袍們皆因喜悅而嘈雜，迫不急待重回自由。空氣相當混濁，人實在太多了，我等不急想要離開車廂。突然間一陣天旋地轉，強烈的暈眩向我襲來使我失去了平衡，胸膛彷彿受到重壓而喘不過氣，呼吸困難，雙手顫抖，全身上下都失去了控制……我開始驚慌失措，伸手抓住一名戰友的手臂，大概是太過用力了，他驚訝地轉身。就在我看到「聖拉查車站」的告示板出現在月台時，車廂門開了，我的不適感也瞬間消失得無影無蹤……。

母親的過錯

正是在這個兵役期間，我決定再多認識一些心理學，我想弄明白在地鐵經歷的不適感，因此我重讀了那些吸引我的佛洛伊德著作，終於找到有關我的「症狀」的解釋。其中，與「性壓抑」有關的假設似乎都不是那麼適切，關於這一點，我著實受益於一九六八年[5]後自

譯注5 五月風暴（法語：Mai 68）是一九六八年春天法國發生的學生運動。

由開放的風氣。我總覺得這一切和我的母親有關，但原因被埋藏在我的無意識深淵之中。我搜索並調查了「嬰幼兒創傷」，這可能是我現在被稱之為「幽閉恐懼症」的源頭。

我有一個真切的記憶，大約發生在四歲那年，母親帶我到城市裡的大百貨公司，我們搭上了一班電梯，卻遇到電梯故障下墜。母親緊握我的雙手，而後我在母親傳染給我的恐懼中重獲新生。我記得她試圖安撫我，但她的雙手被汗水浸濕，臉色蒼白。我們剛剛的遭遇實在非常危險。

一切都明朗化了，我和母親之間的關係出了問題，加上我的心理學知識，我比以往更確信這個假設。正如我剛剛所學的，在四歲那年，是伊底帕斯情結在作祟。這套理論用在我身上再適合不過，我的症狀也不再讓我擔憂。我找到了一些竅門，幫助我在軍事服務這一年搭乘地鐵時不再焦慮：要不走遠一點從東站走到聖拉查車站，要不在搭上地鐵之前先喝幾瓶啤酒灌醉自己。

無論如何，我有了自己的心理學解釋讓事情變得更好，我過了幾年這樣的生活，不用操心幽閉恐懼症，它已經獲得控制。我住的城市沒有地鐵，我也很少搭乘火車，搭乘飛機的機會又更少了。我看似已經痊癒，並且在卡昂大學修習心理學時，我已經是一位特殊教育工作者，每一天我都見證學術「理論」與生活中現實情況的差距。我開始對精神分析的假設提出質疑，偶爾當我感受到過度焦慮時，雖然不是很頻繁，但也足以讓我思考，是否必須重新審視那些找到我幽閉恐懼症主因的解釋。「任何的功能失調都意味著無意識中出了一個問題」的假設已經不能夠滿足我，而過去那些焦慮又漸漸接管了我，我害怕自己自我封閉，我避免去到引起焦慮的場所。

當恐慌來襲

恐慌症狀發作時，我們不知道正在面對的是什麼：即將到來的死亡、失去控制、害怕恐懼。那麼我們盡量避免那些引起恐懼的情況，並尋找心理學上的解釋。

遇見阿爾伯特·艾利斯

在此同時，我注意到那些青少年之家中被託付給我的年輕慣犯，和我被教授的心理學理論之間，還存在著巨大的落差。當時我服務的機構開始進行「生涯幻遊（rêve éveillé de

Desoille or RED；directed waking dream）」的集體治療（一種心理療法，透過話語或是繪畫的方式讓接受療法的人，集體釋放他們的聯想和活躍的夢想。），我看到的是「佛洛伊德的無意識」被認為可以解釋一切。年輕人的不法罪行增加了，但人們向我保證「他們會變得更好」，因為在心理上、無意識地，某些東西被建立在他們心中。總而言之，我每一天都浸淫在精神分析療法的魔法當中，甚至是浸淫在這些巫師們的惡意之中。我提出辭呈並決定拜會佛洛伊德神話的對手——一九八〇年代初期，我發現了阿爾伯特・艾利斯（Albert Ellis）的著作，一位在美國的認知方法論先驅者。我選擇進入他在紐約的研究院接受培訓。

我不得不搭乘飛機到美國，在第一次的旅行中，強烈的恐慌症再度發作，如同幾年前在巴黎地鐵遭遇的一樣：身體劇烈晃動、顫抖、肌肉緊縮、無法控制自己，並因無法規律呼吸而缺氧，感覺快要窒息，我想要大聲呼求幫助。

我記得我抓住鄰座旅客的手臂，弄皺了手上正在閱讀的雜誌，出於害怕地我忍不住要大聲呼求打開艙門及舷窗。鄰座通知了空服人員給了我一些水。不久後來到用餐時間，我感覺好多了。鄰座旅客與我交談，我和他說了幽閉恐懼症的事，但我不敢和他說的是，我是一個心理學家並即將成為一個心理治療師，這實在是太丟臉了！

帝國大廈

我在報名阿爾伯特・艾利斯研究機構的「理情行為治療法」(REBT)專業時，特別表示想要住在一棟「低樓層」的建築物裡，這個要求讓電話另一頭的秘書發笑：「你知道嗎，在紐約這非常困難哪！」我到達研究機構時，他們給了我住處的地址並和我「恭喜！」他們替我找到接近六十五區的房間，在一幢二十世紀初期風格華美房子的律師家裡，分配給我的房間則是在……四樓！太棒了！竟然可以住在紐約不需要搭乘電梯！

到了律師家，前來迎接我的是他太太。我看見寬敞的大廳旁一道帶有殖民色彩的樓梯由二樓向下延伸，我正要走上前去，女主人開口說道：「這是私人的樓梯，你可以搭乘小電梯直達四樓通往你的房間。」我轉過身看著電梯門。我並不慌張，四樓而已，我進入電梯按下按鈕。這是一個貨梯，電梯門緩緩闔上，在我面前的只有一面水泥牆，周圍一片漆黑，沒有任何光線滲透進來，我感覺自己像是被禁錮了。我焦慮地忍受這種昏暗直到抵達我的樓層，中間沒有停留。

我計算了上升的時間，總共一分鐘二十秒，甚至超過帝國大廈超高速電梯攀登至最高樓層的時間。恐慌症的毛病眼看著就要發作，我有一種心臟病發的預

> 出於害怕地我忍不住要大聲呼求打開艙門及舷窗。

感，覺得自己無法在這個貨梯內存活下來，幸好我還是奇蹟似地成功進到房間！太棒了！我下定決心，明天要在由艾利斯親自主持的會議中提出這件事，我想一勞永逸地解決問題。

我並不是一個「人類」！

我們十幾位成員來到艾利斯在曼哈頓的辦公室，一間極為寬敞的房間，收藏著數以千計的書籍，以及許多沙發和扶手椅，看起來像是一間圖書館。七十歲的艾利斯就坐在他的搖椅上，等待著每一位「心理學家」（各個都是從業很久一段時間）在團隊面前拋出一個私人的問題。

比起其他所有的事，這個練習多令人焦慮。我打算找一個很好的藉口來掩藏，我想強調是因為時差的關係，英文單字讓我坐立難安，「你有什麼樣的問題呢，Dideur？除了你是個法國人之外……」，語畢一陣哄堂大笑。這就是一個美國人的平常笑話，身為法國人本身就是病態的……當時我還不知道人不能在同一時間感受兩種情緒，倒是這個笑話很快地讓我有點惱火，並因此驅散了我很大一部分的焦慮情緒，讓我有勇氣去闡明我的「問題」。總而言之，我提到我第一次的幽閉空間恐懼以及律師家裡的電梯。每位成員全神貫注地傾聽，不再嘲笑法國人這件事。但我的聲音略為顫抖，我仍然感覺有點滑稽。

艾利斯：「談論這件事的時候你看起來不太好，你覺得呢？」

「我覺得身為一個心理學家，幫助治療他人，卻沒有辦法處理自己的幽閉恐懼症，相當愚蠢……」

「因為對你來說，我們身為心理學家，所以有心理上的問題是不正常的嗎？」

「一般來說，要治療他人的話，我們應該要能解決自己的心理問題！」

「對於你來說，心理學家必須是毫無問題的！親愛的同事們，我們法國的朋友剛剛告訴了我們在他的國家，心理學家必須是不容許犯錯的。這是合理的嗎？」

不容許犯錯、不容許犯錯……，整個晚上我反覆思索艾利斯的話。如果他指的是「非理性的」那我將會更加明白。我長期以來自我灌輸了這種「認知」（自動且下意識的思考）：我不應該表現出任何的「錯誤」，尤其我還是一個心理學家及心理諮商師。

而我相信這個「絕對的思想」迄今阻止我談論自己的幽閉恐懼症。我強迫自己獨自解決問題，把這個痛苦留給自己且絕口不提，卻暗地裡感到罪惡。在不知不覺中，我逐漸放大了麻煩。這就是艾利斯的意思，對於他人目光的專制，以及對於「自己」的注視。心理治療的第一件事就是「接受」自己以及自己的弱點。第二件事情，是「詰問」自己這個不斷專求

「必須備受好評與認可」的結果，或是認為「我不應該流露出任何會讓人覺得滑稽的事，那樣是冒著折損別人對我的尊敬的風險。」此時，我早就遠遠悖離那個「我和母親之間關係出了問題」的假設。

一個簡單的治療方式？

我了解不由自主的「自動失敗者」想法對我情緒的影響，因此在訓練中，我不斷向同事揭露我心理學上的幽閉恐懼。我的「指導員」米歇爾・畢許（Michler Bishop），鼓勵我讓自己處在過去我極力避免的情況中，當時我已經了解了一些阿爾伯特・艾利斯的「理情行為治療法」。

「別忘了，你越是將自己暴露在恐慌的情況下，你越能被治癒！D・J・（他將我的名字發音成像是唱片騎師的首字母縮寫一樣）」他說。我下了一個決定：和他一起搭乘地鐵！只是我一到達第一站的月台上，我只有一個願望：逃跑，並再吸一口地面上的空氣！

焦慮來得很快，我沒辦法專注去想我所學習過的東西，我告訴自己米歇爾看見我的恐慌了，這可不是有趣的事，焦慮的發作又更上升了些⋯⋯。米歇爾看見我不適，決定在下一站離開地鐵……得救了！

坐上計程車之後，他告訴我必須學會把呼吸控制的更好，恐慌症的發作得從各個方面擊破。我開始學著規律呼吸，控制呼吸讓空氣在呼出及吸入時慢慢通過。感覺好多了。終於在我乘坐「貨梯」的時候，成功控制住焦慮的感覺……第一場勝利！而地鐵也在那之後被克服！我學到了一件至關重要的事，我的幽閉恐懼不會在伸手之間痊癒。它不只是讓我了解對自己疾病的看法，同時也要接受這個對抗恐懼的長期工程，必須逐步迎戰那些我急欲避免的危險。

和蘿拉西洋一起旅行

我的城市既沒有地鐵也沒有輕軌，我也因為很少旅行而不常搭乘火車及飛機。總而言之，回到我的城市之後一切都好轉了，我進步了，終於可以談論「我的」幽閉恐懼。這真是最好的事！只是一年之後，我必須回到艾利斯的研究機構，繼續第二年的實習證明。

再度要搭乘飛機的想法在出發前幾週開始對我起作用，這個不可避免的日子

恐慌的症狀可能在各方面攻擊你。

越接近，我越不敢想像自己搭乘飛機的樣子。焦慮的情緒讓我不知所措，我鼓起勇氣去看家庭醫師，請求他給我「一些東西」來幫助我搭乘飛機。而我拿到了一張「蘿拉西泮」[6]的處方籤。

到達機場之後我服用了第一片，並開始感覺美好，在飛機起飛前我已經開始「飛行」了。當然，抵達目的地之後我必須表現正常，特別是海關官員似乎正看著我，畢竟我一直微笑。

回到研究機構之後，我繼續用公開表述的方式和我的焦慮奮戰，但在被其他小任務糾纏時，我只能先把幽閉恐懼擺在一邊。一天晚上，一位朋友邀請我去餐廳，享受一個景色非凡的夜晚。在抵達建築物之前，我開始擔心這間著名餐廳的「樓層」。「在最頂樓，」他說「是一間能享有曼哈頓景色的全景餐廳。」一邊說的同時，他邊推著我進電梯，我立刻搜尋樓層按鍵（定位樓層按鈕是幽閉恐懼患者的反射動作。以便恐慌症狀發作時可以立刻按下其中一顆按鍵逃出電梯）。電梯裡只有兩個按鍵：「大廳」，以及「43」，再無其他。恐慌的感覺更劇烈了，我覺得我會死在這裡……

我轉身向後看，是另一部透明電梯。「為了景色」，我建議我的美國朋友換部電梯，「這對於像我一樣的幽閉恐懼症患者多困難啊！」我和他說。我的不適感逐漸消失，終於進餐聽了，點上一杯瑪格麗特。最後我是在其他人的協助下回到電梯的，朋友注意到我看起來很「愉悅」！蘿拉西泮讓我感覺好多了。在第二階段，我注意到了焦慮原來也有「化學成分」，這讓我明白了許多事……

過度的化學物質

我很快發現自己焦慮的化學成分。我的新陳代謝太敏感，讓我時常過度警覺，對於危險的刺激或這樣的生活做出不成比例的反應。我的「警報啟動裝置」，這種讓每個人避免掉可能發生危險狀況的雷達，只要生活中有輕微的變化就會啟用：從日到夜，從樓地板到高空（乘坐飛機），從露天到空氣被污染或是封閉區域的地下層（從地鐵到隧道）。總之，我被「製造」成這個樣子，某種過度警覺和過度反應的障礙人士。我不能再無視艾利斯研究機構

譯注6 蘿拉西泮，Lorazepam，商品名羅拉、安定文錠或阿提凡（Ativan）是苯二氮草類（BZD）藥物。可用來治療焦慮症、失眠、包括癲癇重積狀態在內的積極癲癇發作、酒精戒斷症候群、化療引起的噁心和嘔吐，也用在手術中的保護性失憶，以及機械式呼吸輔助患者的鎮靜劑。

認知治療師給我的意見：接受這可能是遺傳問題的功能失調，並不斷採取行動來減緩無處不在的焦慮。慢慢將自己暴露在最害怕的情況當中，並終其一生接受這個做法。

但「接受」大概也是最困難的：尤其是我的化學成分（在這種情況下稱為「血清素」）讓我在無意識的情況下迷失，並且高估某些狀況，例如危險。而我必須用放棄逃避的行為來迎戰。如果我能選擇在大城市裡搭乘地鐵還是計程車，我要選擇地底下的軌道。同樣地，如果我能選擇在我的城市搭乘公車還是輕軌，我會強迫自己直到被鎖在尖峰時刻的電車車廂當中。每一次離開諮詢室，我會走向那部搖搖晃晃的電梯，即使一旁的樓梯對我眨了眨眼。我的大腦越來越習慣這些「相對」被過分估量的偽危險，接著，我的血清素大概被重新刺激了，因為我越來越能在感受到焦慮的場域裡放鬆。

但是搭乘飛機又是另外一件事，更何況我沒有機會時常搭乘。只是我強迫自己不要服用任何藥物，如果飛機起飛時，我立刻感覺到過度的害怕，並有可能轉變為焦慮甚至恐慌症發作，我就馬上進行緩慢的呼吸，防止過度換氣。

和我的幽閉恐懼症共同生活，就是和它相處，接受它，才能調整得更好與克服。也是這樣的妥協策略，讓我反思深烙在人類生活中的一句話：人生不應該自尋煩惱，悲觀沮喪是難以令人容忍的。在每一次克服焦慮的過程中，每一次我感受到困難時，我都必須對我的恐懼作出行動。

我想起艾利斯的話：「誰說人類必須永遠生活在安逸之中？」

我們可以成為哲學家嗎？

這大概是艾利斯認知方法中最困難的假設。知道如何透過認知及行為的方式逐漸擺脫使我們受苦的症狀，更重要的是，為「認識自己」不懈怠地努力：是什麼建構了我的期望，以及我對於自己、他人、和生活最不理性的期待？並且要如何與它們抗衡？

在心理治療中第二個不可或缺的階段：不僅是了解因為功能失調而做出情緒性回覆的反應（基因上的、社會文化上的、家庭的、感情的、教育的），更重要的是評價自己的生命哲學。我「存在於這世界的方法」是理性的，並且帶給我生活中的快樂嗎？它是不是建立在三個不可或缺的「接受」原則上：無條件的接受自己、他人以及現實？

和幽閉恐懼症和平相處，
便是去接受它。

繼續幫助我的「句子開關」

- 我是焦慮的，所有焦慮的情況都將會引發壓力。
- 我接受與我焦慮有關的不舒服時刻，我可以控制它。
- 我努力避免任何引發焦慮的情況。
- 我是必然死亡的，就是這樣，這並不可怕！

解密：談談精神疾病的現實

「幽閉恐懼症患者禁止搭乘」。當我在奧蘭多迪士尼樂園的騎馬場入口，看到這個小小的告示牌時，心裡覺得寬慰。我遭遇到的是「心理上的」疾病，不要再對此感到恥辱了。心理疾病並不比生理疾病可恥，只是患有心理疾病時，會將問題以戲劇性的方式呈現。每一次病患向我尋求治療幽閉恐懼的症狀時，我會立刻向他們坦承，我也是一個受幽閉恐懼之苦的患者，而我們是可以克服它的。

首先，接受這個疾病是必要的，向病患揭示病理現象並不是束手無策的承認、也不只是一種談論對方的方法。相反地，治療師和病患之間的連結，能夠在這個情況下獲得強化：我們是兩個可以共同分享某些痛苦的人，只是我們其中的一位可能擁有更多的知識工具讓生活能過得更好，並且節制某些令人癱瘓的症狀。我在為我的非理性認知持續努力，它影響了我生活中的兩件事：他人的看法，以及對自己不可犯錯的命令的看法。只是，這又是另一段故事了……。

更多資訊請參閱第481頁。

04

憂鬱症，當我們被你把持！

史蒂芬妮・歐黑-佩里梭羅
(Stéphany Orain-Pélissolo)

即便是心理學家也可能經歷憂鬱症，也需要協助才得以擺脫！

「你有幸成為心理學家並給予我們協助！但最終你不明白我們所受的苦！」這是在諮商中時常聽到來自病患的說辭。我的回答是：「我們的專業並不能免除我們於痛苦之中，也沒有辦法讓我們預見生活中的困難（喪事、分離、騷擾、侵犯、疾病、失業、工作超載……）。痛苦是人類生命的一部分，在當下感到悲傷、恐懼、生氣，都是正常的。沒有人能夠控制或預測它們的發生，以及管理情緒出現時的暴力行為。以我為例……。

我們能夠馴服痛苦嗎？

如何接受發生在我們身上的事？如何和它共同生活？幾年前，當我的職業生涯剛開始時，我因為工作壓力而患上憂鬱症，我覺得自己沒有任何價值。那時我以為抗抑鬱藥—百憂解，可以解決問題（至少對於一位精神科醫師的推測來說應該是沒錯的）。而事實上，經歷了兩個月的治療和無數朋友及同事的支持，我逐漸找回能量，不再受到思緒和悲傷的侵犯。只是我平常的快樂和熱情消失了，取而代之的是「我不值得」的想法。但如果我是這麼的「不值得」，為什麼我的朋友依然都在？為什麼我的丈夫仍然陪伴在我身邊？我告訴自己：「他們就只是善良。」我對自己唯一確信的是我的專業。我的工作為我帶來許多快樂和滿足，因此我投注了許多時間在工作上。如果幫助病患是更有效率的事，我便不選擇幫助自己。

幾年後，工作超載讓我疲憊不堪，逐漸失去動機和樂趣則讓我最「鍾愛」的思緒——「我沒有價值」，以及它的閨蜜「我沒有能力負擔工作、孩子、家庭、朋友。」又回到我的腦中，日夜糾纏著我。這一次，我決定和一位親切的精神科醫師朋友聊聊，他開給我一種抗憂鬱的藥，建議我進行心理治療，並告訴我一種新的方法：奠基於「正念療法」的一種認知治療。這個經驗幫助了我許多，如今我想和你分享。

○憂鬱症的螺旋

悲傷、失去動機、疲憊、食慾不振、失眠、拖累周遭的人、被思想禁錮、強烈的心理痛苦：這就是我鬱悶時候的生活日常。這些事反覆入侵腐蝕我的靈魂，使我更加痛苦。這些循環的負面思緒強化了深切的悲傷：「哪裡可以找到『關閉』的按鈕？我太專注於工作了，花太少的時間在自己身上，我是一個非常糟糕的母親，非常糟糕的妻子，非常糟糕的朋友。我每天花非常多的時間耐心傾聽我的病患，可是當我的家人、我的朋友、我的孩子，希望我同樣傾聽他們的需求時，我已經沒有力氣回應他們的期待，我總是夜深才筋疲力盡地回家，不想再多說話，因此我胡亂應答……當我回到家他們已經不再跳到我身上了，他們不在乎我了，我對他們來說什麼都不是……我是個可憐人，最終我一無是處。」這個獨白不斷從內心毒噬著我，除了這些令人難以忍受的想法之外，我什麼都不是。

不再多想，不再受苦

一開始我獨自尋找所有我知道的方法來調整這個狀態，甚至嘗試了在我們的行話中，稱之為「認知重組」的方法。

認知重組：功能和原理

認知重組與在現實中制伏負面想法有關：「我所持有的信念實際嗎？有什麼具體例子可以佐證或是反駁？」這個「理性的」方法包含將負面的信念相對化，從而抑制痛苦情緒的產生。

我認真地將我對自己的評斷記在小冊子上，問自己在0到100的範圍內，這些評斷的實際程度可以得到幾分。結果呢？答案是百分之百，我發現所有論點都可以被佐證，無可反駁。沒有任何辦法了，我被鎖在悲觀和悲傷的漩渦之中。當憂鬱症尚且輕微，認知重組是一個非常有效的方法能使憂鬱退離，或者當情況日漸好轉，則可以穩定病情痊癒不再復發。但在那個當下我的病情已經太過嚴重，沒有力氣思考與推斷，我被悲傷佔領，隔著憂愁的稜鏡看待世界。

我開始了首次的藥物治療，並且參加了兩個以原始著稱的療法：EMDR 和 MBCT。一個月後能量再度回到我的身上。

抗憂鬱症藥物的必要

因心理痛苦或悲觀而感到非常沮喪、困惑、遲緩、抑鬱的時候，單靠心理治療幾乎不太可行，服用抗憂鬱症藥物是使治療成為可能的關鍵性幫助。

透過 EMDR 清除生活中未被消化的痛苦事件

什麼是EMDR？

EMDR（Eye Movement Desensitization and Reprocessing，眼動減敏與歷程更新療法，或

稱眼動快速療法）由美國精神科醫師（Francine Shapiro）在一九八〇年代末期設計，主要用來治療與精神創傷有關的心理痛苦。

我們大部分的記憶，無論是正面的、中立的、負面的，通常儲存在長期記憶中。當我們想起不好的記憶時，也許不太愉快，但並不會重新啟動負面的情緒，因為我們知道事情已經落幕被「消化」。然而，即便年代久遠，某些負面情緒再度被喚起的時候，依然會激發強烈的情緒，特別是當負面情緒出現在不希望出現的時刻。這些痛苦的回憶，實際上沒有被長期記憶正確地儲存，它仍然維持「原始」的狀態，出現在我們的生活當中，與圖像、關於自我的負面思考、情緒和身體知覺相連結。

記憶不是一種訊息（我知道它會在某些時候出現），而是一場惡夢，每次都讓我們重新看見它的全貌，有如我們在場。沒有被消化，沒有被存檔，記憶在我們生活中永久寄生，並且時常在已經與事件毫無相關的情況下發生。任何能勾起當時情節的信息重新啟動了相關的情緒，好比我第一次憂鬱症狀的負面想法，再度被拋擲回來的過程。

再次處理痛苦的記憶

EMDR 療程目的在「再次處理」痛苦的記憶，也就是切除情緒和負面感覺之間的關聯。

在療程期間，經過仔細的前置作業之後，治療師會要求病患將自己的心理暴露在視覺、理智、情緒和感官上的創傷記憶中，在此同時，需留意治療師的手在患者眼前水平移動。約莫三十秒的一系列眼球運動之後，治療師會詢問病患有什麼東西「到來」：有時候是影像、情緒、思考、身體的感覺，或者什麼都沒有。在這一系列的刺激之後，患者集中精神所產出的「材料」，並不是被闡釋的對象。不斷重複這個程序，直到刺激出的產物變為正向的，或幾乎（令人震驚地）單獨的出現。最後，當我們回溯最初的創傷記憶時，不會再觸動可怕的圖像、負面的評價或痛苦的情緒為止。

EMDR的治療可以用火車旅行來比擬。我們覆載著裝滿負面元素的車廂離開了車站，在接下來的每一站，病患卸除部分的負面元素，逐漸將正面元素搬運上車廂，直到旅程結束。令人不愉快的記憶或許就被儲存到長期記憶之中，不再干擾現在與未來……。

EMDR帶給我的：與最糟的記憶和平相處

即便能量逐漸增加了，我的自尊心仍然衰頹（認為「別人比我更加優秀，我毫無價值」）特別是在私人領域上……。我一直是一個安靜的女孩，笑容滿面、善於交際、熱愛運動也受到別人讚賞。是什麼事件引發這個弱點，帶來這種自我貶值的感覺呢？

這個思想（「我毫無價值」）的串聯來自工作中遇到的到心理紛擾。當我想起這段遙遠的記憶，便覺得喉嚨緊束，過去的畫面從眼前閃過。由於一些複雜的原因，一位我尊敬並認為相當傑出的夥伴，過去一年我們相處得相當順利，卻突然開始忽視我，見到我立刻提起腳跟轉身離開，不和我有任何交談，對我投以憎恨的眼神，在背後向同事咒罵我。我成為他最討厭的野獸，而我完全不明白為什麼。巨大且深刻的悲傷在我身上逐漸擴散。最終他的冷漠讓我開始相信，我什麼都不值得。

最後，這一段紛擾成為未消化的創傷性記憶，我和我的心理治療師一起在療程中重新處理這段記憶，我們做到了。來到我眼前的畫面如同一張照片：我在他的辦公室裡，而他氣得滿臉通紅，厭憎的眼神，下巴緊緊地收斂，用拳頭擊打桌面。而與畫面相連的消極思緒就是明顯的：「我毫無價值。」我的喉嚨發緊，感到深切的憂傷。眼淚很快掉下來，但眼睛仍凝視著被治療師賦予魔法的手指，心裡如釋重負，重新回歸平靜。在一共耗時三次各一小時的治療中，原先痛苦的影像漸漸模糊，新的思想「我是有價值的」在我的眼中變得可信，悲傷消散了。這是第一次我由內在身體去感受的過程。

在使用這項療法的病患身上，我經常發現正面的結果。終於，我第一次感受到他們和我描述的寬慰和輕快。我重新找回了快樂，這個快速的變化令人困惑，

透過進行 EMDR 學習去對抗自己的脆弱性。

但感覺相當愉快。這不是神蹟，因為在三次的療程當中，我透過極度的悲傷和劇烈的憤怒，經歷了一些非常痛苦的時刻，以及強烈的情緒反應。這並不容易，但我們必須去接受著手進行時的脆弱。

透過沉思獲得寧靜和接受

什麼是正念？

MBCT（Mindfulness Based Cognitive Therapy，正念認知療法）由美國科學家喬・卡巴金（Jon Kabat-Zinn）在十幾年前提出。他將療法定義為一個「不加以批判的態度，刻意留心當下的此刻（覺察）」，而這樣的意識狀態和「自動駕駛」相反。

晨起，當雙腳踏上地面，我們已經開始思考今天要做的事。淋浴的時候，喝咖啡的時候，上班的路上都是一樣的。你大概也有這樣的經驗，在家裡和工作之間的路程奔波趕路，沒有留心記住沿途的風景甚至紅綠燈的數量。直到抵達之後，才驚訝地發現自己已經在這裡。

正念療法的主旨在於教導我們停下來，並且一點一滴地活在當下。也許你會告訴我一次只做一件事很浪費時間，況且有許多事驅使我們必須汲汲營營的從這個想法跳到下一個想法，從這個任務跳到下一個任務。然而當很多事情同時進行時，我們都很難專注於每一件事，並且因為注意力一直不斷游移而耗損更多的精神，高度暴露在忘記部分細節的風險之中，更加沒有效率。我們甚至可能會「拋錨或失控」。

在這個要求我們積極亢進的社會，調整自動駕駛的習慣相當困難。為此，我們必須「重新教育」我們的注意力，就像我們可以用鍛鍊肌肉來復健扭傷的腳踝一樣。鍛鍊意志包含正念的練習（冥想、伸展、散步、吃飯、做運動等），一次又一次地將注意力重新定向到當下：慢跑時出現一些思緒，那是正常的，你的大腦是一台永遠不會停止生產思緒的機器。然而你可以選擇跟隨這些思緒、反覆思考、預期、自言自語（也就是提升收音機音量），或只是知道這些思緒的存在，不陷入其中，全心將注意力投入在身體的感覺上，比如你的肌肉和呼吸（也就是將收音機音量轉到最小，讓它只是個背景噪音）。

回到當下

如你所見，這個療法不把苗頭指向遏止負面思考，而是覺察到負面情緒的存在，但不跟隨它，而是將注意力放在身體和呼吸上。我們訓練我們的精神留在當下，不在過去或未來之間穿梭。正念思考三十至四十五分鐘，同時不期待特定結果（健康、憂慮的狀態……）。越是有所精確的期待，就越不能活在當下，因為我們的注意力會被帶往符合我們所期待的軌跡上。每一日我們徘徊在不同的狀態之間，不會重複，且倏忽即逝。如不耐煩、暴躁、意欲反抗、深沉地放鬆、精神上的寧靜、悲傷、憤怒等，我們學會如何和這些狀態相處，去感受它們，而不像以往習慣性地企圖改變或反抗。我們學著接受事情的模樣，令人愉快的或令人不愉快的，在沒有評判的情況下這樣的接受比較容易。沒有評判及遠距離的觀察，讓想法、情緒及身體的感覺只是曇花一現。

正念如何在每一天的日常生活中幫助你？

很多時候當我們悲傷、焦慮、憤怒時，我們擔心這些痛苦的情緒會持續存在，並且開始對這個擔憂自言自語：「我知道這種感覺會再回來，我永遠沒有平靜，永遠不可能。為什麼我不快樂？為什麼我不能像其他人一樣？」這個迴圈及幻想只會強化痛苦情緒，而痛苦的情緒又再度抬升這個迴圈及幻想，進入一個地獄的循環！

冥想能幫助你了解這些情緒且不再畏懼。我們已經證實，如果我們能「善意」款待這些負面情緒，也就是說不要啟動思考的機器，也不要尋找驅逐它們的方法，這些負面情緒是可以倏忽即逝的。試著用身體和呼吸去感覺這些情緒，儘管有時候難受，但都終將淡去。正如我們會留意正在靠近的苦楚，接納和痛苦情緒相關的、令人不舒適的身體感覺，讓我們能意識到自己的狀況，並且照顧自己。如果有個朋友告訴你，他很悲傷。你會告訴他這沒什麼，遺留他獨自受苦嗎？我想不會的。

你會邀請朋友談談他的問題，也許張開雙臂擁抱他，你容納他的痛苦。在某些情況下悲傷是正常的，但時間會淡化悲傷。以生理學的角度來看，所有的情緒如果不受阻撓，不管是正面的還是負面的，都將事過境遷。也正是這個原因，我們必須知道如何細膩地體會當下，日復一日，品嚐生活中的正向。不應該以等待任何事件的到來作為快樂的藉口，生命中太多的障礙將讓這個等待沒有終點。即便終其一生也罕能與巨大的幸福相遇，幸福的狀態更多的是微小幸福時刻的總和。接受這個現實是沈思過程的關鍵之一，讓精力集中在正向的當下，克服負面時刻的來臨。

為何需要正念？

正念存在於每一個人身上，但對於遭逢焦慮或抑鬱之苦的人，正念特別能發揮助益。事實上，負面的狀態通常阻擋我們存在於當下。大部分遭逢苦難的人被負面思緒糾纏（後悔、在思緒中打轉、提前焦慮），被負面思緒或是情緒擊倒。

正念帶給我的事：更關注身體信號

正念的認知治療並不是容易的療程，其要求的條件非常嚴格。當我的朋友建議我參加正面認知療法的時候，我必須承認自己非常猶豫：五天的訓練。為期五天的冥想，體驗沉默，只是學習如何待在當下並且與之相處，不尋求改變。我難以想像在沉默之中靜坐好幾個小時。在此之前，為了不與我的痛苦思想正面對質，我小心翼翼地避免自己無所事事。我非常有行動力且不停歇，不斷尋找新的刺激，這個時期我特別需要和別人談論使我遭受痛苦的這些想法。但在那裡，我將會在沉默之中溺死！

在第一場的冥想治療中，思緒不停吸引我的注意力，但是透過專注於呼吸及身體的感受，正念幫助我漸漸不陷入負面思緒之中而無法自拔。我發現了負面思緒的存在，但我沒有將它們拋出，我注意到它們都是些什麼，並將注意力不斷拉回自己的身上。

我清楚記得冥想療程的最後，很多事情獲得了解決。幽暗的想法不斷回到思緒中，我試著將注意力帶往我越來越緊繃的身體，而我感覺到這些痛苦，但不去了解它們在那裡做什麼。突然之間我感到憤怒，就是它在折磨我的身體，我意識到積累的疲勞耗盡了我。停下來！我不能再像過去那樣工作，不把自己的極限當一回事。我的問題不在於我很糟糕，而是我超載的工作讓我沒有時間思考，這對於我的健康、家庭及朋友都是傷害。這個對抗負面思緒的搏鬥將精力燃燒殆盡，我應該要聽從它們說的：「你已經累了，該留心自己。」我有意識按照節奏呼氣，我留心我的感覺，幾分鐘之後，負面情緒好像離開了……。

這個經驗讓我察覺到，原來我一直用悲傷或疲勞的稜鏡看待世界……。

我們的想法受到狀態所影響

我們都經歷過疲憊的狀態。

你還記得當精疲力竭的時候，或今天提不起勁的時候，你所採取的處理方式？大部分這個時候，我們更為敏感、更易怒，更容易犯錯。如果我們遇到一位同事不停向我們道早安，我們會想發生什麼事了？我做了什麼讓他不開心的事嗎？他對我不滿意嗎？而這個想法將折騰我們一整天……，同時有很高的風險我們會選擇外部因素來解釋，一整天下來我們下了結論：「我很孤單」、「我不夠好」、「我一定做錯了什麼」。但相同的情況發生在我們平靜穩定的時候，這樣的情況不會被注意到。「他很忙」或「他等等有約會」，我們會這樣詮釋。

略過我們心頭的想法不是現實！但是當我們狀態不好的時候，卻會被這些想法纏繞住。這些想法提升我們的焦慮、悲傷，把我們推入憂鬱的深淵。這些想法到底是什麼？它們只是對於現實的一個詮釋，並不是事實！為了不被思想同化，與它們劃下界線，這個概念至關重要。我並不是負面情緒所透露出的那樣，這些表現只是因為我累了、我很傷心、我正在生氣或是感到憂愁，這將會讓一切轉變，這些情緒有存在的理由。而現在我必須好好地照顧自己，情緒會事過境遷。

牢記要擺脫憂鬱症

我們什麼時候眞的憂鬱？

悲傷的時候什麼都不想要，無法入睡，單是這樣並不足以被診斷為憂鬱症。病理上的憂鬱症必須是許多特徵性的跡象同時發生，長時間干擾個體的日常生活：

- 一般來說，我們認定這些干擾構成憂鬱症的時間條件，是當它們每天持續存在至少兩週以上。
- 悲傷、失去慾望及快感：意志消沉的時候，這兩個症狀幾乎不會缺席，會單獨出現，或是兩個一起出現。悲傷的心境讓人沮喪，感到想哭，心理痛苦的感覺就像出席一場葬禮，甚至更加強烈。這種悲傷可能持續一整天，或只有特定時候，或佔據了早晨與夜晚。失去快感也就是心理學所說的「失樂」，伴隨著對平常感到滿足的活動起不了興致（休閒、電影、閱讀等），也包含對於與親戚朋友的聚會及對性行為感到冷淡，強迫自己放棄或面臨困難。

除了上述兩個主要的障礙之外，憂鬱症時常也出現下列症狀：

- 飲食問題：通常為食慾不振，在非刻意的情況下體重發生變化。（例如一個月之內體重增減了平常的五％。）
- 睡眠問題：減少（失眠）或增加（嗜睡症）睡眠時間。
- 注意力不集中、記憶衰退、決策困難。
- 容易激動或是反應過度冷淡，引起周遭朋友家人的注意。
- 虛弱、容易疲勞或體力下降，所有的努力都成為問題。
- 內疚感及自我貶值。
- 黑暗或自殺的念頭，可能是一個模糊的想法到幾近消失，也可能是一個強烈的念頭直至發生。

恐慌及焦慮並不在此被提及，比起憂鬱症，這兩者更常出現在其他病理症狀中，但在這裡它們仍然時常被發現（對於未來的擔憂、反覆思考負面的想法、恐懼症等）。

遭遇憂鬱症時該怎麼做？

真正的憂鬱症容易引發幻覺，不論是想要和疾病單打獨鬥，或只是靜靜等待事情落幕都可能是危險的，因此必須依靠外力治療。如果你的憂鬱症尚且輕微，心理治療也許是最好的解決方式。然而，如果憂鬱情況相當嚴重，心理的痛苦及筋疲力竭使得心理治療成效有限，那麼抗抑鬱藥物的治療方式將是有用且必須的。話雖如此，多數人對於藥物治療多有疑慮而抗拒，「我不想藥物成癮」。只是如果繼續沒有藥物的心理治療，就好像駕駛著車想像開往他方，卻沒有汽油。藥物治療透過重建一部分的防禦機制以及帶來一點內心的平靜，為我們補充能量，並且不會帶走任何你現有的能力（目前的抗抑鬱症藥物不會嗜睡，也不會有依賴性）。是一個讓你能充分接受心理治療幫助的支柱。

至於心理治療的選擇，認知行為療法在憂鬱症治療當中是被認為最有效用的。如果你的憂鬱症是一個悲愴、侵略、童年的困難、事故、分離或解僱的結果，直至現在的談論仍然感到痛苦，EMDR 可以有效地「重新處理」這些生活中的負面事件。根基於正念理論的認知治療，已經證實了預防憂鬱症復發的效用。

○憂鬱症的預防及復發

每天至少停下來三十分鐘，去獲得內在的信息

為了偵測憂鬱症復發的徵兆，你必須停下來。精神科醫師 Edel Maex 在一場演講中說道：「如果你想了解這座城市，開著車子穿越是不夠的。你必須找個地方停下你的車，漫遊在街道上，對於即將碰見的事物感到好奇……。」為了了解自己，你必須停下手邊的事，並嘗試著一次只做一件事。選擇一天當中的某一個三十分鐘，找找關於自己的消息！你可以利用這段時間傾聽家人和朋友的近況，收為自己的私藏！

在三十分鐘的時間裡，盡可能地將注意力放在身裡的不同部位，以及呼吸的路徑。很多時候你的注意力會被思緒，或某些特定感覺轉移，這完全是正常的。不要去評斷，找尋當下所存在的「啊！好像有一點抽筋」、「嘖！練習真令我惱火」或是「喔！原來『我永遠都沒辦法……』就是我最愛的想法呀」，並且將注意力拉回到自己的身體。

記住，思緒只是心智所創造出來的，反映你練習時當下的狀態。如果你很難將注意力放在自己的身體和呼吸上，也不代表你練習失敗，而只是你太過疲勞或壓力過大。當你發現

這個情況，問問自己可以用什麼方式來照顧自己？並將答案記錄在「分析與討論我的思緒」的小本子上。對於每一個想法，詢問自己它從何而來？什麼事件讓這個想法逗留？我繼續追隨這件事的想法是實際的嗎？能夠佐證或反駁這個判定的論據是什麼？

擁有一本在心靈路程上陪伴的冊子

擁有一位心靈伴侶——一本能在路程上陪伴你的美麗冊子。幫助自己意識到幸福的時刻，也陪伴你度過人生中困難的時刻，讓它隨侍在側，寫下：

- 詢問身邊周遭的人，他們如何描述你的性格。
- 時常讓你對自己留下好印象的活動（打掃、分類紙張、做運動等），以及那些為你帶來樂趣的（準備豐盛的一餐、泡澡、看電影、打電話給朋友、在森林中散步、園藝、彈奏樂器、和朋友出門遊玩等）。這些活動正是你開始覺得悲傷時該做的事。注意：低落的動力可能讓你在低落的情緒下什麼都不想做。別等到想要做的時候才去做這些讓你狀態更好的事，就去做吧，動力和愉悅自己會回來找你。
- 每一天裡至少擁有一件正向的事。注意不要強迫自己尋找一件大事，幸福往往藏身在一抹微笑、一陣香味、一片風景、一段時間、一通電話、一份美好的餐點之中。

當負面的想法又再度現身時，重新閱讀這些小確幸的時刻。當然，你也可以書寫、繪畫、黏貼喜歡的文章和照片。

更認真對待你的需求：尊重自己！

大膽地花時間在自己身上！你花了許多時間在關心及回應周遭家人、朋友和工作的需求，並且犧牲自己的身體和心理健康。你也同樣擁有需求（愛、關心、認同、愉快、休息等），你認真地將它們當一回事也很重要。EMDR 治療法及正念思想為我打開了寧靜的大門，並教導我照顧自己，這對於維繫和家人、朋友、病患和他人來說，也不可或缺。這個經驗每一日都支持著我：提醒我那一段黑暗的時期，並且反而讓我更加感謝我的生活，以及我過去從未體會到的幸福時刻。我不再迷失，也拒絕浪費時間和精力在無止盡的反抗之中。我唯一讓步的戰鬥是不再去反抗痛苦，即使生活的事件總讓我們明白痛苦的滋味，依然有許多方法可以讓我們與之很好的共同生活。在面對同樣承受痛苦的人，我明白他們所遭遇的、他們所感覺的，因此我全力以赴地將寧靜帶回他們身邊。

經驗的教導

沒有人想要遭遇痛苦的折磨，無奈生活總是把它帶到我們面前。深陷憂鬱症的暴風圈之中，我的心裡劇烈的痛苦，以為自己很難離開這個萎靡的狀態。在EMDR的治療法以及每日冥想的實踐之後，我終於感受到我自己。多幸福啊！EMDR讓我們能夠「洗滌」和擺脫過去不悅耳的聲音，與自己重修舊好，不再生自己的氣。正念認知療法為我打開了接受的途徑，因為即便 EMDR 清除了變質的念頭，依舊保留了人格特質中的優點與缺點。但冥想讓我們能以距離甚至是幽默來處理缺點：「你還在這啊！但你掌控不了我的！」同時，冥想也讓我能夠接受自己和他人的生活。

結語

即使作為一位照護和心理治療的「專家」，我也必須透過外部援助，來了解自己發生了什麼事、如何排解我的困難。覺得難受時尋求諮詢是必要的，儘管我們可能會找到保持沉默的理由（令人害怕的心理治療師、對於吐露心事的恐懼，或是必須付出的價格成本等）。

除此之外，如同那些我所描述的各種的認知行為治療方法及情緒方法，可能受到某些心理學家和心理治療師的詆毀，認為這些方式並沒有觸及到「深層的」心理問題治療（不像是其他的治療方式，如精神分析）。但相反地，依照我的個人經驗，許多病患表示這樣針對自己和情緒的方法，開闢了一條真正可持續改變的道路，有助於未來，也有助於我們所追求的幸福。

「親愛的上帝，請賜給我雅量從容的接受不可改變的事，賜給我勇氣去改變應該改變的事，並賜給我智慧去分辨什麼是可以改變的，什麼是不可以改變的。」——馬可・奧里略更多資訊請參閱第 480、481 頁。

05 當恐懼讓你無法行動

克莉絲汀・米哈貝勒-撒閡 醫生
(Dr. Christine Mirabel-Sarron)

「希望不能脫離恐懼而存在，恐懼也不能脫離希望而存在。」——巴魯赫・史賓諾沙（Baruch de Spinoza）

一九八〇年代，我在里昂進行醫學學習，偶爾享受地利之便遊覽近郊的森林和阿爾卑斯山。就像許多學生一樣，滑雪意味著一大早就得離開，然後再筋疲力竭地從滑雪坡道的終點返程。在某次一如往常的滑雪行程中，發生了愚蠢的意外：我跌倒了！並且因為骨折而起不了身。隨後便送醫、進行手術、術後照護、復健，然後返家。

○意料之外的經驗

在大門口前的恐懼

自從意外發生後，我可以自己行走和移動，但不能單獨外出到馬路上。一切都發生在毫無預警的一天，在同伴的陪同下我第一次離開居住的大樓。突然一陣毫無來由的焦慮感不斷攀升，先是嚴重的胸悶，然後心臟劇烈跳動，並開始感到暈眩。我把這些症狀歸因為受傷之後第一次外出的關係，並努力調整到能讓自己安心的狀態。但第二天又再次發生，而且在接下來的每一次外出都一樣。一接近建築物的出口恐慌就開始了，當我瞥見建築物的外觀時便心跳加速、雙手顫抖，我能聽見自己的心跳聲，感覺到脈搏和太陽穴的跳動，擔心血管就快爆裂並且昏倒過去。我害怕自己摔倒，也告訴自己身體快要支撐不下去，便在路口牆邊稍微停下來並沉澱呼吸。這與原來的我大不相同，我可是被暱稱為「冒險家」的呀！而如今我的聖母峰竟變成建築物入口處前幾米的一張長板凳！

我想知道究竟發生了什麼事？我是不是還能再過回正常人的生活？這一年我活在焦慮之中，找盡了各種藉口避免外出，把自己圈囿在非常侷限的外出路線當中，並且需要一位可靠的人陪同。

混亂的治療之旅

在第一個星期我諮詢了一位醫生、一位順勢療法師、一位整骨療法師、一位物理治療師以及其他專家，他們幫我訂定了一種「長壽飲食」的食物法則，還有其他按摩、草本藥物、抗焦慮藥、抗精神病藥等，有些療法在幾小時內減緩了病情，也有些反倒是加重了症狀。沒有人想到尋求心理學或精神科醫師的協助，連我自己也沒想過。經過了幾次檢查之後，急性恐慌症發作的診斷（恐慌發作伴隨著二度廣場恐懼症）變得越來越明朗化。

認識恐慌發作

至少有一次的恐慌發作會伴隨以下症狀一個月（或更久）：

- 持續擔心其他的恐慌發作。
- 擔心因恐慌發作，而可能造成的影響或後果。
- 與恐慌發作有關的重要行為改變。

根據精神疾病診斷及統計手冊（DSM），廣場恐懼症的標準為何？

焦慮所涉及到的是在難以逃避（或感到尷尬）的地點、情況下重新找回自我。或是在恐慌發作時得不到協助的情況，有時候是出乎意料的，有時候是被某些特定情況所觸發，也有時候焦慮本身就是恐慌症狀的一種。

廣場恐懼症的典型特徵：

- 一系列特徵化的情況：發現自己單獨在外、在人群或等待的隊伍之中、在橋上或在公車、火車、汽車上。
- 避免遭受強烈痛苦的情況，像是害怕恐慌發作、害怕產生ADP[7]的症狀，或是需要同伴的存在。

焦慮或是恐懼症的迴避，並無法被另一種精神障礙很完整的解釋。我一開始也不太相

譯注7　缺乏紫質症，Delte-dminolevulinate-dehydrartase Deficiency Porphyria, ADP。是先天酵素血基質代謝異常的遺傳顯性疾病或後天經由誘發因子促成病狀所產生的罕見疾病。患者急性發作時，臨床症狀通常先是肚子痛，疼痛感會由腹部傳到下背部或大腿內側，且持續好幾天。大部分患者會伴隨噁心、嘔吐的現象。

信，焦慮難道會引起多嚴重的病症嗎？難道會讓我完全動彈不得嗎？作為一個學生，我沒有任何精神病學的教育訓練，書中的研究也沒有提供我任何的解決辦法。我很想回到過去那樣正常健康的身體狀態，就像以前一樣。但我束手無策。

對我有信心的親友

每一次外出都伴隨突然的恐慌發作，甚至只要一想到離開，就足以讓我立刻感到緊張、不舒服，表露出害怕和異常的樣子，害怕恐慌發作，害怕這種身體極度緊繃的不適感。但我的親人透過運動復健以及能在路上重拾自信心的推論，堅持要我外出。我們達成只在非常小的連續路徑之內活動的共識，並在幾日的重複練習後成功抵達巷口的一角。我的親人因此順理成章地認為我能夠穿越馬路甚至去到商業區，但我完全沒有和他們一樣被外界吸引的相同邏輯。我的恐懼讓我只能持續待在相同的人行道上，沒有其他進展，街道的另一端對我來說就像是一道壕溝或深淵。由於受到恐懼影響，我只能停留在這條相同的道路上，日復一日地進步，約莫兩週之後才繞了這個街區。這個路徑看在一個可以合理運作的人眼中似乎沒什麼效用，但對我來說，我絲毫沒有想過要穿越馬路。

每一天我都想走更遠一點，但總是被焦慮引領。過去我覺得進步應該相當容易，但現在我每一天都又多獲得一點「被釘在家中」的恐懼。每一天我出門，其目的不為別的，都是決定於我的恐懼程度。進步肯定是持續進行的，只是非常緩慢，我本來希望會更快的，但是對於外界的害怕與恐懼大力地遏止了我。

幾個月下來，我的家人朋友輪流照顧我，逐步協助我克服，直到能夠強化自主移動的階段。為了能重新恢復我前往任何地方的能力，在我對外出如此畏懼的情況下，這樣日常的交鋒花了超過六個月的時間。

對於恐懼的另一種看法

在我對心理學還沒有任何概念的時候，我便能夠以某種生活方式逐漸讓自己暴露於當下的恐懼中，暴露於孕育廣場恐懼症的恐慌發作中。這個親身經驗也是大部分恐懼症患者的經驗，不管是不是受到周圍親人的激勵，逐漸對抗恐懼以及學會平息病態的恐懼，這個經驗如果能夠被治療師組織得更結構化，將能夠被吸納成為認知行為治療法的一種支持。

好消息是這一切很快停止了！我再也沒有經歷恐慌發作，再也不受廣場恐懼症之苦，能正常地過日子，時常去旅行，每日早晨也不再從恐懼中醒來。然而我

每一日，我都在這條路上走得更遠了一些。

並沒有改變我的生活方式，並沒有刻意去避免什麼，我只是自然而然地拿回自己存在和行為的主導權。我只記得過去曾經有過焦慮和恐慌發作的問題，但那都過去了。一切都結束了！就像一個非常遙遠的故事。

我大可以把危機發生的因素歸納為例如身為一個女人，或曾有過一段脆弱的生命經驗，或生物及遺傳上的脆弱性，使得某些人較其他人更容易面臨恐慌發作。但我的看法變得不同了，每個人都有自己的脆弱性，並且必須找到適合自己的解決方案。

○這個經驗帶給了我什麼？

在這個經驗中，我發現許多不同種類的恐懼，通常一般短暫的恐懼會伴隨著對於危險的意識，例如，我很清楚自己會被雷鳴驚嚇到，或是當我去遊樂園玩的時候。

了解你的恐懼並克服它

我發現了恐懼的其他面貌，更持久的、更不合理的，並且讓我覺得無法控制。即便道路上空無一物我依然害怕。如果下意識的恐懼被認為是物種的生存反應，這種沉重且侵入性的恐懼持續存在，佔據了你並且完全跳脫你的理解。這種恐懼的不合理性讓你幾乎無法談論它，別人不會理解走在筆直、寬闊、乾淨的道路上能有什麼危險？當然沒有人會理解的。但你卻為之顫抖。你一寸又一寸小心翼翼地探索，就好像那是一塊新大陸，你已經成為這個敵對新環境的探險家，而且即將發生可怕的事。在這個經驗裡你感到非常孤單。

反擊！不要有任何羞愧！

和恐懼正面交鋒這種情緒化的暴露讓我知道，我並沒有更糟，甚至是更好了。我發掘了一些個人的方法和竅門來記錄每一次的成功，像是測量待在外面的時間長度，為每個距離做上記號，創造出自己的方法來記下我的改變。我了解到要反擊這些過度的恐懼，首要的事情便是別感到羞愧，比起高血壓和糖尿病，我們實在不需要對這些恐懼更為負責任。不需要感到罪惡，就把這些恐懼症當作一個現象的失常，這在一開始是相當自然的。

逐漸面對自己的恐懼

接著，為了將恐懼放回它適當的位置，必須運用一些實際方法來學習掌握恐懼。這些「練習」包含逐步且規律地面對自己的恐懼，透過認真執行這項工作，恐懼的生物性面貌可以被改變，也就是大腦，或者更正確地說是作為恐懼中心的「杏仁核」，將開始有不同的反應。我們必須接受焦慮的來到，人們不可能活在零風險的生活之中，然而解決的辦法並不是封鎖生活、試圖不讓任何痛苦與焦慮滲入，而是將焦慮融入生活風險的一部分。

○恐懼的生物起源

對於我的一位患者克拉克來說，恐慌發作是由內部與外部的刺激所觸發的，這些刺激被理解為即將發生危險的訊號，而當這些理解是災難性的形式時（如死亡或是失控），會產生許多和身體感覺相關的擔憂。接著考慮到這些擔憂的感覺可能被忽略，因此將問題變成具有高度警覺性，同時也強化了問題嚴重性的想法，並且採取傾向維持負面理解的安全行為，來避免掉廣場恐懼症的發生。這個螺旋迴圈最終導致了恐慌發作，並且印證了最初感知到的威脅，孕育出的惡性循環促成緊張的狀態、激烈的焦慮。從這個災難性的理解開始，整件事便向著鞏固恐慌與不安行為的方向發展。

我的建議

我們面對恐慌襲擊時做出的反應，和遇見危險時身體準備作出的因應方式完全相同。因此杏仁核的治療是必要的。（杏仁核是我們情緒的中心，也是在進化過程中最古老的部分之一。杏仁核與海馬體為大腦邊緣系統的兩個最重要部分。）恐懼症大腦功能異常的部分，在進行過認知行為療法之後正常化的現象，證實了人類神經的可塑性。

如何識別急性焦慮症？

- 你是否經常需要對抗似乎從不停止的焦慮想法？
- 你是否在封閉的空間像是電影院、大眾交通運輸，或是超級市場的排隊隊伍當中感到不適。
- 你是否曾經因為胸腔感到壓迫、喉嚨緊縮，或呼吸不規律而感到窒息？
- 當你開車時，會不會有時因為交通阻塞、開到橋上或停紅綠燈而被恐懼感淹沒？
- 你是否曾經懷疑自己心臟病發作而急急忙忙的就醫？醫師是不是和你說

要反擊這些過分的恐懼，首先我們必須不為之羞愧。

這只是一點的焦慮情緒，並不要緊？

- 你是否經常擔心突然失去控制或是發瘋？
- 你有沒有在過去沒引起任何問題的「正常」情況下感到緊張？
- 你會不會偶爾毫無明顯來由的出現以下的身體感覺：心跳過快、胸痛、喉嚨緊束、呼吸困難、呼吸急促。
- 你會不會覺得和周遭發生的事或是和現實脫節？或是感覺失去平衡；快要昏倒；手部、腳部、肢體末端感到刺痛；發冷汗、寒顫或過度出汗；伴隨焦慮的潮熱；顫抖；害怕失去控制；害怕發瘋；感到恐懼；覺得死亡將近；需要逃跑。

這些都是恐慌發作的症狀。

觸發的原因

如果你不明白為什麼恐慌症會發作，首先可以從環境來尋找觸發的原因：在哪裡？在什麼情況下？身邊有些什麼樣的人？當時在做什麼？你必須面對一個因壓力（或分離）而產生的新局面嗎？

調查追蹤自己的內在因素：你的疲勞程度是多少？是否服用了中樞神經興奮劑（酒精、

含咖啡因的飲品、藥物）？睡眠的規律性怎麼樣呢？有沒有因為其他原因（諸如體力消耗）而引起的心跳過快？有沒有預期性的想法（擔心恐慌症再度發作、擔心死亡或發瘋）？有沒有易怒反應的傾向？

這些內部和外部的因素都會引發焦慮思想的出現，也就是說這些經由你自己解釋過後的因素，讓你陷入害怕失去控制甚至是死亡的恐懼之中，又或者害怕自己深陷於極度尷尬的局面。這種焦慮的心理分析增強了你的恐懼，讓你的身體加劇生理上的反應，或啟動第一時間的生理反應，並開啟恐慌發作的迴圈。你更加留意最輕微的感覺而處在過度警惕的狀態，進入一個恐懼不斷攀升的循環，症狀引起恐懼，恐懼又加劇了症狀。

如何反抗？

你有兩個選擇：要不讓恐慌症發作，然後屈服在你認為是無可避免的恐懼之下，要不做點什麼事來緩和狀況。最好的態度便是停頓下來，冷靜一下，冷靜地呼吸，將頭腦淨空或想想今天發生的愉快事。但不幸的是，最常被選擇用來對抗恐慌發作的行為，是逃跑（倉促地離開現場或情況），或是逃避（取消既定的約會）。

遭受恐慌發作的人，與不再受到恐慌發作之苦的人之間的區別相當簡單，不再害怕恐懼的人將不再受到恐慌發作的折騰。他們把這些生理的感覺單純地視作感覺，而不是一種威脅，此外再無其他，他們不會因情緒而對於焦慮的想法採取行動，這就是最大的差別！因為在恐懼的焦慮之中，確實有一個明確的目標，但將它視為威脅則不合理。

關鍵要點

❶ 發揮雙重約束力來面對這些恐懼。

- 對抗恐懼，這是外在的逐漸演變。
- 接受恐懼，這是內在緩慢的進展。
- 不要放棄，這不是必然的宿命。
- 不要感到羞愧，也不要感到罪惡。

面對恐慌發作	逃跑或逃避
你提升對身體感覺和焦慮的容忍度。	你減低對身體感覺和焦慮的容忍度。
提升對於負面情緒的容忍度、世界觀的改變、出現適應的行為、逐漸削弱過度反應的情緒。	將導致全世界的人每一天、每時每刻產生的那些最尋常、最渺小的感覺，也會變成戲劇性的、擺脫不了的，而困擾著你。然後你回到了過度警戒的狀態，你的自信心以及能夠應付這些情況的印象日復一日地逐漸衰退，生活方式徹底改變，你開始閃避人群以及公眾場合，進入廣場恐懼症的循環。

❷經驗的學習比起建議更有效：經驗以及對於現象的理解能夠使我們識別發生過程，而理解則能讓我們懂得應對。

❸對抗恐懼的情況：

- 動機必須出於自願。

・必須循序漸進。

・必須是長時間的。

・必須不斷的重複、貼近的、定期的。

❹如果你的恐懼經過專家評估，並提供了你一個藥物或心理上的治療，情況將會更好。與恐懼的對抗，應該在焦慮症專業人員的計畫安排和監督下進行，和你一起制定計畫，並察覺哪些是限制你進步的因素。

更多資訊請參閱第 480 頁。

06

學習與接受自己的漫漫長路

班傑明・思恭朵夫
(Benjamin Schoendorff)

我實施的「接納與承諾療法（ACT，Acceptance and Commitment Therapy）」，為新一代的認知行為療法。其目的是要幫助對抗內在痛苦的人擺脫困境，透過行動來找到人生的意義。而我認為接受治療（ACT）是一個相當人性化的行為療法。

什麼是「內心的衝突」？

內心的衝突，是為了避免或改變讓我們不舒服或痛苦的經歷所做的一切事情：感覺、情緒、思想、回憶。這種衝突可能有很多形式：逃避、逃跑、感到安心、反覆思考、積極工作、消遣娛樂、離群索居、舉行儀式、大喝大喝、喝酒，或藥物濫用。我們大多數的人都對這樣的衝突有直接和深刻的認識。

科學心理學證明，長遠來看，與自己內在的經驗發生衝突往往是徒勞無功的。因為要直接永久的改變心意和情緒相當困難，那不僅將佔據更多心思，痛苦也將因此更加劇烈。如此一來，這個衝突被我們用反抗餵養精力，這個不斷的衝突可能變成一個陷阱——一個真正的成癮，必須不斷加重劑量。

透過這篇文章，我想和你分享一些我個人對抗衝突成癮的經驗。多年來我消費了多樣的產品來改變我內在經驗的不舒適，但這並沒有讓我成為藥物濫用的專家——差得遠了！我的專長更確切來說是沉迷於內心的衝突。而今天我選擇分享我的經驗，雖然擔心這樣做會被同行貼標籤、評論或排斥，因為時至今日藥物濫用仍然是可恥的。但我做出這樣的選擇，是因為藥物濫用者依舊以這種形式來表現內心衝突的祕密與烙印。我希望這篇小文章能夠推動這樣的想法：藥物濫用的人也像其他被痛苦禁錮的囚犯一樣，應該得到幫助、關心和愛，如同其他與痛苦抗爭的人。

封閉的衝突

在我心理治療的工作中，我發現大部分的客戶同時也沉迷於內心的衝突。即使他們的決心強烈，他們仍自覺身處於一座和痛苦長期抗戰的牢籠裡。他們的勝利只是兩場戰役之間短暫的中場休息，並且通常用放棄邁向生活中真正重要的方向作為代價。

○「我一直想改變自己的感受」

就我的記憶所及，我經常感到孤單、悲傷、不被理解和不被愛護。為什麼呢？我實在不明白。我只知道我不能接受自己的感覺，並且絕望地尋找為什麼我的生活是這個樣子。太渴望打破這個謎題，因此我把童年時光都花在書本上，但這個謎依舊是個謎。我從書本裡學到了很多東西，但上學卻讓我覺得無趣。老師覺得我變得傲慢無禮，而我則變本加厲，開除和退學接連而來，在學校和生活中找不到自己位置的不自在和罪惡感一直上升。我無助的父母嘗試一切辦法：公立教育、私立教育、寄宿學校、重讀，甚至是到美國交換學生一年，沒有任何一項起到作用。我去過的教育機構比我上學的學年還多上許多。

還是個孩子的時候，我非常害怕毒品，模模糊糊地想像毒品把吸食者瞬間變成魔鬼。直到十一歲的某天，我看見夏令營的輔導員彼此分享大麻，而他們的頭上並沒有長出犄角，只是開懷地笑了起來，特別是他們仍然扮演著負責任的指導員，而不是惡魔。我開始對毒品的官方資訊起了疑心。他們聲稱毒品沒有「軟性」和「硬性」之分，但軟性毒品在我看來似乎沒有那麼危險，既然硬性和軟性毒品沒有區別，那麼硬性毒品應該也不那麼危險……這一個不成熟的三段式推理，使我有很長一段時間沉浸於精神疾病藥物。

況且在我內心深處一直想要改變自己的感受，我一直在尋找可以讓內在經驗變得令我可以忍受的產品。那時我只有十二、三歲，我記得我十三歲那年企圖大量喝酒，終於有一次在我醒來時發現自己把頭浸泡在一攤嘔吐物中後，我戒了許多年的酒——惡劣的情況，但卻是最佳的例子。

直到我和父母發生了嚴重的爭執，那一年我十五歲，我決定離家出走，和幾個二十來歲的朋友一起住了下來。我在那裡待了幾個禮拜，並且首次使用海洛因。

○當內在衝突變成一種成癮

海洛因讓我深刻感受到內在的熱情，覺得所有的事都各司其職了，什麼事都有可能了，那些我所搏鬥著、看似難解的衝突都灰飛煙滅了。至於這些產品的潛在危險，我認為那只是道德正義之人的謊言。那是一個顛覆性的搖滾時代，我相信自己是為了音樂而活，而吸毒對我來說只是一種反叛的形式，也是讓我歸屬於一個群體的方法。

我很快就成為海洛因的常客。我在十六歲的生日前夕結束正規學業，在父母的建議下，我用自由參加者的身分參加了高中畢業會考，剛剛好趕上補考期。在幾乎是沒有惡補的情況下，我認為我能通過會考都要歸因於我對書籍的熱情，尤其是我的父親在筆試當天早上還必須把我從床上挖起來，前一晚用了太多的海洛因，我根本起不來……我的父母用盡所有辦法來幫助我，卻不知道該怎麼做才好。

會考文憑到手後，我馬上申請了文學和歷史學校，但我一下就發覺這所學校是個平庸的地方，和我在高中很快就覺得自己是個異類一樣。儘管我對於歷史、文學、時事、政治，甚至是愛情有著濃厚的興趣，但我大部分的時間都拿來吸食海洛因了。

海洛因是我所能找到對抗內心衝突最有效率的方法，但問題也就在於短時間內的功效。

在對抗內心衝突時，海洛因在短時間內所能發揮的效率，讓它變得極為容易上癮。

建立了一個惡性循環

起初，我消費海洛因的動力是它帶給我的快感。在行為主義的定義裡被稱之為正強化，也就是增強了一個愉快的結果。海洛因似乎神奇地消除了我所有的困難，也消滅了我人際關係上的困難感覺，但同時也阻礙我看見我的人際關係困難的存在，甚至更加惡化。在行為主義的定義裡被稱之為負強化，也就是逃避一個不愉快的後果。然而很快地，我就經歷了停止使用海洛因後身體的不適感，於是為了減弱這些身體症狀而增加了對海洛因的需求。

內在封閉的螺旋

因為感受不到自己已經成為海洛因的奴隸，我被鎖在一個看不見啟蒙道路的人生當中。我時常感到悲傷和絕望，也沒有辦法進入一段戀愛關係。我渴望學習，夢想著進行書寫，希望變成有用、有貢獻的人。我試著去對抗，但是迫切使用海洛因的這項「工作」，讓我很難貫徹到底地堅守一項許諾。一個惡性循環由此誕生：我的成癮完全阻止了我投入可能使我接觸到其他支援、而非那些成癮所帶給我的活動。這同樣也是將成癮者圍困在內心衝突之中的一個循環。

○一個幫助改變的善意關懷

有一天，因為共同朋友的關係，我認識了一位和我父母同齡的女士瑪莉雅。她看見了我的潛力，而不僅只是我的問題。她將友誼之光映照在我自己從沒留意過的特質之上，她選擇承認並且支持我對於知識的好奇，以及我所感興趣的領域。這是一份來自藥物濫用的小世界之外的全力支持和尊重，對我所產生的影響大過於言語所能企及。幾個月之後，瑪莉雅鼓勵我準備英國牛津大學的入學考試，為了這項計畫以及在短暫的藥物治療幫助之下，我停止了對海洛因的仰賴。提及瑪莉雅的友善情誼，我的心滿是歡愉和淚水。前往牛津大學徹底改變了我的環境，我在那裡學習哲學、政治學和經濟學。我終於能夠滿足對於知識探究的熱情和追求。我參與了政治，並且為雜誌撰寫文章，甚至有了一段美滿的婚姻，接著在文憑到手之後，我便開始在英國工作。

可是好景不長，我的情況直轉直下。工作並不適合我，而我和妻子的關係也亮起紅燈。早期使用的鴉片劑量可能阻礙了我的情緒發展，使我缺乏建立及培養深厚親密關係的必要能力。相反地，這些必要能力的缺席，使我處在親密和脆弱的情況時極為不自在，因而用逃跑和逃避的行為來與這些情況對抗。為了能在短時間內克服不自在的感覺，我的逃避行為阻止我建立那些我渴望的親密關係。即便我可能已經遠離了毒品，但我仍舊是沉迷於內心衝突的囚徒。

用逃離尋找自我並不足夠

再度回到沮喪和勞累的狀態中，我想著轉換環境也許可以賦予我能量，因此接下了在法國的一份新工作。事實上，我是逃跑了。但事情並沒有好轉，甚至不久之後我就重回海洛因的懷抱，我在衝突中陷得更深了。起初這一切似乎奏效，透過海洛因得來的能量讓我復原，而我從事的新工作待遇優渥，讓我能夠在經濟上負擔海洛因的消費。但幾個月之後，海洛因的正面效果因消退而模模糊糊。我諮詢過好幾位心理治療師，當中有些人拒絕協助，囑咐我必須先解決毒癮的問題⋯⋯。因此我開始了替代治療，選擇致力於電子樂來終止海洛因。

但我和藥物之間還沒結束，依然將近有十年的時間，我年復一年地在藥物禁戒與濫用之間來回。禁戒帶來強烈的疲勞與抑鬱，因為這樣，濫用藥物的想法立刻就結束了。短期來說是有效的。直到企圖追求的效果減弱，身體的依賴性又來到了首要位置，我又從禁制的小伎倆上跌落下來⋯⋯直到下一次的循環再開始。

在藝術的層面上，我不滿意我所創作的音樂，而我欣賞的音樂家似乎也不喜歡我的音樂。我在藝術上一無所獲，覺得人生陷入了困境。

認識自我、想法、和情感之間的區別

這幾年的時間裡我認識了禪修，雖然沒有規律實行，但也足夠對我產生深遠的影響。靜坐下來觀察自己的想法，竟然難以置信地令我體會到，我不是我所想的那樣。這就像一個啟示，因為直至那時候，我都盲目地相信我的思緒告訴我的事——我的想法是一件非常重要的事，而我就是我所想的那樣。但透過禪修，我學習觀察那些通過我的思緒和情緒，就像雲朵滑過秋天的天空，不需要任何的干涉。這讓我不再被思緒的內容捆綁住。

稍微脫去一些既有的思緒，讓我的事實經驗有更多的空間。在藥物禁戒和濫用之間來回交替對我來說並不可行，它將我囚禁於洞底，我越是挖掘，越是下墜，使我深陷於生活之中，而絕大部分的生活，都在企圖逃避不舒適的感覺中消耗。

二〇〇二年十二月的某一天，我做出了選擇，決定面對那些人生帶給我的，而不再借助於藥物。我無法坦然說出是什麼動機激勵我選擇另外一種生活方式，選擇勇於面對而不是逃避。選擇面對既是一個肯定，也是一個放棄。我放棄了內部的衝突，放棄了短時間內有效的解決辦法，更甚至，我放棄去尋求理解。我選擇活在和生活紮實接軌的人生，歸於安穩的確定性當中。我並且有一種奇怪而深刻的信念，這樣生活的方式意味著使我內在的痛苦得到平和，換取自由的代價就是拋棄內心衝突。

求助於藥物，曾是我面對所有未知與不敢對抗的生活的一種支柱，但是依靠著這樣的方式，我無法在對我來說最重要的生活道路上前進。而對我來說生活上最重要的道路，同時也是造成我最大困難和痛苦的，是適切的人際關係，也就是愛。

換取自由的代價就是拋棄內心衝突

一個漫長的學習之路

過去我一直認為，勇氣包括對抗我的疲勞、悲傷和憂鬱。但如果說真正的勇氣是停止衝突，轉而面對我準備做些什麼來體現愛的價值，並讓自己更有用處呢？

我致力於學習如何發展、維持以及深化我和他人之間的關係，以及我和自己之間的關係。但在藥物的作用下，內心的逃避就如同所有的內心衝突，阻礙了學習。藥物將我孤立在這個世界、他人和自己的深層感覺之外。在放棄藥物濫用的決定後，我選擇面對我的害怕，向前邁進，而不是消滅它。我同意接受未來學習之路上的困難，以及我所應面對的，直到看見具體的進步為止。在如此年輕的時候接觸藥物，無疑阻礙了我的情緒和社會發展，嚴重不利於我的人際關係。但今日我知道，社交和人際關係能力的學習可以在任何年紀，對我而言，這項學習還在繼續。

對人生價值的承諾

最一開始的時候，我感覺比平常更糟了，我內心的不適感，以及那種被他人目光評斷的感覺依然龐大，這樣的情況持續了幾個月。起初我的生活幾乎沒有變化，除了一些幽微的意義，這些意義終於與我最重要的東西有所聯繫。其中一個深切的價值，便是竭力地敞開心房，並發展一段關係，並且是可能與我親近、有效的關係，終有一天能使我成為有用的人。

在我停止服用藥物的兩年後，我諮詢了一位治療師，他建議我以圖表的形式準備一份簡明扼要的人生軌跡概述，並指出我最快樂和最不快樂的時期。這項工作幫助我看見了當我學習以及信賴他人時，就是我最深切滿意的時期。因此我決定重返學業，這一次我選擇了心理學，我想更深入理解人類的運作，最重要的是，找出面對苦難更有效的方法。為了尋找科學證據上最有說服力的治療方法，我開始專注於認知與行為療法。

如今我開始看到這個決定性選擇的成果，我終於有寶貴的機會用自己的方法成為有用的人。我對於我對客戶正面強韌的影響力特別敏感，並對深層且可靠的治療關係非常留意，特別當我能夠提供遭逢困境的孩童、青少年或成人，一份善意關懷的保證以及無條件的陪伴。很榮幸能夠與他們一起探索夢想和內心的才能，替內在的痛苦騰出一點空間，前往下一段人生。我從經驗中明白這樣的關心和方法可以改變生活，我滿懷感激的感謝在這一路上幫助我的人、愛我的人。從事治療師的工

社交能力和社會關係能夠在任何年齡階段學習。

作是我報答恩惠的方式之一，感謝這些為數眾多的人們給予我他們善意的關懷，和他們的愛。

改變內在經驗，也是改變你的生活

現在，我從事有效治療方法的發展與推廣，並且參與更有效治療的研究與開發。對我來說，這個方法涉及到科學的嚴謹、臨床的敏感度、客觀的方法以及考量每個人的主體性，同時也是重新審視自己職業生涯和個人生活，進而感善我人際關係和治療上的表現。我希望透過我的研究活動和職業培訓，在推進知識、測試和驗證新的技術等方面，用自己的方法做出貢獻。

透過冥想，我體會到思緒和情緒之間有所距離的好處，也體會到將個人改變的方法與行為加以連結，以體現自我價值的力量，也因此讓我遇見接納與承諾治療，不僅結合改變方法與行為這兩個面向，同時也伴隨著心理研究的科學發展的充分參與。

透過新一代的認知行為療法培訓，我有機會認識來自世界各地的優秀人才、臨床醫師和研究人員，他們對我表示歡迎。近期我也很榮幸，能夠為法語閱讀者出版我第一本介紹接納與承諾療法的書籍。

在藥物成癮方面我並不是專業，但是透過我的臨床實踐及個人經驗，我成為對抗並改變內在經驗的專家。有很長一段時間，我都認為這種對抗是唯一的途徑，唯一的問題只是必須要找出一個長遠有效的方法，但是經驗告訴我購買藥物這個想法是個陷阱。接著我才發現自己在將內心能量轉移至價值觀念之上的過程中、化解內心衝突的能力。在放下武器與逐漸馴服自己內心感覺的過程中，衝突成為一位朋友，儘管它有時候脾氣暴躁，但卻提醒著我那些對我來說重要的事。透過我的行為，讓我一步一步走向那些對我來說真正重要的方向，我終於開始建構一個我希望成為的人物形象。儘管距離抵達彼岸仍然遙遠，但借用加斯東・巴舍拉[8]所說的句子——「我看不見未來即將發生的，只看得見我要去做的。」

譯注8 加斯東・巴舍拉，Gaston Bachelard，法國哲學家。

07

從復原能力到正向心理學

傑克・樂恭特
(Jacques Lecomte)

我對許多與心理學和人類行為有關的問題感到著迷，而多年來最吸引我的，是某些個人或是團體，如何設法從暴力狀態轉向非暴力狀態？

對於復原能力感與趣並非偶然

這個問題與我的個人經驗有關，原因有二：作為一個家暴父親的兒子，我成為了一位慈愛的父親；以及在青少年時期就相當關注政治上的恐怖主義議題，我從十來歲開始就是非暴力的支持者，並且在之後成為基督教徒。

從暴力到非暴力

從一九八八年開始，我有機會開始深化這項問題。我曾經在《人文科學（Sciences Humaines）》雜誌擔任六年的記者，負責「心理學」專欄。對我而言，這是在知識獲取上相當豐沛的一段時期，讓我對身為人類有跨越學科的真正理解。尤其是每週的編輯委員會，我們在面對記憶、暴力、幸福……等的主題上，用不同領域的視角（如心理學、社會學、人類學、歷史學、政治學等）進行對照比較。

然而，多年來始終有一個沮喪困擾著我。有時我希望能深入一個領域進行反思，但我卻總好似蝴蝶，翩翩飛舞其間沒有時間停留，不像蜜蜂能採集足夠的甘露釀製花蜜。而我最想深入討論的領域，正是我腦海中最清晰的問題：「對於某些個人或是團體來說，該如何設法從暴力狀態轉向非暴力狀態？」

在我看來，有兩個學術領域也許可以提供這個問題一個初步的答案：一是衝突期間的談判與調解，另一個則是人類暴力行為表現之後的復原能力（特別是受虐兒童）。

我在這兩個主題的選擇之間猶豫不決，最後我決定選擇衝突期間的談判與調解。我在DEA（*Le diplôme d'études approfondies*，「高等深入研究文憑」，相當於現在的碩士文憑）就讀期間探討以巴衝突的「黃金時期」（1992-1993年），及其隨之而生的《奧斯陸協議》，和諾貝爾和平獎授的三位主要角色：亞西爾・阿拉法特（Yasser Arafat）、希蒙・裴瑞斯（Shimon Peres）和伊扎克・拉賓（Yitzhak Rabin）。我對這項研究工作充滿熱情，並使我更了解領導人的人格特質是如何影響地緣政治。

多重的復原能力途徑

但是作為DEA必須深入研究的論文，最終我還是決定將主題定調為「不當對待後的復原能力」。一開始在選擇論文主題時的猶豫，我相信最主要的原因是我害怕面對那個我稱之為負面的「鏡像反應」。意即，在聽取受訪者描述的過程中，可能因為對方與我相似的經驗而喚起我痛苦的情緒。事實上，在論文的過程中我多次感覺到這種情況，但這些情況多半具有啟發性而從未有害，並且幫助我了解到復原能力的途徑是多重的，有時候具有相似情況的人，可能會以完全不同的方式作出反應。

這份論文讓我有多種不同的發現，其中一位受訪者向我展現出我曾經歷的一段生活經驗，就是受到暴力虐待的兒童成為慈愛父母的部分。我所遇見的每個人，都經歷過我稱之為「反向調整」的過程，也就是說，他們決定對待未來孩子的態度（通常決定在青春期前期或青春期，或甚至更早），與他們的父母所展現的行為大相徑庭。

讓父母成為反例：一個困難的藝術

決定在未來採取與父母相反的行為，這在曾於孩童時期遭受暴力對待的人之中極為常見，其他可能的情況像是：父母有酗酒習慣、或父母過度刻板嚴峻、過度縱容、過度吝嗇或過度揮霍等。

但為不理想的行為採取相反措施的方式，明顯涉及到過度調整的風險，其中的兩大危機為：過分保護及放任。曾在童年受挫的人有時候想要做得太好，有些人渴望成為完美的父母（或幾近完美），便透過限制任何可能對子女帶來壓力的方式來撫養子女。當然，在情感中獲得安全的條件下，每位孩童也得面對生存的現實，並且學習自我超越。我遇過幾個案例，子女在青春期及成人階段強烈拒絕父母，同時指責他們為自己帶來心靈上的窒息。

放任則是第二個障礙，父母必須明白教育的藝術是基於愛與規則的平衡。懂得如何說「不」與懂得如何「同意」同樣重要。許多科學研究都顯示，最能充分發展的孩童，正是那些父母既重視需求，也能尊重紀律的孩童。能夠意識到這些風險，會讓教育子女更為容易。此外，許多父母向我表明，這些簡單規則的意識及實踐，有助於他們和子女之間的關係。

寬恕作爲自我治療

另一個和我經驗相似並讓我印象深刻的因素，是大部分我所遇到的人，都原諒了他們的父母，部分人是源於宗教因素，但並非多數。我最常聽到的理由，是出自於對痛苦減輕的需求：「我不能再恨他／她，內心的憎恨啃噬我。我必須繼續前進。」因此我把這個態度稱為「自我治療功能的寬恕」。另一個令我印象深刻的是，部分的人將寬恕與行為之間完全乾淨的區分。「我完全地原諒他／她。」這個想法來自這樣的談話，「但你知道嗎，他／她對我所做的一切，我仍然無法接受。」

避免一些與寬恕有關的常見錯誤

許多復原經驗建立在對虐待父母的寬恕上。但，必須避免一些錯誤。

首先，認為「寬恕」只適用於教徒是不精確的，這個詞彙存在一種嚴格的「政教分離」用法。但就我所知，並沒有任何除卻宗教性質的詞彙能充分反應這種經驗。

另外一個錯誤是同化並且遺忘寬恕。很顯然地，人們只能原諒所記得的，寬恕並非遮掩過去，而是一個對於未來的賭注。

同樣地，寬恕他人並不代表替他人所犯下的行為找尋藉口或為其辯護。人們願意寬恕，是因為完全意識到他們所遭受事件的嚴重性。事實上，寬恕最主要的特徵正是分離行為與個人，寬恕的事實並不會消滅原本的行為力度。

除此之外，寬恕並非是他人強行施加的義務，而是一個自由的選擇。再者，寬恕並不能與和解混為一談。當然，寬恕是和解的條件之一，但並不總是迎來和解，也許是因為罪魁禍首並不承認他的過錯，也可能因為受害者不願意再見到施暴者，因為對受害者來說實在過於痛苦。

最後，我們必須記住寬恕的兩個面向：「認知」上的與情感上的。首先是認知上的，指的是打破暴力循環的意志，是真正寬恕的行為。其次是情感上的，指的是悲痛感覺的消逝，也許會花上更久的時間，也很少能取決於個人的意志。一個人能夠選擇寬恕，即使他的情感尚未平復。

尋找存在的意義

衝突的復原力和解決，一直是個人學習的主要課題。特別是我已經寫了一些關於修復能力的書籍，作為肯定我在 CNAM[9] 培訓之後的媒介。除此之外，對於修復能力的研究，也引起我對於存在意義的興趣。這個追求確實是創傷之後常見的心理反應之一，可能帶來極為不同的結果；若追求以正面的回覆告終，將帶來燦爛的人生；但若這份追求徒勞無益，也可能因此走往絕境之地。

然而，每個人都可以對於存在的意義提出問題，出於各式的動機，我書寫這個主題：對於以美滿和幸福為主題的書籍過於氾濫的不滿，讓我感覺像是被撤除在這個重要維度之外；渴望提供更多正面的線索給對自己的生活提問的人。但同樣地，我的個人經驗也扮演了一種角色。記得在青春期的時候，我偶爾會陷入這種不穩定的意象：發現自己身在難以穿越的森林，有人告訴我「你該走了」，卻沒告訴我該去往哪裡，也沒給我地圖，也沒給我指南針。我感覺到一股全然的絕望，在存在之中迫切前進的義務，和必須賦予存在意義之間不斷拉扯，不知道該怎麼定位自己。如今的我，必須先是「消化」了情緒，才能夠深刻描寫一個知識主題。因此，這本關於生命意義的書是我在人生中最快樂，並且仍然持續快樂的時光中所執筆寫下的，特別要感謝交織我情感連結的妻子卡門，以及我的兩位女兒，愛黛麗和奧雷利。

正面的心理發現

另一個令我著迷的主題，是個人與社會之間的關係，特別是這個問題：個人與社會，誰為優先？我讀了很多相關主題的文章，並且觀察到所提出的回應可以迥然不同，取決於你是生物學家、心理學家、社會學家、人類學家或是歷史學家等。這個問

> 真正的改變是內在且個人的。

譯注9 CNAM，Conservatoire national des arts et métiers，法國國立科學技術與管理學院（另譯：法國國立工藝與技術大學、法國國立工藝學院），成立於一七九四年，旨在進行高等職業技術培訓、技術與創新研究、傳播科學文化和技術。

題再一次明顯地受到我個人的經歷影響。我的青春期發生在一九六八年的五月風暴之後，我因此被「所有事都是政治」的標語滲透，個人在我眼裡一點都不重要，最緊迫的事情是改變世界。但在我十八歲那年，一個意想不到的經驗——突然受洗為基督教徒——為我帶來相反的推論：真正的改變是內在且個人的。

多年過去後，我逐漸將生存複雜性的概念融入。一個人、一個狀況或一個事物，能夠是完全純粹的某種樣貌相當罕見，通常以某些程度上彼此互相涵蓋的方式呈現。因此，我轉而形成一個辯證的觀點，認為個人的改變和社會的改變是密切相關的，唯有在兩者間構成一種良性的螺旋、互相促進的時候才具有真正的意義。

我遇見了不少得出如此結論的政治或是工會的參與份子，他們失望地了解到，個人的小爭執可能會破壞最美好的理想，或相反地，追求心理或精神上的個體意識到，個人的幸福唯有在能感覺到他者，甚至是渴望社會發生轉變的情況下才有意義。

此外，我逐漸擴大某些人類的正向功能運作的深刻探討（如解決衝突、復原能力、生命意義），讓我對於利他主義、同理心、正義的意義、自我效能的感覺、勇氣等，越來越有興趣。秉持這樣的精神，我在千禧年之際發現了正向心理學，二〇〇〇年一月的《美國心理學家（L'American Journal of Psychology, AJP）》雜誌，花了一整期的篇幅專題討論這項主題。

自此之後，正向心理學的方法成為許多研究的主題，並逐漸傳遞至社會大眾。

正向的心理學是一門「有助於個人、團體和機構最佳功能和發展的條件和過程」的研究。如同定義所表明，這個潮流並非是以自我為中心的概念。其特徵可以說是對個人現實發展的追求，同時也涉及人際關係、社會問題乃至政治問題。因此正向心理學可以用以研究校園內的學生發展或工作團隊中的良好關係，為兩方的交際溝通制定和平條約。如今我積極參與正向心理學的傳播，包含網頁的建置，以及我被任命為一個正向心理學協會的主席，並在這三個層面上指導建立集體工作的方法。而正如讀者所理解的，正向心理學以雙重的方式在我身上鞏固，一為我對於人類正向功能運作的興趣，二是意識到社會變化和個人變化之間必要的交織。

我對於作為人類的視角：樂觀現實主義者

今天，我試圖更完整地去理解正向心理學社會和政治意義上的含義，在閱讀了許多關於教育、勞動市場、正義、環境保護、經濟、公共衛生等實證研究之後，果不其然地，我觀察到對於人類越是有所期待，越有機會看見期待的發生。當然，例外是存在的，但例外只用來確認通則。所以我的結論相當明確：作為現實主義者最好的方式，就是由衷地作為理想主義者。因此今日，我自我歸類為樂觀現實主義者，指的並不是天真多愁善感，相反地，是一種清醒的評斷。

這將帶來「何為人類」的深刻反思，的確，我們的人生觀以及對未來的考量，不論有無意識，都無可避免地被我們以身為人類的理解所引領。我們對於人類的基本信任或不信任，同樣被我們的日常關係及公共政策所決定。不僅如此，在歷史的進程中，偉大的社會革命者往往都是「樂觀的現實主義者」，即便深陷於所處的現況之內，仍然樂觀地面對個人及結構上改變的可能性。

在這個問題上，我全然贊同兩位影響我至深的革命者：馬丁・路德・金恩（Martin Luther King）及納爾遜・曼德拉（Nelson Mandela）。同樣身為仇恨及種族主義的受害者，同樣都遭受過牢獄之災，但是他們殘酷獰惡的生命經驗，以及在晦暗的現實之中對人性的徹悟，並沒有阻礙他們發覺每個人光輝的面貌。

曼德拉如此描述人性：「我相信每一個人的內心深處都存在憐憫和慷慨，沒有人生來就因別人的膚色、過往或宗教信仰便他們投以憎恨。恨是習得的，而如果人們可以學會恨，那麼同樣也可以學會愛，況且在人的內心裡，愛要比恨更為自然。即便是在獄中的那些悲慘日子，當我和同志們被逼到極限之際，我還是能夠從一名獄卒身上看見一絲人性，縱使只有那一秒，卻以足夠使我重新肯定人性中的善與美，使我能夠堅持下去。人性中善良的火炬也許會被隱藏起來，卻永遠不會熄滅。」

馬丁・路德・金恩則如是說：「人性中有某種東西可以回應善意。只是人並非天性本善，也並非天性本惡，而是善與惡二者同時潛在於人性中。這是為什麼出生於拿撒勒的耶穌，或是印度的聖雄甘地可以喚起人性的善良，但也有希特勒喚起人性中的邪惡。但我們絕不能忘記的是，人性中總有某種東西可以回應善意。」

這就是多年來一直引領我作為人類存在的核心理念。那麼你呢？

更多備註請參見第 475 頁。

平靜與平衡

生活中要克服的不僅僅是晦暗的時刻，還有缺憾的靈魂、痛苦的角落、恥辱的污點、恐懼和疑慮。那麼，我們該不該努力不懈地建立並維持心理的平衡？答案是肯定的。這真是一份令人生厭的工作，但是幸好，也很引人入勝……

2

CHAPTER

08

接受自己的過去

瓊-路易絲・莫內絲（Jean-Louis Monestès）

「這就是作為人的意思嗎？擊倒你的所有情緒」？——*Marillion, Gazpacho.*

根據詞源學，哲學家是去「愛」，而心理學家是去「研究」。（希臘語中，phileô 是為「愛」；logos 是為「話語」）為什麼我們不說「psychophile」？為什麼心理學家不能愛他的研究對象？可能是因為他們偏好從外部觀看其研究發現，也或許是因為心理學家就像其他人一樣，不總是喜歡自己內心所發生的事。既然作為人類，我們總是忍不住追求自己能控制不喜歡的想法，心理學家也不免俗地被控制內心世界的想法所誘惑。

然而，我們的思緒、情緒及感覺都是不可控制的，這恰巧在企圖征服廣闊的心靈時，為我們造成最大的困難。比起作為朋友，心靈更常成為我們的敵人，但卻也是我們最親密的夥伴。到底該怎麼樣停止與盟友之間的戰爭呢？

○控制自己腦海中的想法是不可能的

每個人都希望擺脫某部分生活在我們身上留下的痕跡，一些糟糕的回憶、才剛開始進行某件事就出現的焦慮、毫無預警的悲傷，或是不斷否定自己的負面評價。這是一個可能在我腦海中上演的例子：「我想要買一台摩托車，但我沒有空間停放它，也不可能把它放置在路邊，它可能很快就會被偷走。我必須搬到有小庭院的房子，我看過一個房屋廣告，屋前有一個小院子，我只要賣掉現在的房子，再貸一點款就可以了。但我不知道簡單的柵欄是不是可以阻擋得了預謀竊案，不過這也沒什麼，我可以把柵欄設高一些。只是說這種柵欄應該不好找，好吧，我去網路上看看價格。嘿，我收到一封伊恩的郵件，看看他要說什麼。不會吧！西班牙發表了一篇關於強迫症記憶的研究？我要馬上去出版社的網站看一下這篇文章。這個作者在其他地方的文章發表數量真是驚人，我很常看到他的名字，看看他的出版品列表好了。怎麼了，為什麼跑不動？可惡，一定又是網路數據機的問題。（穿過客聽）看吧看吧，就說我們必須換另外一家電信業者。只是說這些鞋子怎麼會又在這裡？趕快收拾一下。煩死了！這間房子怎麼老是亂成一團！（穿過廚房）啊，好吧，還是我先吃個優格好了。」

沸騰的大腦

你剛讀完的那些，大概是在一百八十秒裡我腦袋中的思緒。在這短短的三分鐘裡，我竭力地要解決一個根本不存在的問題（為了在一間絕對不會買的房子加裝柵欄，來保護一台我還沒有買的摩托車），接著被一封我沒有規劃要閱讀的信件分心，然後被一個很有前景的研究吸引，希望換掉網路業者，最後自己卻是來到優格的面前。

在這三分鐘內我想了一千個行動，但無一完成……除了優格，而這種混亂大概永遠都會在人生的某些時候支配我的大腦。那些像我一樣長期遭遇分心的人，會知道這多痛苦：當我們完全沒有建設性的時候，最後我們將感到極度的疲勞。自從我有記憶以來，這種騷動的感覺經常伴隨著我，這一直是我難以忍受的部分。

我還在上大學時，非得等到非常累了，這種騷亂平靜下來才能複習功課。一般來說，通常是晚上十一點才能開始，直到最近，我實在是受夠了！我再也受不了無法控制思緒的喧囂，不知道怎麼冷靜下來，就只是冷靜下來而已！我應該要阻止思緒的喧騰，所以我學著阻止自己思緒的喧騰，但這根本就不可能。

思緒的紛亂

你一定曾經試過不要悲傷，不要讓自己被焦慮佔據，停止反覆思索同樣的念頭或對自己保持信心。但就像其他人一樣，你沒有成功。又或者你不想把這些思緒趕出腦袋，這很常見。就只是為了忘記一個干擾你的回憶，你必須牢牢地記住它（所以你反而記住得更多了！）。為了保持冷靜，你小心翼翼地戒備最微小的緊張的跡象（而讓你最緊張的就是那最微小的焦慮痕跡！）；為了不要悲傷，你試著轉變想法，但你知道如果去看電視，那完完全全是為了忘記你的悲傷（又回來了！）。想要停止操控情緒是違反直覺的，事實上，每次遇到問題時，我們都是依賴改變周遭環境來找到解決的辦法。我們很習慣在行動之後擁有一個可評估的結果，但這僅限發生於我們外在的事，至於其他那些發生在內心的事則起不了作用。但是我們非常習慣尋找相同而有效的解決辦法，然後，改變一點想法或是情緒讓事情成功，可能有時候我們稍微從煩惱或是悲傷之中分散了心情。只是一般來說，這並不會長期有效，心理學的麻煩就在於，那些你推出門的遲早會從窗戶再跑回來……。

> 在這三分鐘內我想了一千個行動，但無一完成！

我們不能麻痺情緒

最後，這不僅是驅使我們一再嘗試控制內心世界的原因，我們還相信其他人都能夠輕易做到，所以我們是唯一太沒用而不能成功使自己平靜下來、面對逆境毫無畏懼的人。但真正的情況是，那些嘗試相信麻痺情緒是可能的，並且應該這麼做的人，通常都是受最多苦的人！我時常覆述這個句子給我的患者：「你內心生活的一切，就是那些你越不想要擁有的，越是離不開你！」我們花越多力氣去避免感受某種情緒或感覺，那種情緒或感覺越會反噬我們。

越想要消滅情緒，越是使之增強

參考自己的經驗：你一定嘗試過多種方法為了能成功地將你不喜愛的、困擾著你的那些心裡的雜亂連根拔起。但你成功了嗎？若答案是否定的，那並不是因為你比他人來得差勁。僅僅是因為我們實在無法操縱內心的自己，最明智的方法是接受這些心裡的意念，別尋求擺脫自己思緒給的訊息，即便這些訊息可能不美好，或是痛苦。

內心發生的事和外在發生的事並不相同

「接受」和「放手」是心理學新方法的關鍵詞彙，可惜的是這兩個字常常被用在陪襯的方法上。如果接受是重要的，那在任何情況下它都不會和「屈服」或是「消極」同義。

試圖改善生活或保護自己免於危難都是合理的，能夠在事件發生之前採取預防措施，是構成我們不會滅絕的原因。若是我們不能在緊要關頭表現出負面情緒，也就不會把「接受、放手」和「消極」混為一談。體會得到情緒和感覺對我們來說非常有用，即便是痛苦的情緒和感覺亦然。恐懼讓我們免於危險，悲傷使我們尋求幫助，憤怒則讓我們離開當下糟糕的情況。此外，記憶對於避免再次落入同樣的危險來說至關重要，使我們深思熟慮地考量下一步動作。總而言之，我們的感覺，特別是那些我們不喜歡的，皆覆蓋著某些程度上的好處。

區分情感和現實

最主要的問題在於這些強烈的情感似乎貼切地反映現實，而我們將真正發生的事與可能對我們產生的影響混淆了。導致恐懼的原因——好比說車禍，與我們感覺到的情緒不是同一件事。事故之後再次進到車子裡的恐懼本身不是危險的。意思是，所感覺到的害怕本身並不危險，覺得悲傷、焦慮或是擔憂也並不危險，危險的只有造成這些情緒的源頭情況，而非情緒本身。而這些情緒，有時候是我們仰賴用以決定去做或不去做的珍貴指標。

對現實生活採取行動

另一方面，拒絕或對抗焦慮冒著極大的風險把痛苦變得非常難熬。我們的行動應該要針對現實生活所發生的事，而不是針對我們內心引起的情緒。如果真要行動，應該要改變真正可能改變的事。

○總是嘗試去控制

當我們感覺到不喜歡的情緒時，第一個反應便是使盡一切手段去排除或控制所發生的事。範圍從最微小的逃避到最完整的酒精及藥物麻醉，已經數不清幾次採取這種使一部分的我們保持緘默的方式。當然你清楚明白這些對自己提出的禁令：「別再想了」、「你冷靜點」、「這不值得難過」、「我不應該再悲傷」、「現在就忘記這一切吧」，總是讓我們和自己天人交戰。想像一場球員花了整場時間爭論遊戲規則的足球賽！這不是要你服膺於情緒，這個問題不是要求你聽從最悲觀、擔憂或害怕的玩家的建議，只是單純地要提醒你，他們也是團隊的一部分，唯有攜手合作才有勝利的可能。

接受這些情緒而得到解脫

大多數的情況下，我遇到的患者，很快就能感受到對情緒敞開心房的好處，為自己騰出一點空間。不幸的是那些會前來諮詢的人，都是因為無法應付情緒和感覺的交戰，更糟糕的，是這種交戰讓他們跌入迴圈無法抽身。因為「接受」而獲益並不困難，事實上，通常接受後第一個到來的情緒是如釋重擔，而正是這個方法讓我能找到放鬆、內心平靜與和諧的感覺。這句話聽起來可能很激烈，但是從與自己鬥爭的生活狀態，轉變為一種獨特的感覺，實際上是一種解脫和平靜。所以如果科學研究指出，我們之中那些感到壓力最大、最沮喪的人，也正是那些最企圖想控制他們情緒的人，這並不只是一個巧合。

> 拒絕焦慮冒著很大的風險。接受是一件時時刻刻進行的工作。

學習接納情緒

但是江山易移，本性難改。在這種情況下，擺脫傷害是我們的天性，心裡的情緒有時候和生理的傷口一樣令人痛苦，因此問題出現的時候，我們又回到牆壁內尋找控制思緒和情緒的方法。儘管我知道應該要去接受，我也知道控制自己腦袋的想法是不可能的，但發現自己又反覆思索一個明顯沒有解決辦法的問題的情況並不罕見。我屢屢咒罵盤據在腦海中不間斷的紛亂，我越試著想冷靜下來，越是焦躁不安。接受是一件時時刻刻進行的工作，隨著時間推移臻於成熟。察覺到自己正在試圖消除一種情緒、一件回憶或是一份痛苦的思緒需要一段時間，真正的接受仍然需要些許的訓練。

如何接受發生在我們身上的事？

我提供一個小小的練習給你。在我察覺到某件事讓我非常擔心，而阻礙我專心進行的事情時，我常常做這樣的練習。

關於「接受」的小練習

- 花點時間回想最近讓你擔心的問題，或許是和老朋友起了爭執，或是操心孩子的未來。
- 讓自己被這個問題的災難性思緒佔滿，以及你擔心的結果，還有在這樣的情況下你不樂見的事。
- 現在，試著與這個永遠找不到解決方法的問題面對面，想像你再也不與這位朋友交好，或是你的孩子找不到他理想的工作。
- 計畫將來的事，並想想你所發現的問題將會永遠在那裡。
- 把自己交付給這樣的狀態一小段時間，讓情緒在你身上流轉過去，佔據你一點空間，最終情緒會在想消失的時候消失。

在這個練習當中，檢視自己的想法如何在你身上互相抵觸。或許你認為這是一個愚蠢的練習？或者你會說這完全只是一個不真實的練習？又或者，廢除這種想法的念頭就慢慢在你的心智中蔓延開來，就像是「不對吧，這不可能發生」。這些邏輯性的或習慣性的反應都只是應該要被學著標誌出來。這些反應代表的是面對問題時你面臨的掙扎，讓你每天疲於應付。如果你可以解決這些遇到的問題，你就有可能消除當下爆發的情緒。如果你疲倦地和這些情緒交戰，你就是浪費了一部分可能讓你找到解決方案並付諸行動的力氣。

成爲觀衆

現在立刻思考一下我們說的這個心理活動，你會發現，這個活動並不是把你定義為研究對象：你並不悲傷，但你感覺到悲傷；你並不焦慮，但你感覺到焦慮；而我並不焦躁，但我感覺到焦躁。這些知覺都會出現在我們身上，而我們能以一個有距離的方式來觀察，就好像是劇院裡的觀眾。面對這場戲，我們有必要表現出好奇心與不妥協的態度，來思考生活將會繼續帶給我們的，並且全部承受。

當你偵測到自己的緊張時，停下來並看看這場交戰在什麼地方肆虐，而別尋求怎麼將它擺脫。探察自己企圖去控制的東西，即便你對它毫無理解。並且感謝自己總是保持警覺，也感謝自己的聰明才智有做好份內之事。然後卸下防衛，款待情緒的到來，將自己從全面形塑你的情緒整體中分離出來，朝向那些實際上真正構成你的部分，為那些你能達到的目標效力。剩下的——發生於你內在的事——將會相應地發生變化，也或許不會發生變化，但至少你不需要白費力氣的戰鬥。

不同的視角，不同的領悟

觀賞一幅畫作有許多不同的方法，你可以試著理解藝術家想要傳達的內容，或分析它的繪畫流派歸屬，研究色彩的運用等等。你也可以用評論的眼光看待這幅畫作，對於它不夠多彩豐富或不夠具象而感到遺憾，或是你的其他感受。你也可以只是單純地看，不作分析，讓自己沉浸在畫作當中，浸漬在它帶給你的情緒裡。

在我們身上發生的，是持續演變的真正傑作。學習成為警覺的觀眾，成為全世界唯一對此有興趣的愛好者，對於這些發生在我們身上，且極其複雜的現象發展出好奇心。

或許，是時候成為可以「愛上」研究主題的心理學家了？

更多資訊請參閱第 480 頁。

09

在我的生命中一貫執行自己給的建議

尼克拉・杜切斯 醫生
(Dr. Nicolas Duchesne)

「你今天早上看起來真勞累，醫生。你對我這麼關心，不過誰照顧你呢？你最近都好嗎？」克莉絲丁這麼問我，然而她才剛從躁鬱症的抑鬱症狀中恢復過來。我應該要閃避她出於好奇的關心嗎？那些幫助我的方法，對於殷切關心的讀者來說會具有啟發性嗎？我對於治療師角色的理解，是那些用啟發和真誠來對待求助於我、相信我的人。

面對心理治療的負荷，有時候逃避的反應會強力駐紮在辦公桌之後，纏繞著心智脆弱的合格精神科醫師，竭盡可能地去區分需要幫助的「他們」，以及沒有問題的「我們」。

不過，親愛的克莉絲丁，在教學或是經營管理上，我的確經常向我的同事尋求幫助，尋求一個認真且友善的意見，協助作為治療師的我，能夠修補我內心花園的清晰和平靜，以維持我「確實傾聽」的能力，迎接情緒性的放縱，支撐我保持專業且具有建設性的態度。在嘗試表明的過程當中我也獲得個人的益處，儘管幽默作家皮埃爾・達克（Pierre Dac）說：「總是因為想要知道更多，才發現我們所知道的不多。」請允許我做一個簡短的個人介紹……

從內疚到感激

擁有摯愛的人、物質上的安全感、各式各樣的智識啟蒙，很長一段時間以來我都背負著「富有、嬌寵、特權」的家庭罪惡感。這個感覺讓青春期單純的快樂變質，也讓我在治療師的使命中一直有一些矛盾。

受惠於認知治療的經歷，我能夠對生命所帶來的事有更客觀的看法，使現在的我能感受到生命的甜美，感謝它帶給我美好的家庭，勇敢接受自己為自己人生所做的努力。

一個總是變化的人格

在為我的辦公室布置時，我的朋友班內迪克送了我一套俄羅斯娃娃，那是一個接著一個套入的娃娃。這份來自斯堪地那維亞治療師之間的傳統禮物，象徵著初始的生命階段對於成年人的影響，以及每一個人無限多種的獨特性。自此之後，娃娃就再也沒有離開過我的辦公室。

如果在童年時期烙下了不可抹滅的心靈印記，心理作用和人格特質依然可以透過對自己的探究而有很大程度的改變。許多事件和樣貌接連強化我的生活：從醫學院學習時期的「小淘氣尼古拉」、最美好的相遇，到「Le Grand Duduche[10]」，來到熟齡之後和戀人的婚姻、四個小孩、專業上的定位。由於很早就面對了關係和情緒的緊張局面，我很快地發現自我研究和心理平衡工作的趣味及重要性。這就是我的天職啊！

安全感和情感的基礎

儘管我承認工作佔據了我大部分的時間和精力，親人依然是我生活停泊休憩的港口。儘管有些時候，我善解人意、聰慧和坦率的妻子的質問不是那麼令人愉快，她仍然是我摯愛的妻子。攜手建立一個長期的親密關係，還有孩子們的成長教育，是我人生中最美滿的經歷之一。但如果不是用分享例子的方式或不是以開放的態度，如何傳達給孩子某些訊息的重要性？我也知道，愛的表達有時候是透過拒絕（不行！你今晚不能出門！），愛意味著接受衝突的立場，可能是意見不一致，或是伴隨著人生路上的危機。要感謝我的家人、朋友、同事和患者，用你們的信任榮耀我，賦予我作為照料者的參與意義。

我如何在個人發展中，使用我的認知行為療法專業訓練

「鞋匠穿的鞋最差。[11]」——我非常喜愛這句說明真實情況的格言。從我這個異議份子的角度看這句話，或說我是完美主義者、理想主義者，都可以，隨你！但我渴望在勸告和實踐之間有相對的一致性。

喚回我生活上的老朋友了——焦慮、懷疑、沮喪，有時候是讓人如此的痛苦。耗損人心的自我批評，或是令人憂鬱又欠缺合理性的思考推斷，都來吧！那些曾經具有侵略性的災難劇本！一起來回顧那些我所犯下的蠢事教會我的事，看看某些恐懼如何因我循序漸進的對抗而被馴服，以及批評如何在被破壞之後變得更有建設性。

譯注10 由法國知名插畫家 Cabu 所創造的虛構人物。
譯注11 形容一個人工作謹慎，用心地對待客人，但對於即便是屬於自己專業上的物品卻不修邊幅。出自文藝復興時期法國哲學家米歇爾・德・蒙田（Michel de Montaigne）的著作《隨筆集》。

讓我們對自己的「失敗」感到驕傲，因這些錯誤帶來的痛苦和意識，使我能夠進行變革。除此之外，在實習階段的尾聲沒拿到診所負責人的職位，在當時是個痛苦的傷口。儘管自滿的藉口保護了我的自尊心一段時間，我仍然透過清澈的目光和對自己的質疑，明朗化自身的脆弱、情感上的不成熟，特別是關係上的能力不足。

採用自己給予他人的建議

我嘗試著從編制情感的初始階段中撤退（例如，重新思考我的生涯，標出我的日常生活和夢想的重要時刻，辨別自己行動的惡性循環），參與必要的矯正學習，尤其是針對我的自信部分。在我認知治療師的培訓期間，我一直都知道採用我所學習的方法，是成為可靠且能勝任治療師工作不可或缺的機會和條件。一直以來，我的家庭位置，以及在許多團體與機構的參與，為我在保持和他人之間對等的尊重上引路。所以現在我可以透過了解自己的不完美，來維持對自己的看法。

一個自我成長的例子

一九九二年，我們機構的心理學家，對於一個與憂鬱症相關的短片劇本都相當感興趣。我也決定參加。但我很匆促地寫下劇本……然後就失敗了，然而我才華洋溢的同事，以及我的好友，讓-馬克思，卻輝煌地贏得比賽。這件事讓我有機會觀察我和他們在方法上的差異，並且從中學習，再次角逐一九九三年的比賽。這一次，在非常積極、有組織並且花費了必要的時間使作品成熟的情況下，勝利女神向我微笑。

睜開你的雙眼面對解決方法

我要誠摯地向各位分享第一個關鍵：便是針對困難做出明確的努力。我在生活上的困難、喪親之痛、身心上的局部性腰痛、幾度在過大的生活壓力之中溺斃、令人惱火的幾場爭執和拒絕，都是我自主訓練的場域。儘管我可能會想尋求外在的藉口，或是產生萬念俱灰的想法。但是放棄探討不可行的事，反而轉向選擇勇敢的解決方法，是相當不容易的。

練習、練習、還是練習

在我生活的二十五個年頭裡，我一直都在追求和耕耘我的網球排名（在初學者排名當中）。因為緊張的緣故，剛開始的比賽總是在「不可能失手的」擊球之後，球在篷布或是球網上落下，我知道自己在沒處理好的每一球之後，都反覆咀嚼著失望的情緒。終於在服兵役期間，同時也是我在醫學院學習的尾聲，我有更多的機會自主訓練，直到我終於能進入進階者的排名名單，那一直是我小時候的夢想！

而在認知與行為治療方面也是，要能在動盪之中依然清醒，不間斷地練習是必要的。以相對平靜的情緒來對待自己也是必要的，我也是在畢業之後花了五年的努力，才敢擔起治療師的責任。這些今日我得以提倡的技巧，也是我為了能在每一個架構裡被運用，直到能夠完全掌握這些技巧，認識它的益處和限制，而在這段時間裡的耐心練習。

別相信練習會損耗自發性！就好像音階之於音樂家，認知和關係上的敏捷，提供我在工作中作為一個真正的我，所必要的情感參與的自由。接著，在與他人共同調整音軌的過程當中得到快樂。

觀察、相對化、接受自己

我在實踐認知療法時發展出一種更好的自我管理方法：我在一本私人的小冊子裡，彙整了大量的「內心畫面」、以及「不舒服」和「不好」的情節。舉個例子：當我提出一個案子，但部門負責人卻說了一個我不明白的雙關語讓我感到尷尬、窘迫或羞恥時，我便記錄下「我不得不說些什麼愚蠢的東西；負責人根本不感激我；我真是全團隊的笑柄……」這些失去威信的解釋性思考，隱晦的自我貶低、強烈不適的否定感，支配了我在接下來與他工作關係上的畏縮。不久之後我回望自己，注意到並且研究這些想法，辨別出過分的闡釋，將這場意外化為負責人在他有幽默感時愛說的一些尋常笑話。為了不重蹈覆徹，在這一次插曲之後，我訓練自己能夠淡然地描述我的尷尬和不適。

我長期生活在嚴苛的原則之下，並且限制自己分享某些情緒。我不得不遏制自己的憤怒或恐懼，時常沉默地怪罪自己無法達到要求。我需要非常謹慎且重複地處理，快速區別出這些引起心理障礙的論述的表現，慢慢對它提出質疑，接著回溯這些原則的根源（在動人的童年回憶當中，我想像一個人會完美地愛我，只是這樣的情緒表現是有缺失的）。就像法國幽默作家皮耶爾・達克

最終我和我的感受相處得更為平和，具有啟發性並且有益健康。

所說的「為了看得更遠，你必須仔細端詳。」最終我和我的感受相處得更為平和、具有啟發性並且有益健康。

更好的反應，爲了與他人相處的更好

實習階段時，我在人際關係中是侷促且不善於交際的，加上其他原因，就此關上了我在大學任教的職涯大門。要給予某位同事批評的意見讓我極度為難，在害怕傷害對方與說不出口的挫折之間動彈不得。由於缺乏專業知識，以及被個人約束的原則綁架，要表達個人的要求對我來說根本不可能。

我這輩子都會記得第一次角色扮演的溝通練習，那是在一個培訓自信的小組中。在等待表演時，我那完美主義下的自我批評，被其他學生的關注目光放大十倍，在腦袋中大鳴大放。我徹底漂浮在焦慮的煙霧之中，動彈不得，突如其來的一切讓氣氛變得不太尋常。

我根本不記得練習本身的事了，只記得自己當下的狀態。幸好，在同事伊凡・諾德以及指導員的支持和具有建設性的意見之下，我逐漸放鬆下來。對於減少我的人際問題，自我肯定技巧的訓練是一個關鍵救援，事情變得越來越明朗。我找到了一個適合我價值觀的具體方針，捍衛自己的權益，同時尊重他人的權益。這何嘗不是一種自我超越。

面對恐懼

在這個人生的轉折點——身為年輕的新手爸爸，我把長子放在看似無害的迪士尼短片《醜小鴨》前。還記得劇情吧！隨著小天鵝闖入鴨子家庭後的否定場面越來越痛苦，我看見長子逐漸變了樣，面色蒼白接著淚如雨下。我又震驚又罪惡地趕緊將他抱入懷中，安撫他心碎的啜泣。長子嗚咽的結結巴巴吐出一些話：「又來了……又來了！」我非常吃驚。於是我和妻子商量，讓長子反覆觀看這部短片五～六次，直到他恢復。心理學用語我們說：「習慣與同化暴力場面和修復性的結局，減低了衝擊性的情緒。」不久之後，我開始認知行為療法的培訓，終於，我也有機會運用這個減敏療法。

我最有說服力的例子，是透過重複且一致的演講，來超越自己對公開演說的恐懼，但這件事進展的很緩慢。當時，我必須介紹我們心理學治療師協會在西元兩千年，在蒙貝利耶舉辦的地區性科學日活動，兩年裡我都為此惴惴不安。在二十四個月的時間裡，我策劃了八場在會議上的口頭報告，在報告之前、之後及過程當中，仔細觀察自己的思緒和形象，還有演講過程中的轉變。我逐漸從生澀膽怯的講稿閱讀，轉變為面對觀眾的互動式交流，謙虛地將我的情感融入其中。正因為這樣，相互交流的愉快，以及我在這個領域的天賦顯露了出來。現在我每個星期都參與活躍的組織、教學和會議的公開發表，這是我最大的成就！我非常醉心於社會焦慮的照顧，並被深深感動著。

○人生最重要的東西是看不見的

我和我的妻子都熱愛《小王子》這個故事，透過一個皇室脆弱孩子的雙眼，用饒富詩意的平淡方式，表達生命中極為重要的訊息。「『一個古怪的小聲音把我吵醒了』他說。『請你為我畫一隻綿羊。』」安托萬・德・聖—修伯里（Antoine de Saint-Exupéry）如此描述。在幾次笨拙的嘗試後，他畫了一個箱子，說「你想要的羊就在這裡面。」秉持這樣的精神，我想要證明練習所能提供的豐富性，遠遠勝於方法。

任何一種方法都需要用心

因為「事情的真相用眼睛是看不到的，我們只能用心去感覺。」（況且思緒稍縱即逝），心理治療的路途就是經驗和感覺。在治療的尾聲，最後一場共同訂定目標的會議中（是的，這隻她在尋找的羊）[12]，我的一位患者瑪莉，同意分享治療過程中對她來說重要的事：「尤其是你，醫生，你善意、正向的態度。你一開始說的，關於你和青春期兒子之間對彼此的真心話，以及被拘禁、屈服的大象在他童年訓練時期的故事。」在治療的過程當中，確實有許多技巧能夠總結這些強烈情緒的時刻。

孩子們口中說出的總是實話。在十二月的最後一週，我和大女兒對彼此感到疲倦和生氣，六歲的女兒在她姐姐和我這場無意義的爭執之後，告訴我：「她生氣了，爸爸！去吧，和她道個歉然後親她一下！」

我的關鍵想法

- 我對於心理治療師角色的想法，是能實踐自己給予他者的建議。
- 如果我們能勇於面對自己的問題，錯誤就是通往成功的道路。
- 擁有勇氣面對我們的恐懼。
- 懂得接受外界幫助，同樣也需要大幅度的自我參與。例如，明確且被認可的練習

譯注12 典故出自新約馬太福音 18：12「『一個人若有一百隻羊，一隻走迷了路，你們的意思如何？他豈不撇下這九十九隻，往山裡去找那隻迷路的羊嗎？若是找著了，我實在告訴你們：他為這一隻羊歡喜，比為那沒有迷路的九十九隻歡喜還大呢。你們在天上的父也是這樣，不願意這小子裡失喪一個。』」

方法以及定期接受訓練，這兩者在心理學中佔有重要的一席之地。

- 認知療法是一種帶來情緒健康的心智體操。
- 維護自己每一天的成就。
- 照顧和尊重身體相輔相成。
- 唯有在真心誠意的情況下才進行動作。

身體和心靈之間不可分割的聯繫

那年夏天，我和熱情邀約我的朋友阿布德爾，一起到他突尼西亞的家中參與齋戒月，並且感受到了身體和心靈之間的聯繫。我們一同在日落之前，感受身體在脫水情況裡的心靈變化，又在日落之後過分飽足，或是煩躁，或是長達十八小時的溫和辯論，最後再以恢復友好關係作結。

我是一名醫生，精神科醫生，我無法在忽略身體狀況的情形下，想像精神狀態的進步。從這個角度來看，總是困擾我的躁鬱症就是一個很好的例子。情緒的劇烈轉折，時而抑鬱時而欣喜，被證實是大腦受到心理上的過分渲染或刻意消滅。然而，只有在個人自願參與的時候，藥物和精神的治療才能繼續下去，心理治療的支持對我來說是相當重要的。

毫無疑問，你或多或少都曾因為睡眠不足或是身體不適而感受到伏爾泰的這句話：「心智受了身體的欺騙。（L'esprit est toujours la dupe du coeur .）」[13]此外，我盡全力地從次要的心理健康的角度來照顧自己身體的平衡：運動、放鬆和休息。現在，我放棄了網球運動，轉而進行不同形式的休閒活動。網球對我來說相當於競爭和超越他人，有時候對於健康是負面的，不過某些個人的挑戰則排除在負面競爭之外，特別是用我自己步調而行的登山。

「工作吧！承擔痛苦吧！（……）寶藏深藏其後。」

有些經驗用難以忘懷的方式標記著我的生命歷程，形塑了我的模樣，讓我與和這些經驗相遇之前的樣子大相徑庭。然而，如同尚・德・拉封丹（Jean de La Fontaine）摘錄在《拉封丹寓言》的篇章《農耕者與孩子們》，每一天早晨，我都在迎接嶄新一日的到來中醒來，迎接這個將為我帶來喜悅和痛苦的一日，準備好集中注意力去面對。這些訓練遠不只是一

譯注13 作者應該是誤用了，此句話應出自法國箴言作家法蘭索瓦・德・拉羅希福可（François De La Rochefoucauld）。

個耗時八週時間、標榜徹底改頭換面的治療制度，而是讓我能更加真實堅毅地去面對可能的不愉快，也更加認真看待生命中美好的事物。

謝謝克莉絲丁，妳的關心讓我很感動。願這些經驗分享能夠在妳那介於火山爆發和嚴酷寒冬之間時常艱難的存在，為妳帶來一些幫助。最後要說一句真心話：生活中擁有許多病患對我的信心，看著他們堅持不懈地參與心理治療的步驟而逐漸康復，是我工作最棒的待遇。

更多備註請參考第 480 頁。

10 在工作或其他場域中，對女性特質產生信心

法瑪．布斐．德．拉梅頌娜芙
(Fatma Bouvet de la Maisonneuv)

「透過工作勞動，女性跨越和男性之間的藩籬；唯有工作能保障她們具體的自由。」——西蒙．波娃

是的。正如同法國樂團 Cooki Dingler[14] 在一九八〇年代唱的歌詞，「作為自由的女人，並不是那麼容易……」長期以來我們對於女性因工作而獲得的解放，這種不容許再被質疑的解放，都隱隱約約地有一種問題被遮蔽而不太對勁的感覺。果然，最近的一項調查顯示，癥結點就在於女性該如何協調私人生活以及職業生活。

○什麼時候才是「平等的正確時機」？

女性有時候想要在各方面雙贏是很有道理的，這在某些國家是可能的。但在法國，那些關於職業婦女身體健康為數不多的資料研究顯示，這樣的代價非常沈重：更多工作上的煩憂、高出兩倍的企圖自殺比例、更多的職業過勞和工作場合的騷擾事件、攀升的精神藥物消費量。讓我們來面對一些眾所皆知的社會數據，像是薪資差異、責任分工和醫療數據，這之間的連結就變得非常明顯。而我所說的「平等的正確時機」，是只有當我們關注問題的社會心理層面時才會發生。

作爲職業婦女

我在診所遇見的女性，過著被認為是「正常」的生活模式。正是這樣，我們充滿了「女性的不舒適是無可避免的」這種錯誤想法，我們被告知：「妳的疲累是正常的，妳有工作、小孩，妳還必須打掃家裡。」於是出於習慣的、出於自信的缺乏、出於內疚感或是出於擔心

譯注14 Cookie Dingler，一九四七年成立於史特拉斯堡的法國樂隊。樂團名稱為隊長 Christian Dingler 的化名。

自己沒有達到水準，女性忍受著這些混亂的局面，有時候已經到了忍耐的極限。兩件阻礙女性如花綻放的事，通常是照顧孩子的困難（或多或少因為家庭、經濟或社會因素而較為容易克服），與工作的發展。「發展」這個詞彙，應該從工作的環境，另一方面是升遷和擔當責任這兩個部分來理解。

在精神疾病諮詢中，女性表達了她們分身乏術的感覺，她們提到疲倦、抑鬱、焦慮，以及她們放鬆心情的方法。「要像一個女人」她們被這麼告知「但又不要太像」。她們時常被相互矛盾的訊息折磨，因此帶著許多與受到威脅的女性特質的問題而來。想知道如何在連續性的工作緊張當中表現女性特質，卻又不錯過時機？當她們想要實現家庭生活的願望之際，通常已經為時已晚。比起母親，她們也許覺得獲得了更多的社交網絡，但卻在其他方面有所失去。職場上的規範是根據男性標準組織而成的，並且是過時的，從未認真考慮過女性的參與。此外，多數的職業婦女承認必須要「偽裝自己」才能成功。事實上，那些拒絕偽裝的人往往距離決策位置遙不可及，即使她們訓練有素，出色的表現不容置喙。只因為不受到認可，她們的努力也無法與他人平等。她們的沈默和愧疚狀態曖昧不明，但許多官員似乎相當滿意，他們筋疲力竭的員工並沒有為此提出警報。

作爲女性不是一種疾病

有些女性將這種劣勢情況視為宿命，而我想讓她們走出來的，正是這種長期並且沈默的信念。跟伊本・赫勒敦[15]不一樣，我並不相信「人的天性就是傾向於暴政與相互壓迫」的說法，我相信因為解決方法的存在，未來可能會更好。為了讓你相信這一點，我要提供你一些當今活躍的代表女性，她們的生活片段。接著和你分享能自在作為一名女性的竅門。

○誰來照顧小孩？

克拉拉是一位音樂家，孜孜不倦地工作，沒有時間經營一段穩定的情感關係。一直是單身狀態的她終於被歲月追上，如同另外一首歌說的：她決定「一個人生養小孩」。懷孕無疑是她生命中最美好的事，似乎所有的一切都將成為幸福的來源。但就像所有即將成為新手的法國媽媽一樣，克拉拉開始了漫長的戰爭：一位難求的托兒所！她的努力皆是徒勞無

譯注15 伊本・赫勒敦，Ibn Khaldoun，阿拉伯穆斯林學者、史學家、經濟學家、社會學家，被認為為人口統計學之父。

功，甚至連輪流照顧的育嬰模式都找不到。

但沒關係！克拉拉可不是那種甘於被屠殺的類型，她決定自己在家工作同時照顧孩子。

孤獨、脆弱與抑鬱

第一個禮拜與兒子共同生活的滿足感，漸漸被現實困難所取代。由於客戶遲早要面對面的聯繫，遠距工作的任務似乎是不太可能。克拉拉越來越少接到工作需求，並且逐漸被排除在她的專業圈子之外。

結果，她陷入一個岌岌可危的處境。

不幸的是，這樣的案例相當具有代表性。一份二〇〇二年的研究調查顯示，三歲以下的兒童有六四％由父母照顧，而母親獨自照顧就佔了五〇％以上。我們該怎麼看待必須獨自撫養子女的婦女呢？今日，約莫二四〇萬個孩童只與其中一位父母住在一起，大多數是母親。而一位單獨的母親，幾乎很難避免掉不穩定的生活狀態，這樣的脆弱性便是精神問題的來源，並且時常也影響到孩童。在兒子出生之後，克拉拉的生活急轉直下，職場上的、心理上的與社會上的。有時候她的腦袋略過一個想法，認為或許她的兒子該為這樣的狀況負責，但同時她又為此想法感到內疚。「這個孩子是我想要的，我應該為此負責！」她憤怒地向自己表示，「難道我們只為了過得逍遙自在而拋棄孩子嗎？」

子女與工作之間的衝突，以及兩者之中的殘酷犧牲，似乎是許多無法找到輪替照護的母親們，或是早已疲憊不堪，而放棄尋求幫助的母親們的日常生活。克拉拉逐漸地反社會化，切斷和家人朋友的聯繫，不再成為市政廳社工機構的談話對象，被內疚腐蝕，跌入懊悔的深淵，她漸漸沉入絕望的死水之中無法自拔。儘管鎮定劑的濫用已經損害了她的警覺性，她仍然足夠清醒地明白醫療協助將有益於她走出困局。在她第一次的諮詢時，由於過去沒有任何專業的建議，她已經在債務下崩潰，並且受憂鬱症所苦。在她道德痛苦的背後，我看見的是一位勇敢的女性，堅強而剛毅，但終究被生活的折磨擊垮，被持續不斷的暗夜遮蔽而迷失。不可否認的是，對於許多同樣的女性來說，社會及家庭上的財務赤字，很大程度上是當前苦惱的根源。

然而，在她的唯意志主義當中，克拉拉忽略了一個令人不愉快的事實，那就是真正的憂鬱症。這樣的女性，因為「太多的」渴求而遭受不公平的懲罰，墜落至崩潰邊緣。實際上，克拉拉唯一的錯誤，只是想要成為母親的同時繼續保有工作，但社會的龍頭鍘卻向她無情地砍落，用負面回應作為對她的懲罰。

爲了脫離困局，必須重拾自信

從醫學的角度來看，最緊迫的事情是先走出僵滯的沉重無力感，並重拾她的自信心。必須盡快處理憂鬱症的情況，並且幫助她重新回到社會化的軌道上。在法國，醫療健康服務被規劃得很好，在完整運作的情況下，病患將受到全面性的協助，包括醫療上的、心理上的，甚至是社會上的。我建議克拉拉一開始以藥物治療，伴隨強化正面力量的心理治療：「克拉拉，這並不是妳的錯！為了實現妳的願望，妳的人格特質有非常了不起的力量！但是就像其他的女性和家庭一樣，妳們都是不公平之下的犧牲者，幸運的是妳注意到了自己異常的狀態並且前來諮詢。我們將一起一點一滴地再把事情抓回手中，妳的孩子已經長大，這個部分已經自由了，事情都還是有轉圜餘地的。」

很快地，克拉拉便能泰然地看生活，並且找回她身為戰士的本性。她的兒子現在已經上小學，她有更多時間在社會機構的協助下處理行政手續。而今，克拉拉找到了一份「可以維持生活」的工作，這讓她找回自尊與自信，更樂觀地面對來日。以長遠計，她想開設自己的培訓公司，教授音樂課程並在家工作，也無不可。我們知道現在有許多的「媽媽企業家」，都是被同樣的限制條件所激發。但這些計畫的成功率能有多少呢？

你並不孤單

許多婦女企業家早期都是管理不善的，生活在這樣困難的時期，其複雜性可能相當痛苦。但絕對不要沉默地接受痛苦，相反地，應該迅速尋求幫助，專業人員將在一旁傾聽並予以協助。女性同樣也可以獲得幸福及滿足，重拾信心才更能夠實現願望。相關的研究指出，受益於合適的社會職業組織的年輕媽媽，不僅更有成就感，工作表現上也更為出色。我相信在不久的將來，法國的家庭政策終將要符合婦女的需求，我們必須有所意識並向前邁進，改變才會來臨！我想提供一個很少被傳達的數據予以參考：五二%的選民可是由女性所組成的！

迎戰日常生活的小短句

你對克拉拉的案例感到熟悉嗎？記住這些關鍵的小短語，幫助你在困頓時簡化生活。

- 我並非單一個案。
- 我並沒有犯下任何錯誤，當然也包含擁有子女的渴望，因此我並不應受懲罰。

- 選擇自我犧牲已經成為一種規範，但那並不能滿足我，我必須找到其他的解決方案。
- 我不應該接受痛苦且保持緘默，我應該表達我的願望，若不開口將一無所有。
- 我應該學習「察覺」自己的不對勁，如沮喪、持續的疲乏、失眠、急劇的行為改變、心情鬱悶、自我封閉的狀態等，皆可能是病徵。這些並非女性固有的特質，同時也可能是使我們有行為效率的要素。
- 永遠不要獨自一人反芻負面情緒，那只會讓乏力的感覺、自信心的缺乏以及內疚感持續下去。
- 我對自己過於苛求也過分自傲，這就是我從來不敢分享我的失敗和痛苦的原因。我錯了，因為人類的尊嚴也表現在願意接受幫助的謙卑。即便他人幫助我脫離困頓的深淵，我也不會失去我的榮譽。
- 第三者的意見往往不可或缺！醫生將能夠指出我在面對生活上的錯誤願景，就像是經常沮喪的人們一樣。醫生將幫助我走出黑暗，發覺事物的另外一面。
- 法國配置太少的設備來迎接新生兒，因而無法滿足家庭的滿意條件，調和私人生活和職業抱負仍然是許多父母的挑戰。這是一個政治上的功能缺失，卻可能為醫療社會帶來沉重的後果。若是在個人層面，我不能夠有所大作為，但在集體的規劃上我可以有所進展，好比說，最簡單的就是不要錯失任何機會，來指出這個荒謬的誤差。

不要再承擔痛苦！

穆里爾，五十八歲，已婚，已經是三個小孩的媽媽，除此之外她還在某公立行政單位擔任高階主管。為了達到這個職位，她經歷了一段犧牲、懷疑與被質疑的艱辛時期。自從一些女性進入到職責崗位中之後，一個被廣為接受的謠言便流傳了起來：為了達到那個職位，她們一定是陪睡了！這類的謬論依然在這個由男性所組織與建構的工作環境中穩穩紮根。那些胡謅亂傳謠言的人，沒有辦法接受一位女性擁有專業上的晉升，而自己竟是無能為力也束手無策。如果她們不聽話，那就再換一個人！穆里爾一開始並沒有意識到這種大男人主義的發言，以及言詞被「沒收」的嚴重性，直到後來，她才發現自己必須扭轉情勢。為了讓同事不再質疑她的正當性，她必須部署雙倍的精力以及專業上的投入。我第一次見到她，是在她歷經了長期的筋疲力竭，選擇以藥物以及酒精自我治療的情況下。對於這份工作她已經疲憊不堪，再也無法從中得到滿足。

騷擾的螺旋

她的新上司，一位被形容為令人不愉快且粗鄙的暴君，由於他無法估量出自己的自主權範圍，便決定挫挫這位以鐵娘子形象為榮的女性的銳氣。她並不是暴君的首位犧牲者，但其他更年輕的女性，尚且還為他的權力所震懾。而穆里爾從未盲目陷入對他位階的崇拜，這名男子威嚇性的話語對她全然不起作用，穆里爾持續她的職業之路而未有攻擊事件發生。然而提及這名男子馬上讓她感到不舒服，「讓我背脊發涼」她這麼告訴我。我們可以把這種感覺視為察覺到騷擾對象的標誌嗎？或許是吧。而且事實上，這名上司也已經被證實是一個真正的獵食者。

儘管如此，穆里爾仍舊無所反擊，一如繼往，她滿意地心想自己將重新佔上風。料想不到的是，上司蠻橫地發送批評穆里爾的郵件，這些來勢洶洶的文件在公器私用之下盡是些悖論，卻也讓穆里爾陷入水深火熱，並且喪失信譽。穆里爾很快就被擊倒在地，這是一場惡夢的開始，她花了一點時間才意識到這件事。跡象騙不了人，她確實是被道德騷擾的受害者，害怕上班、不停焦慮思索、不安穩的睡眠、作了夢見這名男子的惡夢。穆里爾的胃口變得不好、體重減輕許多，她逐漸讓自己陷入憂鬱之中。出於自負的心理，最主要也是因為她一直認為自己能夠拿回主導權而始終保持緘默。接著因為害怕遭到報復，她開始呼籲其他不願意正式支持她的受害者。只因沉默是滋養加害者變本加厲的養分。集體的噤聲讓原本不能被容忍的情況佔得一席立足之地，以致最終進到心理諮商室裡的後果。這些攻擊的策略往往與身兼負責人而「無可挑剔」的姿態相輔相成，也因此辦公室加害者可以擁有絕對力量的位置，以保護自己不受揭露。

重新回升的內疚感

穆里爾在與人力資源部門談論她的困難之後，卻得到這樣的回應：「妳要知道妳是一位心智剛烈而難以管理的人。」她將這話解讀為是讓人看重的意思，而相信了這些評論。但這類型的讚賞往往是一個陷阱，當他們不想有所作為的時候，讚賞只是一種炫目的伎倆，用來安撫或哄騙對方轉移注意力。女性時常因遭受羞辱性的評斷與懲罰，最終阻礙了職業生涯，例如：「妳不能夠承擔這樣的責任，因為妳太過情緒化，不懂得如何排解這個職位的壓力。」或甚至是「妳太過於把事情放在心上了，得先學習如何保持距離。」然而擁有同樣特質的男性，卻將因為他所展現的威望與

> 沈默是心術不正者成長茁壯的溫床。

領導能力而受到稱讚。最糟糕的是，女性最終將服從於這些給予她們的回饋。布迪厄寫道，「男性的支配，是如此根深蒂固地深植於我們的潛意識與期待之中，以至於我們再也無法察覺到這些支配，也無法對此提出質疑。」當前這種容忍墮落的制度轉變為邪惡本身，因為它控制了受害者，道貌岸然地使她們相信必須為所發生的事情負責：「也許真的是我的錯？」

令人惋惜的是，大部分妳所遭受的不公平待遇，都僅僅只是因為妳的女性特質。

布里吉特・格雷西（Brigitte Grésy）在揭露公司裡對女性最頻繁的指責時，談到對於欺騙的「三不」：不隨便、不順從、不動搖。如果我們再加上所謂女性「情緒失控」的假設，和他們所說的「壓力管理的困難」，設問公司要如何負擔像我們這種狂熱份子？然而由於缺乏自信，我們寧願選擇閉上嘴巴，而不是聲張自己的附加價值。但就如同這個主題的相關研究證明，米歇爾・法拉利（Michel Ferrary）表示，「越多女性負責人的公司越能成功。」

但又有誰能成就這樣的結論呢？桑多爾・費倫齊（Sándor Ferenczi）不也說了，女性的力量就是她們懂得放棄戰爭的智慧。

不再反覆思考，而是勇於發言的小短句

如果就像穆里爾一樣，在焦慮且揮之不去的反覆思考當中煎熬著，疲憊不堪，卻又不敢言說，這裡有一些關鍵小語能幫助你很快跳脫情境！

- 因為我不應該屈服於讓自己受苦，我應該向他人敞開心房，表露自己的痛苦並找到因應之道。
- 首先，如果我仍然有勇氣這麼做，我要向迫害我的人申明我不能接受他／她對我的所作所為。如果什麼都沒改變，我便向上級報告，向人力資源部報告，向職員的代表報告，別忘記還有職業醫生。
- 我也可以求助於醫生、心理師或是親友的幫助。打破禁錮我的門與窗，我將會得到親友和醫師的支持，他們的回應將幫助我回到現實。想到那之後的生活就讓我欣喜若狂！
- 以前我覺得我犯了一個錯誤，幾乎我所有的精神生活都被折磨我的劊子手煩擾。我花了很長時間才意識到自己異常的病態，而我的醫生告訴我，這是病覺缺失

症。在我表露痛苦的時候，我在專業人士這找到了支持，而現在我明白自己的狀態。現在我覺得更堅強，我決定要為這段經歷帶來進展。

- 問題不在我。現在我才知道是他／她陰險質疑我的能力，而正是這種質疑讓我過去一直處於不穩定的脆弱當中。可是如果我冷靜分析事情，會發現自己並不亞於另一個人，或至少我們的能力不分軒輊。
- 我對自己的能力重拾信心，這對於往後至關重要。沒錯，我實在讓自己在這段經歷之中太過煎熬，現在我知道痛苦都將被治癒，我可以看見幸福的預兆。
- 千萬注意！親愛的讀者！永遠不要再用正面對決的方式鬥爭，這會讓你得不償失。小人總是擅長千迴百轉的計策，因為他們就是為此而生的。但是冷漠使之受傷，中性的情緒讓他們抓狂，可是這些都可以保護你。

女性的精神科醫生更能免於這種情況嗎？

就和你們一樣，我親愛的讀者，我也是如履薄冰啊。

在歷經了長達三個月焦慮的等待之後，我終於可以宣布這場災難——我懷孕了。孩子出生後，我調整了我的時程表，就像妳一樣，午休時間選擇留在電腦前享用三明治，並在下午五點半的時候刪除同事寄來標題為【下午茶嗎？】的訊息，詢問我「嘿，要不要去喝個下午茶？」也和妳一樣，我也因為無法出席晚間的會議，而必須忍受上司的譴責。

是的，母親的身分擾亂女性的生活。讓我來告訴妳我是怎麼生活的。當我在工作時，有一半的我，心不在這裡，而剩下的一半則在辦公室內。分身乏術，一直在追求一切的完美表現，而且在各個方面都是這樣！當我的孩子變得更加獨立自主時，正是這種面對不同考驗都要完美表現的苛求，督促我實現專業上的野心。

但壞事也是發生在我身上！就像妳一樣，我也遭受到了不合格的結果，儘管表現出色，我卻要收到大量諸如此類的評斷，從「妳很難管理！」到「妳太過把事情放在心上了！」，甚至指責我可能「缺乏自由運用的能力」等等……。我與同事們談話時，偶爾他們對於我的反應感到震驚：「妳是一位精神科醫師耶，妳應該要更可以分析事情並且做得更好，不是嗎？」當然不是啊！痛苦又不是只專屬於「外行人」，而我們作為精神科醫師就不會被發配到人生的種種卑劣。確實我們的工作可能讓我們比他人更能察覺到關係功能障礙或是病態的人格，也當然我們自我反省的能力讓我們更容易重新評估狀況、提出質疑，甚至是尋求幫助。作為精神科醫師可以為他人帶來建議，並且找出一些竅門。那心理學家的這些把戲又是什麼呢？

通常都只是些常識。

一些給妳或妳們的建議

- 不要承受痛苦。
- 克服對自己的檢視，並定期表達妳的不愉快。不要單獨在角落反覆咀嚼妳的悲傷。
- 擺脫那個妳從未犯下的錯誤的內疚感。
- 定期並重複告訴自己：「至少我與其他人一樣具有競爭力，並且我的位置是合理的。」
- 拒絕他人以家長的權威看待妳，對待妳像是他們的所有物或是孩童。妳是一位負責任的女性。
- 肯定自己的價值，妳並不是因為偶然機運，或是仰賴欺騙而獲得當前的位置，而是依靠妳的才能。
- 接受自己女性的身分，而不是讓自己轉變成為男性。
- 制定目標，首先嘗試在每週一次的會議中進行發言，慢慢提升發言頻率。

- 別太過苛求，妳並非一位「超女」。接受自己的步調。
- 感到疲累嗎？休息一下吧。

給妳和他人之間關係的建議

- 找出複雜的關係與角色，並學習如何對待他們。
- 找出可能惡化的關係情況，沙盤推演，使其發展成為對妳有利的情況。
- 找到讓妳感到不適的那些人，保護自己，這通常是可信賴的數據指標。
- 保護自己不跌入那些意圖使妳受挫的陷阱。
- 重新提出並修正那些讓妳覺得不清楚或是不公正的言詞。
- 如若可行，將恐嚇的情況翻轉成為微不足道的嘲弄，以避開一場衝突。
- 將事情重新置於它的真實面貌中，相對化「沒什麼大不了」的說法。
- 承認妳的錯誤，保持誠摯的態度。
- 找到一位可以信賴的長輩作為妳的後盾。
- 「網絡系統化」：擴廣妳的學識涵養，以及妳的影響力。
- 激勵女性之間的團結。

・妳是一位誠實、謙虛、不愛慕虛榮也無破壞他人生活意圖的女性，記得與自己和睦共處。

○結語

男女均等，至今仍然只是一個幻想。我們必須深層分析社會上對此的反應，並且女性必須更頻繁地加入推進解決之道的公共討論，均等才有可能成為現實。女性同時證明了男性為首要的守則，她們無法進入，或甚至故意被排除在外。也證明了今日令人難以接受的悖論：如果經營「商店」的是女性，老闆一樣仍然是男性。女性必須從面對不恰當言詞的沈默之中走來，如同柏拉圖告訴我們的：「城邦的墮落，始於言語的欺騙。」

根據許多的觀察員，法國的工作條件是全歐洲最受批判的，也是最病態的。我認為有兩件主要的事要為此負責：人性的缺乏，以及個人職業管理透明度的缺乏。人力管理的方法如今已經僵滯在一個不合適且迂腐的男性模版上。女性從未被視為夠資格，也從未能夠野心勃勃並不用承擔被男性沒收責任。這個世界如此的文明發展，某些男性卻也受這套不合時宜的工作方法所苦。作為女性，為了男性與女性可以用平等的方式來學習入門，女性有新的價值觀可以提出。首先必須栽培小女孩，讓她們在沒有羞愧的情況下，盡可能地擁有想要成為女性的欲望。因為女性特質既不會剝奪妳的智慧，更不會削減妳的能力。

震驚於出色的法國心理學家辛西婭・弗勒里（Cynthia Fleury）所著作的一本悲傷小說《勇氣的終點（*La Fin du courage*）》，我試著去尋找勇氣。我發現了它，但它躲藏的非常好：勇氣就在女性的身上，她們大量地擁有。

更多資訊請參考第 475 頁。

11 不再害怕老化及死亡

吉伯特・拉葛律 醫生
(Dr. Gilbert Lagrue)

死亡，一個禁忌的主題，特別是我們年輕的時候，我們時常想到卻拒絕談論它。它本質上是一個私人的課題，每個人依據教育、生命記憶、哲學想像、宗教、政治觀點等，形成自己對死亡的態度。所有偉大的哲學家以及宗教，都必須委身談論的主題。

我面對死亡的經驗

我們都曾經歷，或將會經歷他人的死亡，特別是面對親人和朋友的離去時，加倍地不知所措。二十歲那年的一天夜裡，父親突如其來地因高血壓離世，一個在我們這個年代相當容易被治癒的疾病。晴天霹靂的噩耗。父親留下給我的記憶，是一個年輕的男子，傳遞給我他對詩歌、戲劇和文學的品味，以及我們在假日一起騎自行車和練習網球的習慣。很久以後我才明白這個突如其來的逝世所代表的意義，我將這樣一位有生命力的男子保藏於我的記憶，作為一輩子的模範。

而對於我的母親，回憶是截然不同的。在歷經了認知功能逐漸喪失的那幾年，毫無疑問地是阿茲海默症，她在八十六歲那年撒手人寰。在最後的那一段日子裡，每一次我去見她，她都會重複對我說：「謝謝你，親愛的朋友，謝謝你的拜訪。」這對於所有的一切都是一種解救，我留給她的是我的青春歲月，以及我對於她勇敢地獨自克服日常生活困難的敬佩。

還有一位留給我無限懷念的，是一位與我非常親近的叔叔，他是一名醫生，在我的醫學學習中指導我許多。他是一位無神論者，在他八十歲那年，被診斷出癌細胞惡性轉移。他讓我承諾在器官功能衰竭之前不會讓他受苦……我謹守諾言。對我而言，我也有相同的願望。這名男子活躍參與我的精神層面，我們多次對於生命、死亡與醫學有深刻的交談，影響我往後的思想至深。他的話語如今仍言猶在耳。

那些所有過世的我的摯愛們都不曾消失，他們不在墓地裡，也不在墓碑上。他們依然存在於我的思念之中，或在我的舉動之間，或即便只是一張相片。

醫生、護士和死亡

醫生、護士和死亡的關係密切。這是在我醫療生涯中每個時期的情況。

首先是一九五〇至一九五五年，在我實習階段的每項服務中，死亡是每一天的日常。那是還在普通病房的時期，當實習生早上一抵達病房門口，夜裡的死亡一下子就可以看見：兩張慘白的床單吊掛在病床周圍作為帷幔，便可知曉昨夜裡死神已經來訪這張病床。雖然說這些病床通常是被交代夜裡要特別留意與觀照的重點區域，但顯然成效不彰。死亡是每一天，其死因不勝枚舉也不被重視，必須等待第二天的大體解剖。這讓我想到發生在一九五二年一件殘酷的事，那時我還是年輕的見習醫師，而只有早上才會短暫露面的主管沒好氣地對守夜人員說：「難道就沒有一個垂死的患者能夠好起來向我打聲招呼？」在那次短暫的巡視之後，我曾多次聽見他說「我們會詢問莫爾加尼教授的意見。」莫爾加尼教授（喬瓦尼・莫爾加尼，Giovanni Battista Morgagni）是一位著名的義大利解剖學家。事實上，這種明顯的嘲諷是為了掩藏我們在不明白死因與治療方式，和令人遺憾的病例之前的那一份慌亂與不安。

在兒科的那幾年，與死亡的接觸讓我尤其痛苦。我深藏了一段憂傷的記憶，與一場幾星期之內將會致命的急性白血病有關：我應該告訴父母這個避免不了的預測結果，還是讓他們保有幾個星期的希望？

幸運的是，就像許多癌症一樣，現在大多數的急性白血病都是可治癒的。原本伴隨著劇烈心臟併發症的急性風溼性關節炎，或甚至是急性肺結核、結核性腦膜炎，都將在幾週內致命，直到第一次鏈黴素治療方法的「奇蹟」出現。今日這些致命情況幾乎都消失了……至少在這半個世紀之內。這一代的年輕病患對待病症的傲慢給我帶來衝擊，他們不再對死亡感到憂慮，無疑是因為他們對於這段過往一無所知。艾瑞克・伊曼紐爾・施密特（Eric Emmanuel Schmidt）所創作的震撼人心的小說：《奧斯卡和玫瑰夫人（*Oscar et la Dame Rose*）》讓我定下心來重新振作，同情和溫柔撫慰了我最後的那幾個星期。

只是因為再也承受不了這些悲傷，最終我放棄了兒科。

死亡的推遲：一個巨大的進展

一九五五到一九六〇年，是腎臟科的濫觴，在那之前我們對於腎臟科幾乎不認識。這指的就是「尿毒症」，腎臟被各種疾病摧毀的階段，死亡不可避免地會在幾週甚至幾天內發生，在極為痛苦的焦慮之中，我們能做的也只是減緩症狀。但是近半個世紀以來的進展相當神速，生理學的知識帶來了暫時性的痛苦緩解，特別是血液透析法已經能成功代理腎臟功能而防止某些死亡，不久之後的器官移植手術則完整了這項工程。

但在早期總是困難重重，並非所有病人都能受益，你必須做出選擇，誰能生存……或死去。幸運的是，隨著快速發展的醫療方式，所有患病的醫療對象都能夠獲得治療而延長壽命。在法國，每年有六萬名病患因此獲救。

這是一場近半個世紀以來的醫學鉅變，多數的醫學專業已然改善，死亡被推遲了！只是這些林林總總的案例都讓我覺得，有那麼一日，身體上的痛苦與疲倦，將會讓活著變得比死去更為困難。我的一位導師最近剛要邁入百歲高齡，我寫了一小段溫情的話來予以祝福，而他在回覆當中以這句話作結：「一百年可多著呢！」

跨越歲月的死亡

畏懼死亡是人類的天性。這份恐懼在當人類意識到自己、他人和群體的時候出現，因為人類是社會性動物。意識的起源得追溯到非常遙遠的物種進化，這就是德瑞克・登頓（Derek Denton）所描述的「原始情緒」。意識喚起感覺，諸如飢餓、口渴，或是找尋性伴侶等，都是有意識的狀態開始精心計畫領導行為的時候。

隨著人類的演進，大腦容量從南方古猿人的四百到五百立方釐米，逐漸增加到智人的一千四百釐米。接著，人類明白他人是另一個他者，並且全都會死亡。面對這個無法理解的、突然且劇烈的現象，人類完全束手無策，立刻激起對死亡的恐懼和痛苦。並且在另外一個世界，以另外一種形式，追求生命的希望由此而生，也就是說，人類出於本能地拒絕死亡。

爲了馴服死亡的宗教和哲學

為了自我保護，人類的思想創造了神話，並想像生命可以在死亡之後往另外一個世界繼續延續下去。而為了在另外一個世界陪伴死者，葬禮非常早就出現了，可以追溯至十幾萬年前第一個人類出土的中東史前遺址。死者被埋葬在一個墓地裡，陪葬品是他在另外一個存在之中不可缺少的物品。整個歐洲有無數個在西元前五萬年至三萬年的墓地被挖掘出來。打自最初的文明出現後，葬禮便和語

總有一日，活著將會比死去更為困難。

言一同發展，接著出現文字，以及接著早於我們三千年的時代。智人是唯一具備清晰語言能力的動物，而不只是嘶吼聲或嘀咕聲，也因此能夠傳承技藝、想法和情緒。

鳩格米西（Gilgamesh）的傳說

人類歷史上關於死亡最古老的證詞之一，是講述美索不達米亞的國王——鳩格米西的一段傳說。他認為自己是不朽的，卻在當他的兄弟過世時，意識到自己終將死去。由於害怕自己的死亡，於是他出發去尋找能帶給他永生的東西。經過一段漫長的旅行，他最後接受終將死亡的事實。

這個傳說強調的是，人類不可能擁有死亡的經驗，他們通過看見他人的死亡來進行理解，於是苦惱地意識到自己注定要消失的命運。而他們想像一部分的自己，靈魂或是精神，在身體的隕落之後繼續存在。

埃及文明發展出對於死亡的信仰，並且以法老王、皇后以及貴族體現的最為極致。但所有的埃及人也都有他們自己的墳墓，以木乃伊化的方式保存完整的身體，確保死去之後能在另外一個世界繼續存在。通往地下室和墳墓的長長走廊上，裝飾了概述死者此生的壁畫，以及他所實踐的善行。墓地裡有無數的祭品和物件，是準備伴隨他的新生活。而在希臘及羅馬文明中，首先出現了關於死亡的哲學辯論，概括於兩個相反的立場：

- 對於柏拉圖來說，人類有兩個部分：注定會消亡的身體，和不滅不朽的靈魂。靈魂將降落至冥府，或升至天國，加入神的國度。
- 偉大的希臘思想家——愛比克泰德（Épictète）、伊比鳩魯（Épicure）、德謨克利特（Démocrite）早就用他們非凡的直覺預料了當前的科學數據，在那個年代他們描述了現代神經生物學家發現的一些事實。

對於伊比鳩魯而言：「生命屬於宇宙進化和物質轉換一般循環的一部分，因為只要我們存在一天，死亡就不會來臨，而死亡來臨時，我們也不再存在了。」因此我們不能害怕不存在的東西，通過死亡，我們的身體以及由原子與虛無所組成的靈魂，因重新回到宇宙之中而消失。對於不死的渴望是一種幻想，這是不可能的。我們必須在這樣極端的生命機會下活得更好，而不是自私的活著。我們所留下的並不是注定消殞的軀殼，而是記憶。我們必須以幸福和充實的方式生活，獲取靈魂和情感的平靜。

羅馬人盧克萊修（Lucrèce）和賽內卡（Sénèque）以斯多葛主義[16]之名，重新探討同樣的主題，認為人類的幸福存在於高尚的禁慾以及理性的自我鍛鍊之中。對於大部分的希臘及羅馬人來說，多神論是存在的，在大地之下是冥府，以斯提克斯冥河為交界，與活人的世界一分為二，而天空則是神的國度。三大一神教：猶太教、基督教、伊斯蘭教，皆透過身體的復活、靈魂不滅的定義、生命過程可作為榜樣的人進入天堂的可能性，以及作惡多端之人跌落地獄作為懲罰，對這項主題重新做出描述。而讓我覺得更接近一神論，卻有所不同的是東方的概念。沒有西方意義上的上帝，而是和諧的生活倫理，以及西元前五至六世紀近乎同一個時期的的兩大智者——孔子和佛陀，所給予的智慧建議。在這些宗教之中，身體是必然消亡的，而靈魂則永恆存在，不斷存在於另一個身體之中，即為輪迴。

人生的一個階段：老化

生命在無法抗拒的餘地下就開始了，而我們總覺得歲月如梭，日日、年年、月月，過得飛快。這種感覺實際上是一種生物現實。老化，有時候被謙稱為高齡化，可能是一個糟糕的實際經驗。每次當一個人通過象徵性的里程碑，五十歲、六十歲、退休，精神狀態逐漸低落，人們總是惋惜：「過去真是美好的年代！」但抱持著這樣的態度是個錯誤。對我來說恰好相反，變老反而是一個機會。而第一件最可以確信的事情是，死亡尚且不存在呢，我還活著。

比起我們的祖父母和遙遠的祖先，有一個非常好的消息，以及其他原因讓你不必害怕死亡：你可以將它推遲。在西方國家之中，四十來歲的人，一個開始出現問題的年紀，與他們的祖父母之輩相比，平均多了三十年的壽命。預期壽命在這半個世紀以來，從五十到五十五歲，增加到了男性七十七歲、女性八十三歲。這與所有的醫學進步息息相關，並且在多數情況下，過去致命的疾病在今日多半可被治癒。生活品質也顯著提升了，許多和年紀相關的疾病可以被減緩。想想每年在法國，有超過二十萬名的年長男性與女性因為因為髖關節或膝蓋，或是上述兩者的修補手術而受益……我也是其中之一。沒有這項手術治療，他們將永遠承受痛苦，並且被判定為逐漸不能移動。另外，用來回復視力的白內障手術變

譯注16 stoïcisme，和羅馬帝國思想流派，哲學家芝諾於西元前三世紀早期創立。斯多葛派以倫理學為重心，強調神、自然與人為一體，「神」是宇宙靈魂和智慧，其理性滲透整個宇宙。認為世界有限而時間無限，世界不斷起滅，其中發生的事件，每一次都會重演、重現。個體小「我」必須依照自然而生活，而只有踏進和通過永恆的時間，才能成為內在於世界整體的一部分。

得稀鬆平常，助聽器讓我們能夠聽見聲音而免於孤獨，以及其他更多的進展……而我也受益於這一切。

在這二十一世紀的初期，人類有更大的機會能活得更好更久，只是你不能夠糟蹋它，而這就取決於你。事實上，即便有了這些進步，我們也了解到疾病多半是可以預防的，它們絕大部分和我們的行為息息相關。那些涉及到菸草、營養、飲料，或是久坐、不經常移動等的生活方式，會讓你失去這些醫療進展很大一部分的優勢，它們都是在六十到七十年代，過早發病和死亡的主要原因。

如何爭取生命的年限

▪ 菸草，是導致癌症和呼吸道及心血管疾病的因子當中，最容易預防的成因之一。每年有八萬人因此而喪命，且平均喪失十至十五年的壽命。如果你是一位吸菸者，無論你的年紀，為了你自己和你的孩子們，試著越早停下來越好。倘若你不吸菸，你有較少的風險轉變成為吸菸者。我很幸運地不是一位吸菸者，並且自從二十多歲以來，我一直致力於幫助吸菸者擺脫菸草。

- 酒精飲料，每天超出兩到三杯的酒或是同等的份量，造成每年超過四萬多人發生可避免的過早死亡。
- 糖分及脂肪含量過高的飲食，也存在著過早發生疾病的風險，伴隨而來的肥胖症的蔓延，其必然的結果便是糖尿病。
- 為了爭取生命的年限，身體運動是必不可少的。一個世紀以來，我們的生活方式已經完全發生變化，我們變得久坐、不經常移動。運動可以防止血管老化（你處於和實際年齡相對應的身體狀態！），對心理平衡也有很大的作用。總之只有好處！跟隨著我父親的典範，我很早就養成了運動的習慣，舉凡慢跑、騎自行車或是網球，並且一直保持這樣的習慣。但必須花費時間且真正的喜愛運動，說得容易做得難，改變多年的舊習慣是困難的。想想那些好處，那些賺到的歲月及優點。

「明天又是新的一天，並且取決於我們。」——加斯頓・伯傑（Gaston Berger）

我們對抗老化的成就

你可以延遲大腦老化！

這與我們長久以來相信的大為相反，腦部功能的改變並非不可抗拒。當然，神經元會隨著年紀增長而失去，但最近發現透過兩個過程可以得到補償：

・神經發生：新細胞可以從幹細胞發育而來。

・神經可塑性：外部的刺激可以建立許多（細胞的）連結。

事實上，大腦是最能抵抗得了老化的器官之一，但這只有在這兩個條件之下才可行：

❶盡可能避免所有可能損害神經元的有毒物質，最主要是酒精，同時也預防會損害大腦血管的血管老化，因為大腦血管是為正常功能的運作提供必須的氧氣。

❷最重要的是「讓你的大腦工作」，Use it or lose it! 可以被翻譯為「只有在人們不再使用的時候大腦才會沒用。」這些都是有效的，閱讀、使用電腦、填字遊戲、桌遊、國際象棋或其他……像是大學紮實的最後一年，總而言之，這一切都讓你能夠思考，更不用說社會關係。還有必須有目標地存在，找到生命的目的，譬如說在退休之後

參與社區生活。所以我依然能夠在「退休」之後愉快地工作，並保持有用的狀態，「你處於和實際年齡相對應的身體狀態，但是大腦自有其年齡。」

最後，我們必須每天都和自己說，多麼難能可貴的機運才能生活在二十一世紀初，在世界上和平的角落，使我們能從一切的進步之中獲益。對於那些活在這半個世紀以來的人們來說，科學、技術、生物學和醫學的進步，皆是個驚嘆。

○關於死亡的信仰

由於生物學和神經生物學近年來的知識成果，我們對於死亡的觀念正在改變。在歷經了死亡的宗教和哲學研究之後，我們進入理性的時代。過去十年來出版的著作提出了基於科學知識的死亡觀點，例如帕斯卡・爾博耶[17]、斯科特・阿特蘭[18]、約翰—皮埃爾・尚傑

譯注17 帕斯卡・爾博耶（Pascal Boyer），法裔美國人類學家。研究領域為人類學與心理學，在他的著作《Et l'homme créa les dieux : Comment expliquer la religion》中討論了宗教在人類社會中出現的科學解釋。

譯注18 斯科特・阿特蘭（Scott Atran，），法裔美國人類學家。研究領域為人類學、心理學與認知科學，關注的主題為恐怖主義、暴力與宗教。

人類是唯一真正了解到自身死亡的動物。事實上，人類能意識到個人的命運，也能意識到他人的存在。不幸的是，人類也發現了自己和他人都將消失的事實。這要回到遠古時代，回到舊石器時代，在這個約一百萬年以上的古老時期，與死亡相關的神話就已經出現。智人不斷嘗試去解釋周遭奇怪的、超自然的、和與自然環境敵對的現象，像是疾病、死亡、失蹤的親人、自然災害、暴風、水災、火災，以及獵食者。為了保護自己免受這一切，智人尋找解釋，尋找刻意的因素，尋找「為什麼」。也因此他們試圖在超自然的力量和巫術的信仰之中尋求支持。

明白死亡之必然的人類創造了另外一個世界，住滿死者以及我們的祖先，或甚至在某些人的思維中，也住著魔鬼、精靈，和巫術的力量。

昨日的信仰，以及個人的信仰

帕斯卡・爾博耶（Pascal Boyer）完善地描述了神話和傳說的誕生，這些信仰因為是違反直覺的，也就是說與日常的經驗相反，而更有機會被保存下來。不勝枚舉的例子如：會說話的樹木或是動物是泛靈信仰的表徵，但這比不上一位在水面上行走的人來的更不可思議，或是一位騎兵隨著他的坐騎飛升上天。這些由宗教作為根基的傳說代代相傳，但是斯科特・阿特蘭指出了這些信仰的悖論：要如何區分這些信仰和童話故事呢？這就是「米老鼠問題」（Mickey Mouse problem）[20]：什麼樣的情感因素，可以用以區分「米老鼠」和這些神話，以及有些人類準備為之犧牲的神？

克洛德・貝爾納[21]對於生命原因的探究是很近代的事，根據他的研究而回答米老鼠問題：原因是米老鼠的出現僅只有一百多年的歷史，也就是說佔據人類歷史上非常短暫的時間。而在這一百多年的時間中，那些我們所能想到的難以置信的事、奇幻的事，都在近十幾二十年被認為是科幻故事。

理性的解釋是可能的，現在死亡被認為是物種進化史上不可避免探討的重要生物現象。

譯注19 約翰—皮埃爾・尚傑（Jean-Pierre Changeux），法國神經生物學家。以其在生物學、蛋白質結構和功能、神經系統的早熟發展至認知功能的研究而聞名。

譯注20 斯科特・阿特蘭（Scott Atran）在《In Gods We Trust: The Evolutionary Landscape of Religion (Evolution and Cognition)》（2002）一書中所提到的：「How, in principle, does this view distinguish Mickey Mouse from God, or fantasy from beliefs one is willing to die for?」

譯注21 克洛德・貝爾納Claude Bernard，法國生理學家。他是定義「內環境」的第一人，也是首倡用雙盲實驗確保科學觀察的客觀性的人之一。

自從有性生殖和多細胞生物出現的那一刻起，這一切就一直是由這兩個部分所組成：

❶其中一個部分為生殖細胞，在理查・道金斯（Richard Dawkins）的著作《自私的基因（*Le Gène égoïste*）》裡描述為永久存在的基因。負責傳遞物種的生命和特徵。

❷另外一個部分為體細胞，組成短暫的包膜。旨在確保基因組的傳輸，任務完成後便消逝。

如今死亡的客觀意義已經確立，但是在死亡後，部分或全部個體殘存的信念便屬於個人的範疇，對此絕不會有證據來證明「支持或反對」：

- 相信上帝。抑或是有宗教形式的有神論者，抑或是無宗教形式的自然神論者。
- 主張「我不知道」的不可知論者。
- 不相信神存在的無神論者。這同時也是我的主張。

這一切都屬於情感的範疇而非理性。很顯然地，死後繼續存在的信念與宗教有關，佔據約莫三分之二比例的信徒。但我們同樣也可以看見，有二〇%的不可知論者與罕見的無神論者。在自稱沒有宗教信仰的人當中，有一半的人依舊是參與了和宗教相關的儀式，例如結婚與葬禮等。有三分之一的人相信神靈的力量，並且有十分之一的人相信天堂與地獄的存在（《宗教的世界（*Le Monde des religions*）》）。這一切都證明了猶太基督宗教文明的重要性，以及啟蒙時代之後，在面對宗教信仰時帶著批判精神的特徵。

當今的信仰

巫術思維自史前時代便存在，而如今依然存在於某些原始部落或族群。但荒謬的是即便是在今日的文明社會，當我看見報紙上某些占星術師、教士、先知、巫醫、催眠術師等蓬勃發展的小廣告，我依然很吃驚與錯愕，那些作為解釋原因的辭藻，用以撫慰打從史前時代的神聖岩洞中就存在到今天的古老幻想。迷信持續動員著無數群眾，舉行儀式祈求降雨或是平息瘟疫的時代，其實離我們並不遙遠。

巫術思維與現代的理性思維完全對立，但是智人依然將此傳承了下來。我不能明白這些流傳至二十一世紀的占卜術、紙牌、塔羅牌、手相、驅魔儀式、鄉間術士，以及最後同時也是最糟糕的星相學，將人類的命運奠定在星體的影響之下，託付在反常的概念上，與目前非常精確的天文學研究數據完全衝突。

在報紙、週刊、廣播或電視當中，多的是談論脫離常規迷信的報導與節目，像是與另外一個世界或是死者進行溝通，或討論有沒有真正的驅魔人存在，又或是濫用且仰賴人類盲從與痛苦的神棍。但是依然有很多人相信這些錯覺。

我們必須得卸下這些偽科學的面具和持續存在的含糊理論，特別是在醫學上。舉一則發生在我的一位老師——羅伯特・德勃雷（Robert Debré）教授身上的小軼事為例：在一九五〇到五五年間，我在一間小診所同時擔任內場、外場人員以及主任。在一次為某位患有嚴重疾病的孩子進行治療的情況下，當老師的助理知道孩子的父母早就採取了好幾個月的「動物磁氣療法[22]」時，他極為震驚。但老師說道：「你可以說有九成的人類仍然還活在巫術思維的前邏輯時代。」可惜的是，這句話至今依然是真的！

然而，有些人試圖為死後靈魂的存在提供科學依據，像是所有瀕死經驗的描述。這些在嚴重的醫療或外科手術意外事故下的受害者，在歷經急救甦醒之後，講述了相當驚奇的現象：他們記得自己離開了身體，漂浮在上空並看見自己的身體，接著又身處一個漆黑的隧道中，遠處有一道炫目的光線吸引著他們……。事實上，這個非肉體化的現象最近有了一個神經生物學的解釋。這些印象被證實是由某些分子，以及某些通過大腦特定區域的局部刺激所再製。

對死亡的恐懼

我們之中的許多人因為害怕死亡，對死亡避而不談，卻憂心忡忡；也有些人為了克服對死亡的恐懼而不斷提起，或是預先做好準備，安排他們自己的葬禮，選擇要播送的音樂和要擺放的裝飾品；還有些人為了確保來生而轉向宗教。但即便是教徒，仍然有許多人對於疾病——也就是走向死亡的那條路，感到焦慮與恐懼。所以人們追尋醫師，鑽牛角尖地增加放射性檢查和生物性檢查的次數，還有核磁共振成像和掃描儀，這些學術名詞以及新方法讓人感到安心。只是才剛安下心來，他們又找到了其他讓人焦慮的事，因而繼續一遍又一遍的檢驗。希臘和羅馬人說「智者不畏懼死亡。」但說易行難，重要的是得知道方法。蒙田的智言：「害怕受苦的人已經因害怕而在受苦。」當然，若不再理會這個想法，就再也不會去思考它，但這個想法依然存在於我們之中。我們越像是永恆一般地生活著，我們越知道並非如此。

譯注22 替代醫學的一種。在法國，磁氣療法並不被國立醫學科學院所承認，根據公共衛生法條第4127-39條，醫生無權將患者送交磁氣醫療。

多重的恐懼

這些恐懼是什麼？首先便是死亡讓我們失去生命所給予的一切，在我們周圍所看到的一切，我們所愛的人，以及沒有我們依然可以繼續進展的社會。這是一種沮喪的感覺，再也不能參與在這我們有時候是演員，有時候又是觀眾的表演之中。當然，我們可能擁有不幸，失去親人、物質上的和社會上的困難。我們面對不幸的反應，很大程度地取決於我們心理上是否能夠分析、認識與接受這些困難。

別像蒙田所說的那樣：「死亡是所有不幸的集大成者。」在某些案例中，這些疾病可能是心理上的，或生理上的，就像某些疾病在生命末期所造成的痛苦，而這種痛苦可能是難以忍受的。現在，全部的醫生們都同意，如果可能的話就完全地消除它，即使是以喪失意識或是更早到來的死亡作為代價。痛苦也可能是心理上的，像是憂鬱症極為強烈的痛苦，它也往往讓患者再也活不下去，再也不能面對這種極度的心裡痛楚，繼而選擇輕生。

用自我尊重來對抗死亡的恐懼

為了不再對死亡感到畏懼，我所能選擇的最好策略，是提升自我的尊重。於此，身為一名醫生我很常面臨這樣的形象化比喻，就好像一種減敏治療。狄更斯在他的著作《小氣財神（Contes de Noë）》一書中，描述了年老的守財奴史古基，如何在夢中的墓地看見自己的墳墓，而體悟到必須迷途知返。當明白自己正在糟蹋人生之後，他改變了作為，關心他人並且變得無私與慷慨。而他現在活得非常開心！如果今天發生了嚴重的意外並知道自己即將死去，人們首先會做的，是重新調整某些事物的重要性。很明顯地，我們都是後知後覺。我們必須朝著重要的部分前進，充分活在當下，別對「生活裡的刺」過分強烈反應而胡亂糟蹋人生。「生命最重要的是，別把重要性束縛在其實不重要的事上。」畢竟無論如何，在幾個月或是幾年之後，一切都不再嚴重。知易行難，尤其是最一開始。為了實現我們所認為正確且有用的，退讓是必須的，如此才能為我們帶來最深切的滿足感，這樣的精神態度，必須在生活中的每一個瞬間被採納。

托爾斯泰在《伊凡・伊里奇之死（La Mort d'Ivan Ilitch）》一書中，描寫了身受劇烈疼痛折磨的癌症病人生命的最後幾日。在一個多世紀以前，那個我們還對減輕痛苦束手無策的時代，伊凡・伊里奇特別感受到心靈上劇烈的痛苦與極度的不安。當然，他的生命是誠實且正義的，但他意識到自己貧脊的心靈生活，並且後悔沒有領悟存在的意義。

> 為了實現我們所認為正確且有用的，退讓是必須的。

最終，每個人都是按著自己的個性和過去活著，也就是說是一種天賦和知識的融合，所有自從孩童時代以來的事件建構了我們的生命。面對這個問題，即便是擁有能力和知識的醫師，也斷然不能夠給予特別的建議，也沒有權力強制切除這些生命的事件。他們對於生理的生活有卓越的知識，但是對於死亡的看法卻是很主觀的。焦慮存在是人類思維中不變的現象，有些人利用這個現象，允諾能與另外一個世界進行溝通，進而濫用人類的盲從，也有一些不符合現實的心理學方法，甚至是滋養了焦慮的產生。反觀當前的心理學家則是利用認知的技巧，來促使病患學習解決自己的困難。

學習寧靜

死亡的精神官能症並不會被無用的幻想治癒，必須透過個人的哲學或是心理工作來定義自己的想法，學習寧靜。因為這種理性的反省，而能有機會獲得進行這項思考時必要的心理空間，並因為思考生命所帶來的一切，有時候也更有效率地得到對於死亡的真正想法，也找到讓自己不再受苦的方式。

對我來說，繼續生活下去最好的方法，是活在那些我們摯愛的回憶之中，在那些相識人們的回憶中，我們也許能為他們帶來一點幫助或一個經驗，傳遞他們一些想法或是知識，又或者在文學、藝術、科學等的領域上留下更為不凡地足跡，當然，像是維克多・雨果、莫札特、或是法國的微生物學家路易・巴斯德（Louis Pasteur），那是很罕見的例子……。

如何不再害怕死亡

信徒不應該畏懼死亡，他們知道自己理論上是不朽的，身體將會復活，並且以另一段人生的方式回到他們所珍視的人身邊。對於一神論的宗教來說，死亡不是終點，而是在評判每個人後，回到神的國度裡的永生和幸福的一段過程。因此能夠在不忽略死亡的情況下克服對死亡的恐懼，而更充分與健全地活著。對於東方宗教來說，身體並不重要，唯有靈魂是永恆的。我個人認為，哲學科學的態度不僅是讓人類接受死亡，更是能夠活得幸福。首要的方法便是科學精神，包含將自己置身於宇宙和地球生命的一般物質組織之中。我非常推薦你閱讀于貝爾・雷弗（Hubert Reeves）所撰寫的《星體的塵埃（*Poussières d'étoiles*）》，一本充滿科學數據和深刻思考的著作。

無限大，無限小

當我們以星體物理學的歷史談論時，全部是巨大的。但反觀我們在隨著過去與未來而流動的時代當中，以及在我們三維空間的尺度上，有些事實似乎難以理解。若將這所有的一切放置在原子的無限小，或是宇宙的無限大的層面上來說，都不具有意義。

三十五億年前出現的生命，只是物質組織越來越精緻的一個階段。在這漫長的歷史當中，智人出現是非常晚期的事，我們僅能考據到十五萬到二十萬年前的骨骼證據，以及至多三萬五千年前的活動痕跡。人類進步的過程在一開始非常緩慢，直到三、四千年前才加速進展，有了第一個文明。往後的兩到三個世紀裡，知識爆炸性的疾速增長。

我們的每一個個體都代表了在這個漫長演變中非常短暫的瞬間。因此有一個眾所皆知的表達生命時間相對性的比較法：如果我們將三十五億年生命的歷史換算成一年的時間，智人的出現是在十二月三十一日那天的晚上十一點三十分，而一個人的生命代表的僅只是百分之幾秒！

科學的智慧

對於約翰－皮埃爾・尚傑（Jean-Pierre Changeux）、艾爾札・愛德曼（Elazer R. Edelman）、斯科特・阿特蘭（Scott Atran）等人來說，精神、靈魂都是我們大腦細胞功能的產物。而對於安東尼奧・達馬西奧（Antonio Damasio）來說，迪卡兒的「心物二元論」是個錯誤。根據這些作者的說法，我相信靈魂不滅是祖先所流傳下來的神話，與當前的所有科學數據背道而馳。一旦大腦功能消失而腦電圖趨於平緩，意識及靈魂的喪失便不可逆轉了，神話因此而被科學解釋所取代。而讓我免於死亡的焦慮與痛苦的想法，是認定死亡為生物進化的一部分，因此不可避免。我平靜地接受自然的法則。

唯物論和唯靈論習慣上被用來作為對立。道德意義、無私、內心世界的發展、同理心、超驗[23]等，是唯靈論的特徵，至於唯物論的詞面含義則隨著世紀更迭而改變。部分的希臘哲人——德謨克利特（Démocrite）、伊比鳩魯（Epicure）、亞里斯多德（Aristote）

我平靜地接受自然法則。

譯注23 超驗為哲學概念，為經驗的三種狀態：先驗、後驗、超驗。超驗描述的是超出體驗之外，一般人無法共同體驗到以形成普遍的共通經驗。

等支持生命和思想的「物質」起源。而作為真正的先驅者，他們早先以某種方式預料到了所有我們目前生活的概念。相反地，柏拉圖將身體與靈魂作為對立，而一神論則採納這個立場，將靈魂的存在，以及死後繼續存在的神話當作一種教條。

接著，根據法國百科全書編纂家皮埃爾・拉魯斯（Pierre Larousse）的定義，物質主義變成一種「紙醉金迷與耽於宴樂的生活」，享受成為貪婪與愛財如命的同義字。唯靈論因此成為值得讚賞且高尚的，而唯物論則是粗鄙與不光彩的。

科學與靈性

事實上，同時成為物質主義者、不可知論者，甚至是無神論者和唯靈論者是有可能的。我是一個物質主義者，因為近來年所有神經科學的成果，都清楚表示精神和靈魂都是大腦神經元活動的產物。我不相信「心物二元論」，我認為一切都是物質，並且對於所有非理性的迷信與巫術思維的爭論相當敏感。但我同時也是唯靈論者，因為這不妨礙到我們的大腦在詩歌、音樂、藝術之前感受到一種情感，擁有美好的、精神上的以及無私的意義，並擁有心靈的生活。就像法國哲學家安德魯・孔德—斯蓬維爾（André Comte-Sponville）所陳述的那樣，無神論者也可能展露出強大的靈性。我完全同意這個觀點。除此之外，也不應該將唯物論與唯靈論二元對立。當然，我拒絕也避免庸俗的舉止，我在哲學和科學領域上因此是一個物質主義者，但同時容許我擁有人類大腦的靈性。

我們知道的是，生活就是偶有疾病和阻礙的機遇。不論是何種信徒，不可知論者或是無神論者，重要的是我們所選擇的生活。如果我們是無私與願意幫助他人的，並能理解與救助他人的痛苦，那麼生活將是完整的。我認為我能夠活得更長一些，如果我的回憶和足跡依然存在於某些人的靈魂當中。我們永遠都應該耕耘生活的快樂，感謝每個當下時刻，不要對過去感到懊悔，懂得維護內心的自由。「我決定要快樂，因為這樣對健康比較好。」伏爾泰如是說，所有當前的心理學數據都說明寧靜的學習是可能的，並且這是良好心理與生理健康的要素。

把問題回到我自己生命的終點，我希望能不帶給親朋好友任何負擔與約束，同時我也忍受不了葬禮，這就是為什麼我把身體捐給了科學，同時也是為了它能再次有用。這並不會阻止我的親朋好友同聚在一起時思念我，我將會比深埋墓地更有存在感。若死亡來得突然，那就更好了，否則的話我得竭盡全力對抗身體的衰頹。

生命的出現既是一種巧合，也是一種必然，而我們於其間獲益。

路易・阿拉貢（Louis Aragon）在他的詩作《生命是值得的（Que la vie en vaut la

peine）》中寫道：

〔…〕
總會有一對顫抖的情侶
劃開今晨的第一道破曉
總會有雨水，有微風，有陽光
畢竟都是過客，沒有什麼會真的流逝
我深深不能理解的
是人們對於死亡的恐懼
彷若生命不夠精彩
但在那一刻，天空仍然對我們溫柔相待
〔…〕
我唯一傾吐的只會是一句道謝

儘管如此，我仍然會說生命是美好的。

更多備註請參閱第 473、
474、479 頁。

12

對放鬆療法與靜坐的體認

多明尼克・瑟風 博士
(Dr. Dominique Servant)

我在心臟病科門診擔任實習醫師的時候，我記得當醫生與實習醫生在詢問一位因為做冠狀動脈繞道手術而非常焦慮的心肌梗塞病人，是不是能夠放鬆一點時，他們之間互相投以更像是嘲諷的笑容。這讓我明白，治療過程所涵蓋的除了藥物和飲食之外，也不能忘記定期的身體訓練。只是當時放鬆療法仍被視為是譁眾取寵的替代療法，況且不是很有效時，所以未列席於尖端醫療服務的清單之內。

時至今日，這樣的想法有了些許轉變。我們了解到心臟疾病患者的再教育，就像是所有身體和心理健康問題的伴隨，放鬆以及冥想的技巧是真有其地位。但在實踐上，很少有專業人士真正了解放鬆及冥想的方法及其適應症，更別說在自己身上實踐了。但是，為了能給病患更好的建議，知道這一切在說什麼不是更好嗎？再者，由於天生帶著一點焦慮感，以及某些我稍後會詳加說明的害怕，我很早就被放鬆及冥想療法所能戰勝疾病的方法所吸引。就是從那時候開始，我決定開始關心放鬆及冥想的療法。而最好的方法便是在自己身上實踐。

找到你的指南

因此，我在醫學院學習期間對放鬆療法感到興趣，但一直要到我精神病學實習的頭幾個月，我才真正開始練習。我有著初學者的反射行為：為了快速學習、理解和操作而買了書。在買下一本別人推薦的著作回到家之後，我超級失望！只有文字和些微的故事，然後就是永無止盡的理論，對我的練習沒有太大幫助。少數幾行易於理解的句子，是轉述自德國心理學家舒爾茨（約翰內斯・海因里希・舒爾茨，Johannes Heinrich Schultz）的概念，他是自律訓練（Autogenic Training）的發明者，這套「我的手臂越來越重，越來越重……」公式的創始人。我沒有真的被類似於愛彌爾・庫埃（Émile Coué）所著的《暗示療法的奇蹟》

的自我暗示法（Autosuggestion）所吸引，但我還是從中頡取了些許的基本作法：採取坐姿、與世隔絕、平心靜氣、專注於自己的身體、誘發放鬆的狀態。我從自律訓練中選取放鬆療法最初步的練習來讓自己適應，讓它們不那麼冗長、呆板和一成不變。

最後我闔上這本書，將它束之高閣。我感到失望且困惑。那一刻，我沒想過有朝一日，我將公開談論放鬆和冥想療法，並且書寫實際的指南來具體幫助讀者。只是我在不知不覺中常想到這件事。

我的第一次

我躺在床上，有點頭暈，也許是因為昨晚出去玩得太晚了。不過今天在服務中心工作的一位心理學家邀請我參加一個開幕儀式。為什麼我會感受到這個奇怪的壓迫感呢，我好像不能呼吸了一樣？我聽到治療師甜美的聲音，但我依然呼吸困難，因此她建議我平靜而緩慢地呼吸。我感覺到自己胸前的心跳，不久之前我都還好好的。在接下來的一天中，這個煩人的感覺慢慢消失了。我學習如何專注於自己的感受，感受自己的內在，傾聽自己的聲音。讓自己順性發展而不去多想。如果我察覺到身體的感覺，我會靜靜地等待，告訴自己一切都會好好地。然後我的呼吸變得更為流暢，我感覺到了自己身體的全部，而不只侷限於胸腔的部分。

就是這樣，我克服了第一道關卡。若要放鬆，必得學習傾聽自己內在的聲音。這不是一個失敗或成功的練習，這個練習永遠會為你帶來點什麼，永遠會代表自我探索的某一個階段。因此，有的只是在不強迫帶來舒適感覺情況下的重複練習。而隨著時間的推移，舒適的感覺自然來到我身上。

給初學者的建議

放鬆是一個非常開放的療法。可以找到適合初學者的練習，然後按照自己的步調進步。有人指導是必要的，但個人練習是唯一能真正找到助益的方法。其他療法很少如此開放且平易近人，放鬆療法有許多可以進行的方式：為了治癒、找到新的生活方式，或是為生活帶來更安祥的方式。

若要放鬆，必得學習傾聽自己內在的聲音。

○ 學習的道路

感謝我的病患們，讓我在心理治療師的工作裡學到許多，是他們讓我對人類以及自己的認識有更多的進展。從真實的經驗出發，非常適合放鬆療法中的練習實踐，是一個非常豐富的交流。如今我每天都規律地練習，甚至每天練習好幾次。隨著時間的推移，練習就像是在休息，像是一股幸福或平靜的氣息，像是修復自己的時間，或是以自我為中心、或是迴避的時刻，也像是自我抽離或是「放手」。我也會花點時間來實踐更完整的練習，但這也是現代人的生活節奏裡無法總是做到的。

由於和其他治療師的交流與一些閱讀，我也逐漸建構了自己的練習方式，靈感是受到各大理論中找到的古典練習方式所啟發，並將其改編。我因此對舒爾茨的自律訓練法、美國艾文・積及迅醫師（Edmund Jacobson）的肌肉放鬆法、修身養性、瑜伽、催眠以及冥想等，特別感興趣。它們分別帶來不同的東西，但都有共通點。我從中汲取簡單而不同，並且能夠被我採用的方法，接著與其他的治療師、我的病患以及廣大的不同聽眾分享，比方針對工作環境中壓力管理的課程。我也已經確立四種我優先使用的技巧，從這四種主要的技巧中可以提出許多不同的練習。若是練習者願意，我會建議他們試著採取這四種技巧，以及創建他們自己的練習方式。

我偏好的四大技巧

呼吸技巧：我經常使用這項技巧撫平負面情緒，同時也用在展開與深化和他人的關係上。

身體的放鬆：非常必要的技巧，例如，當我們無法選擇地必須在辦公室度過這一日，我們的身體也無可避免地呈現緊張狀態時。關鍵的方法是在放鬆的意識下握緊拳頭一到二次，同時去感受身體的不同部位，隨著時間，輕微的自我感覺讓我能快速獲得身體的放鬆。

正念療法：我無法計算我使用了多少次這種重新調整的方法，就如同是生活中舒緩壓迫的方式和藝術，讓我們看到壓力的另外一個面向。

視覺化：如果我不得不做某些令我害怕的事，以前我傾向於思考和分析，但現在更多的時候我會事先想像自己在該情況的樣子，來減輕實際操作時帶來的負面情緒。

○我偏好的練習

我採取放鬆療法和冥想的練習，已有五十幾年的時間了，有時我會詢問自己，什麼是我最喜歡的練習。因此我要提供一些我自己使用的、簡單且非常不同的練習方式給你們。

用全身來呼吸

呼吸方法是入門技巧，同時也作為資歷最深的練習。呼吸首先是要控制好自己的情緒，接下來的旅程就是無窮盡的。我經常在辦公室花上幾分鐘的時間，讓呼吸引領著我，一邊傾聽呼吸的聲音並特別關注它。我將呼吸各別暫留在胸腔和腹部，自然等候所有伴隨呼吸而來的情緒，等候肩膀規律的運動，讓空氣在鼻孔和氣管之間自由流通，流經肺部並在此蔓延開來，在反向地循環回到氣管和鼻孔。我變成了呼吸本身，呼吸變成最重要的事，而我仔細聆聽它的聲音。我讓空氣流轉個幾分鐘，有意識地稍微更用力吸氣，讓胸腔鼓起，呼氣的同時流瀉身體的壓力，就像一把刀片劃過身體而四處逸散。我的臉部在呼氣時放鬆，接著是肩膀，再到脖子。內在的心臟、臟器以及肌肉變得舒緩。這股氣流自由地在我的身體流轉，為我帶來放鬆與平靜。也許那些從來沒有這樣操作過的人不會明白，如此簡單的動作，怎麼會帶來這樣的情緒和身體的放鬆？但願意為此花一點時間的人會明白的。

腦海中的旅行

有些人天生擅長視覺化，有些人卻不能，但時間久了都能夠學會。你想像一個地方，一幢房子，一個房間，一個你獨自一人的地方或是時刻。讓顏色、線條和細節在你的腦海中漸漸拼湊，留住這個畫面，這就是你幸福的啟動裝置。

我的祕密基地

那是一棟白色的小屋子，座落在法國西部比斯開灣的雷島上，一個我可以盡快抵達的地方，那就像是讓我重新振作起來的祕密基地，我可以僅以多年來紮根於我的情感記憶的簡單事物，不同既往的生活著。自行車上的風聲，暖陽的愛撫，潮汐的氣味與曠野、葡萄園和松樹林等融合在一起。這個大地與大海混合的味道，在這個大西洋島嶼上是多地特別。

我總是用一個我完全單獨存在、簡單而靜止的圖像來啟動視覺化。在露台上重現一整面乾燥的古老石牆，灰色的百葉窗，以及朝向海洋的白色大門，瞬間傳遞給我並開展一個重獲豐足時刻的時間感。

讓你的想像力掌權

這種可以在腦海中翱翔的能力，超越透過情感的視覺化，或是找到一頂安全的無菌防護罩所啟動的效果。這種能力也讓我們擺脫心理困境，克服困難，更具創造力與更能和他人溝通。我們可以透過一個白日夢，將自己置身在不同於過去所習慣的防禦狀態中。

視覺化的方法不僅有助於啟動愉悅的情緒，我們也透過這個技巧的學習釋放想像力，讓想像力成為學習和實踐的虛擬場域。

對於許多我們所擔憂的活動，視覺化也是一種擺脫憂慮很有效的方式，和讓我們思考學習的不同方式。它幫助我們克服害怕和各種不可思議的恐懼症，像是害怕處於人群中、汽車內或是飛機上，或是在工作上公開發表，學習某項運動或是探戈舞。

我可以體會到，視覺化練習所代表的是一個意想不到的幫助，學習擺脫自己的心理障礙和抑制。有時候對於心理諮詢的輔助和平常的心理練習非常有幫助。

我在腦海中滑雪

我小時候和青少年時期曾經稍微練習過滑雪，之後好幾年就再沒有接觸。一直到很後來，當我遇到我的妻子時才又再重拾這項運動，是她協助我再度回到滑雪板上。偶有幾次，當她看見我完全驚恐地被困在綠線上微小的尖峰上時，我讓她樂得發笑。恐懼會改變你的經驗，並且捆綁住你那想要尋找最自然位置的肢體，我的身體緊縮在一起，再也不能控制任何東西，然後就是無可避免的摔跤。我觀察我的一群精神病學家朋友們滑雪的樣子，他們鼓勵我嘗試並且為我示範，指點我一些訣竅，例如我面對斜坡的位置可能會改變我和雪地面的接觸，以及身體在滑雪板上的重量。接著我就找回了那個畫面，在無數次的重新開始當中，我一直在想像最佳的位置和速度的感覺。正是透過不斷重複這個視覺化的練習，讓我可以感受到滑雪的樂趣，特別是克服了我的恐懼和心理障礙。雖然我並沒有天生的運動細胞，但我仍然非常開心且驕傲地透過視覺化的練習，在這項運動中有了適度進展，當然，還有一點點的毅力和訓練。

○冥想：為了不再想到那些讓你受苦的事

很久以前，在我主持的一場正念冥想研討會的過程中，一位年輕的心理學者詢問我，我自己是否也實行冥想，以及它為我帶來了什麼。這喚起了我經歷過的一段焦慮時期的回憶，我誠摯回答他的問題。那是發生在幾年前，和我一位孩子的健康有關，這個焦慮在今天很幸運地已經消失，但在當下是非常痛苦的。當我們生活在那個當下並陷入這些思緒的時候，是很難控制自己的，必須等待事過境遷，讓時間減緩不安與焦慮。正念冥想教會我與問題共存，並且不僅是和問題共存，更要不斷思考尋找解決方案。

冥想並不是行動，思緒並不是事實，而是正念冥想的思想力量。唯有透過當前的意識，我才能觀察到這項技術特別的功效，並且透過定期的練習，我才得以看見那些值得我們採納、以開闊的觀點對待世界的想法的益處。

在遠離家鄉時冥想

有一段時間，我經常旅行世界各地參加研討會，通常是分享遠離家鄉的孤獨感，以及對於我所看見的、我所學習的、和我所遇見的人的興趣。當晚上回到飯店時，很多時候會感覺到孤單，這裡沒有任何認識的人，但這些時刻往往有益於自我反思和對話，也正因如此我發現了練習正念的方法。在遠離家鄉的時候，我學會放下自己的鄉愁，學會接受在旅行和相遇中，所有差異所帶來的新事物。和正念單獨相處豐富了這些時刻，這是一個沉思或是反省後的抉擇，也確實是人類的天賦，只是在我們的文化裡還不是很明顯。

深入自己意識的旅行

就像每個人一樣，有的時候我也需要逃避。但要躲離周遭世界並不容易，我有時是真的想在別處深深放鬆。當我有時間的時候，我很樂意能更深入地進行放鬆療法的練習，讓我放鬆身心。我躺在床上，誘發來自心靈越來越深處的放鬆，喚起精神對於身體和旅行的集中，使我進入一種逐漸由輕微感覺和身體表徵所引起的放鬆狀態。起初有點慢，但隨著身體的放鬆和時間的推移，精神加速朝向「放手」的狀態前進，釋放情緒和感覺，達到身體與精神更為深沉與親密的狀態。另一方面，思緒四處流浪，展現無限的想像力和創造力。意識水平的減低，打開了進入某些情感回憶，以及凝視內在和外在的大門。

當我離開家的時候，我也會進行這些訓練，但時間短一些，也沒那麼深沉。有時候在高速列車上，練習僅是幫助我遠離噪音五到十分鐘的時間，火車催眠的擺動讓我閉上雙眼並沉入他方。我把自己運送到我熟悉的地方，透過一系列的景象這個地方不斷改變，有時候會失去了邏輯，就好像一部分的我們在控制、規則與約束之中被解放出來的白日夢。從外部很難評斷這種近似於自我催眠和修身養性的練習到底為我帶來了什麼，我認為它讓我重新產生了一些東西，讓我探索我的人格，並注入一股新的氣流，而我希望那是一種新的靈感和想法。

放鬆療法及冥想所為我帶來的

放鬆療法和冥想並沒有改變我焦慮的本性，但卻讓我睜開眼看見某些事情，讓我回歸本位，擺脫無意識和重複的行為，避免沒完沒了的反覆思考。在我作為心理治療師的實踐當中，放鬆療法真正豐富了我給予患者的方法。我不建議系統性的放鬆療法，即使它作為治療工具，能夠非常有效並且容易進入壓力和焦慮問題。此外，放鬆療法也給了一盞明燈，讓我們可以隱約看見自己離開痛苦的可能性。放鬆治療的經驗同時也是一個直接的證明，證明人們可以從自己的不安中抽離，並且也比其他治療方式更容易在病患身上起作用。

我的三個主要建議

自由地練習：放鬆療法及冥想不應該是強制性的。我提到這些新的放鬆方法，但我並沒有任何的發明，只是讓這個療法更為自由與容易。萬一你在日常生活中對於「放手」有困難，嘗試實施正念療法。

讓自己受經驗所指導：你會發現益處來的很迅速，但是必須透過深入尋找幸福真正的關鍵，以及深入探究對於壓力、焦慮和許多苦惱的表現的反應。

找到生活嶄新的藝術：放鬆療法及冥想，為我們帶來看待事物以及看待我們自己的另外一個視角，釋放我們原本的優點和可能性，提供一個在單一見解中釋放自己，並且易被許多人接受的方式。

○結語

應該被廣為推薦和實踐的放鬆療法及冥想，如今卻仍被某些醫生和精神病學家詆毀。而我致力於讓放鬆療法成為一門真正的學科，並且將它傳播到各處。我搜集了許多醫師及實踐者的支持，他們幫助我發掘更多的參與者，也幫助我發掘可持續的、並和其他治療方式互補的方法。即便放鬆療法及冥想無法治癒所有疾病，但它們也會為個人帶來助益。我從我的經驗看見，暫停下來、花點時間來充分生活，並且回到更為平靜的狀態是可能的。而我深信，這是所有人都可以理解的。

更多資訊請參閱第 479 頁。

13

跟自己的過去和解，以便享受當下

瓊-路易絲・莫內絲
(Jean-Louis Monestès)

我們都不是回憶的主宰者，它任意來去。我們生活的一切會在不經意志的情況下改變、作用在我們身上，有時候甚至與意志互相對抗。

回憶只用兩種方式來建構我們的過去：抗戰，或是休戰。第一種方式是暴力的，然而第二種方式需要耐心；第一種方式讓人心智耗損，第二種方式則帶來平靜。這兩種方式幾乎是每天必然發生的，因為無論我們願不願意，永遠都得和自己曾經的生活一起繼續生活下去。

感受到停留在自己身上的回憶

隨著時間的腳步，我想我可以列出一張清單記載憂鬱來襲的信號。首先是太陽沉落地平線而日光時間縮短的日子，清晨開始被薄霧籠罩，接著電視新聞的主持人播報一些與冗長的採購清單、格線紙和 A4 文件夾有關等不重要的瑣事，宣布返校的日子來臨。城市從一種短暫迷失的步調中恢復過來，就像我住的那個村莊一樣。巴士站再次擠滿為了即將展開新冒險而精心打扮的男孩與女孩們——新鞋、新外套和華麗的新書包。而我呢，我只是要趕著去上班，提著我十五年來始終如一的舊包包。但我內心深處其實是羨慕這些男孩與女孩們的。接下來的一整天裡，無數回憶在我腦海中像瀑布一般流洩而下，漫延開來。縱橫交錯在操場邊的板栗樹根下，史蒂芬、法布里斯、伊凡、克莉絲黛爾和我，繼續那場暫時停止在六月的打彈珠比賽，這一次我可能會追上克莉絲黛爾並且佔上風。還有，我們將會認識新的小學老師。

記憶與情緒

接著，這一切思緒都混在一起……我的目光被一支鋼筆吸引，喚起了高中的回憶，一種強烈的喜悅之感。當然，那些喜悅時刻的回憶無非是被時間美化了的。但幾乎是同一時間，「這一切已經永遠消失」的念頭閃過眼前，我都還沒能好好看見這一切，就消逝了，帶著我沉重的沮喪。而這樣的情境年年如此，毫無例外。悲傷維持了一到兩個禮拜，這樣的情緒我也已經習慣了。我很明白等在我前方的只是一個陷阱，化做每個九月我都要面對過往的那條必經之路，即便那些過往只有一半是我希望再見到的。

強烈的時刻，永久的回憶

有些時刻留給我們的是不可抹滅的印記。一般說來，最為深刻和持久的回憶，是當我們的注意力集中在某些事物上，或是當我們的感知和行動受到了限制。如同年輕就是這麼一回事，沒有太多擔心的事，所以我們往往只考慮到美好的當下，這便是懷舊。墜入愛河的時候也是如此，一切都消失了，除了所愛之人以外別無他物。但是當我們陷入危機的時候、害怕或是受苦的時候，情況也相同。在那些時刻，我們只能想到眼前的問題而無法思考其他的事。我們的所有思緒都被這個問題逮住，回憶只能用相關的情緒災難建構。

明白回憶的機制以減少對回憶的畏懼

在歷經了一場和痛苦或幸福有關的情緒激烈事件之後，我們的大腦不單是記錄了這些事件，也複製了所有的相關信號，即便是最不重要的。大腦是為了我們的生存而服務，所以有必要完美記錄所有和快樂或痛苦相關的訊號，以便再次發生時，我們能迎接快樂或是閃避痛苦。

過往的印記

原本情境中的每一件小事，都足以讓我們重新產生同樣的情緒經驗，而我們卻不知道如何辨別這些經驗。當格雷古瓦踏入樓中樓時，他覺得不太舒服，他過去曾經在同類型的小公寓中重重的摔落。以及安娜伊斯，當她看到一件類似她兒子過世時穿著的毛衣時，她感到無盡的悲傷。至於我，若聞到皮革包包或是全新的麥克筆氣味，我便能在一分鐘內落下淚來。

所有經歷過創傷的人都識得這種滋味，甚至有時候我們並不知道為什麼會緊張或是感到不舒服。這就是讓創傷的受害者如此脆弱的原因。他們的情緒可能會在無預警之下發動攻勢。

> 有時候我們並不知道為什麼緊張或是感到不舒服。這就是讓創傷的受害者如此脆弱的原因。

關閉回憶？

憑藉我學習的知識，我知道這些幽微的信號，將會隨著時間推進而失去召喚回憶的力量。當刺激不再有效果的時候，同時也就失去了它觸發行為的能力，這已經在科學研究中被多次證實。就像你在巴夫洛夫的狗[24]面前搖鈴鐺卻不給牠肉，最後牠就不會再在乎你那精湛的搖鈴技巧。只是就像心理學家彼此之間說的那樣，大概關於我的那個回到校園的鈴鐺，是比較難「停止」的。

在我們生命當中情感強烈的時刻總伴隨著某些元素，但要使這些元素不再讓我們聯想到那些記憶卻非常困難。但是，辨別出那些喚起我們糟糕回憶的事卻有助於獲得寧靜，這是一個我時不時會進行的鍛鍊。每次我遇到過去沒喚起過的回憶出現時，我會停下來，試著找出觸發這些回憶的事。這麼做並不容易，卻經常很有效果。當我無法關閉回憶的時候，我會告訴自己，我的前輩們絕對是成功戰勝了「被小暗示觸發情緒」的心理競賽，才能夠把這些知識經驗當作「禮物」般的傳承給我，好讓我繼續用於我的這項心理競賽之中。

把自己的缺點看作是滿溢出來的優點有點像故意賣弄，但卻非常接近現實。

○不要與自己的一部分對抗

在記憶方面，有所謂的「真正被遺忘的」和「徒然隱藏的」兩部分，最好不要太過於挖掘「真正被遺忘的」信息。為了希望找到理解的關鍵，而花費時間去開鑿過去記憶、冒著風險重新組織那些已經不存在的記憶，並且給予這些記憶重要性，可能會讓事情變得棘手。既然我們遺忘了這些記憶、也正是因為它們不那麼重要。

但另一方面，「徒然隱藏的」卻值得我們為此停留、關注。因為如果你努力地不去回想某個人生片段，那肯定是因為這個片段很重要，也就是說，它已經觸發也仍然在觸發一種你試圖消滅的強烈情緒，如果你執著於逃避它，那這個回憶可能會持續在你心頭上揮之不去。

但也正如我現在要和你們說的，回憶不可能被遺忘。

譯注24 伊凡・彼得羅維奇・巴夫洛夫，俄羅斯生理學家、心理學家、醫師，因古典制約的研究而聞名。古典制約（或稱巴夫洛夫制約、反應制約、alpha 制約），是一種關聯性學習。狗對食物會自然而然的分泌唾液，而巴夫洛夫在每次餵食前都先搖鈴鐺，接著再進行餵食，一段時間後狗在聽到鈴聲時便會流口水。巴夫洛夫將這種產生制約行為的學習型態描述為「動物對特定制約刺激的反應」。而「巴夫洛夫的狗」則用來形容一個人反應不經大腦思考。

我們能夠遺忘嗎？

當我們面對大多數非自願的回憶時，並不會保持被動，而是頑強好鬥地企圖將這些回憶逐出腦海。回憶太痛苦了，我們不希望它們又浮上檯面。雖然我們試著驅逐回憶，但也正如我現在要說的，回憶不可能被遺忘。回憶只能堆疊，不能擺脫。

刻意的遺忘是不可能的，但我們仍然不斷為這個念頭而努力，或是這份努力有時候是小心翼翼地潛伏在陰暗處，像一條不被察覺的小徑。有些人將時間花在尋找方法與進行大量的研究，汲汲營營地渴望著，就像等待最新的一支i-phone，迫使購買者永遠向前看，而不去注意已經擁有的。也有一些人，包括我在內，不會把自己的舊包包和新世界的黃金做交換，而這些人很難意識到那是因為舊包包儲放了滿滿的回憶，封存在舊皮革包包裡的一小段過去。儲藏記憶的地方真是有趣！但是，究竟為什麼不可能刻意地忘記呢？

首先，我們剛剛提到的所有信號，都在提醒我們曾經經歷過的痛苦。長期以來我們總是由這三件小事物交織：一段旋律、一個詞彙、一陣香味，毫不起眼但也可能舉足輕重。

事實上，為了要刻意忘記生命中某一段不愉快的片段，更必須要把注意力集中在這個記憶上，因此更鞏固了這段糟糕的記憶。例如在網路上，就好像要抹去一段謠言，我們可以將原始網站下架，但它有可能在任何意料之外的時刻出現。例如，在生活中我們可以避免喚起這段記憶，再也不要回到案發現場。但是即便我們盡可能地使困擾我們的謠言從原始網站刪除，也不可能刪除所有在其他網站上複製的副本。而如果我們選擇發出否認謠言真實性的聲明，反而會讓討論該話題的網頁數量增加。在試圖停止思考令你痛苦的事件過程中，你創造了更多的副本，困在這個迴圈之中。

建構我們的回憶

除此之外，自你試圖去遺忘的這件事發生後，你的行為和看待世界的方式必然會改變。無論如何你都已經有所變動。拭去回憶並不會改變你的現在。必須了解的是，回憶並不是你可以隨意破壞的圖書館藏品，所有我們正在經歷的，都是重組我們並且不可抹滅的痕跡。當我們希望記憶消失的那一剎那，我們經歷過的經驗就已經發生了改變。

有時候我會和病患提到「混沌理論」，是的你沒看錯，正是混沌理論。但請相信我，我並不是為他們上物理課，混沌理論我也不是懂得太多！我只是明白，我們歷史中的一個小變化將會改變一切。如果我們沉迷於「要是那時候……」，我們想像要是事情有所不同，就只有那件已發生的災難沒有發生，但其餘的事情都還是相同結果。這是個錯誤，歷史中的任何小變化都將改變一切，也沒有人會知道結局將去往何方。

儘管如此，我們或多或少都有種預感，失去一部分過去的自己並非毫無風險。想像一下，你可以遺忘所有的痛苦回憶，你已經準備好冒著風險再度經歷一次事件發生了嗎？你已經準備好要丟失一部分今日的自我認同了嗎？我念舊的風格完全說明了這項矛盾，難道我希望擺脫我的童年記憶嗎？世界上再遍尋不著的回憶，但也讓我受著苦。然而，我知道是這些記憶鍛造了我，它們是我的一部分。面對一份痛苦的回憶、一項侵犯或是一項失去，人們可能想要立即抹去，但這些回憶對於建構今日的自己也同樣有貢獻，它們是我的經歷以及背景的一部分——是一部分的我。

必要的二選一

想像你有一個選擇的機會：一個機會是，你能失去所有重大事件的回憶，無論好壞，因為沒有人能夠預測生活將是怎麼樣子。另一個是，小心翼翼地珍藏美好的時光，但也包含讓你受盡苦頭的回憶。

你會怎麼選擇？

逃避的循環

逃避本身並非有害。只是當逃避變成唯一的關係模式，被定型和自動化，那就會成為一個真正的問題。為了永遠不再想起一場意外、死亡、侵犯或是分離，將冒著風險無時無刻為此努力著，再也沒有精力和空間留給簡單的生活。

逃避是什麼？

有時候，即便這並不可取但我還是這麼做：為了不看到與學校有關的物品而改變路線，避免穿越市場裡存放原子筆和書包的貨架。然而，如果我違反了一些我給病患的建議，那是因為我知道我花了點時間來看清楚所要面對的，我不時地為這些回憶努力——不僅只有返校日的記憶而已。

就我而言，當我發現自己在回憶的循環裡打轉，無論是陳舊的還是新穎的回憶，都會開啟我的警告信號。如果我意識到自己不能再去思考其他事，只能想著

我們可以從現在開始改變自己過去的一部分。

驅逐這些回憶，我會暫停下來仔細觀察，通常這樣至少能讓我不再害怕這些回憶的重新出現。

○接近回憶，並繼續它的路徑

無論災難的規模如何，擺脫災難的過程都差不多。第一步得先知道尋求遺忘只是暫時的，首先必須簽署停戰協議，第二步是自願且平靜地與回憶和解。最後一個步驟，也可能是最重要的，是創建一個嶄新的回憶。

如果有一位佔據你房屋的人出現，你的第一個反應大概會是試著將他攆出大門。但想像一個不可能將他踢出門又「絕對」擅自佔有你房屋的人，回憶就是這麼回事。你也可以繼續嘗試讓他離開，不過大概是在白費大把的力氣和時間。你也可以嘗試永遠都不要在房屋內與他相會，那你大概會在壁櫥內度過人生。或者你也可以咒罵政府、社會機構或是警察單位，但這只會讓危害加深。如果你真的不能夠擺脫這位糟糕的人生旅伴，那麼再度讓你重拾人生滋味最好的方法，也許是邀請其他朋友共進晚餐，儘管這位糟糕的旅伴也會出席。不過就算他對你造成侵犯，也沒有任何東西能強迫你把生活推向死胡同。

從現在行動來治療過去

無論你怎麼努力，都不能改變你過去的回憶，也沒辦法要它噤聲。所有你嘗試刪除過去回憶的努力和時間，都阻止你過上幸福的生活，甚至阻止你活著。重回人生軌道的唯一途徑就是創造新的記憶，不讓舊回憶獨佔所有位置。我們不能改變過去，也不能改變過去在我們身上留下的痕跡，但是我們可以從現在開始改變自己過去的一部分。試圖消弭過去帶來的問題，同一時間，我們也讓某些事不可能重新來過的這個訊息回到腦海中，我們所擁有的過去，讓我們不可能離開我們所處在的當下。但是，重新開始生活與向前邁進永遠可能。如果你遇到了困難的事件，即使你討厭它們，即使你希望永遠都不要遇見，這些事件對你來說仍然很重要。最重要的那些事同樣也是那些改變我們的，不一定都是我們所喜愛的。

再回到房屋侵佔者的例子，時間久了，也許你就會和平地為他蓋上一條被子，而不是簽署停戰協定。對我來說，我已經能夠繼續維持和法布里斯、史蒂芬以及其他人的記憶：我專程花上一段時間來完整地想念，不再自我防備，我讓自己能夠深入細節去想念每一個快樂與悲傷的時刻，即便有時候被悲傷佔領。我注意著不讓自己掉入關於存在與過去的巨大哲學思辨，這些分析不具有太大的意義，僅只是讓位給這些我存在的化身，當完成朝貢的時候，我又能感到平靜與安詳，準備好繼續我的道路，創造新的回憶。

這些年，當我重新見到那些如此後悔的學校生活時，我總是不斷詢問自己：為什麼那時候我就沒發現一切是美好的呢？隨之而來的是另一個略帶憂心的質問：萬一現在我的生活是如此的幸福而我卻不自知呢？難道總要等到事件過去之後，才能察覺到美好的滋味？或者我現在，在這個當下就該把握……

也許是時候給自己買一個新的活頁夾了……

更多資訊請參閱第 478 頁。

發展人際關係

倘若人生只能獨身一人，我們為什麼要變得更好呢？

建構並且滋養著我們的，是我們與他人之間的關係。這些關係有時候是救贖，有時候也是傷害。幸好總有一些可以指點方向的參考手冊，不必一定得遵守，但至少可以保持關心……

3

CHAPTER

14

揭露自我：學習自我剖析

布魯諾・寇茲
(Bruno Koelz)

「人們透過表現來區分彼此，藉由隱藏而互為相似。」——保羅・瓦勒里

曾經有一段時間，我在辦公室的等候室放了一個數位相框，讓病患可以觀賞循環播放的舊大門相片。這些相片是我多年來的珍藏，我很樂於與人分享。在照片和照片之間我安插了一些短語、箴言或詩句，邀請觀賞者反思或是分享情感。

拼寫不是我的強項

病患經常提供我一些回饋，告訴我他們喜歡這些照片，以及一則又一則觸動他們的箴言。有些人做了筆記，有些人甚至告訴我，下次他們會提早抵達，好有時間去細細研讀這些照片以及短語。很多時候病患會告訴我：「這真的很讚！只是我注意到一些拼寫錯誤。」又或者是：「我超級喜歡你放在等候室的那些照片！但不知道你有沒有注意到，其中有一些拼寫錯誤。」

以前的我

這要是在幾年前，我可能會結結巴巴地解釋：「喔不！這真的很無聊，我實在沒什麼時間仔細閱讀。」或者是：「我寫得太快了，沒時間再好好閱讀一次。」當我這麼做的時候，很顯然地我的行為和每天給予病患的建議：要感謝別人的讚美、接受建設性的批評、避免非必要的證明自己、無需羞恥地承認自己的錯誤……並不一致。

而今，我則是會誠心誠意地利用這個機會來給予建議！

我所做出的改變

首先，由於九九％的評論都是讚美，我為之感謝。我會表達我有多感動，我不需要掩飾自己製作幻燈片的心血，我的表達像是：「謝謝你！你的喜歡讓我非常高興，尤其是我花了很長時間才製作出來的！我很想知道這個成果帶給別人的感覺。」接著，必須得回覆拼寫錯誤的部分，而我也必須了解自己的一項弱點：「我很謝謝你提醒我拼寫錯誤，你不是第一位提醒我的人！你知道嗎，這就是我一個很大的問題。明明可以再讀一次的，可是我總是潦草的讓這件事過去。坦白說，我永遠都處理不好拼寫的問題。」根據每個提供我建議的發言者，我也藉機投以一個眼神，並講述一個與完美主義有關的話題作為回報（一個經常被諮商的話題）：「而且你知道嗎，早在很久之前我就放棄成為完美主義者了，那實在是太累！」或者是：「不知道你之前有沒有看過，不過其中一個我最喜歡的箴言，是米歇・歐迪亞（Michel Audiard）說的：『快樂是有裂縫的，如此陽光才能穿透。』我們都有自己的缺陷和弱點，而完美主義讓你把重點都放在某個缺陷上了。好吧，現在我懇請你能夠把這些拼寫錯誤都羅列在一張紙上，我也會盡力去做修正不再拖延……」

拼寫錯誤很多時候是一件很痛苦的事，許多病患向我表明他們不太敢書寫，只有每逢假期寄送明信片時才書寫。有些人還會故意寫得讓字變形，或是加上塗改來擺脫拼寫上的疑慮。還有一些人抗拒在會議席間抄寫筆記，以防被鄰人發現他們的文字缺漏。如果在不得已的情況下，他們會使用鉛筆在紙上把字寫得超級小，確保從遠處看來難以辨認字跡。對這些人來說，主持一場會議並且在黑板上書寫，即使僅僅幾個字，也是一件超可怕的事，他們願意付出一切代價來避免這個情況。

為了不讓自己和他們面對同樣的痛苦，也為了證明書寫出現錯誤並沒什麼關係，我胡亂翻閱其他文件並隨意抽取其中一張，提議讓他檢視是否有拼寫錯誤……，通常用不著花多少功夫就能有可觀的收穫。

我也會臉紅！

就像其他人一樣，我也會臉紅！我的病患，特別是那些關心自己臉紅情況的病患，對這一點難以置信。身為一位人們尋求協助的治療師，卻沒辦法解決自己臉紅的問題？當然可以呀！我已經解決了這個問題，但我仍然會臉紅，不過我能接受！這比起不惜任何代價都要阻止臉紅發生來的更容易。（況且企圖阻止臉紅發生是讓臉紅更加猛烈，而且還會令人不愉快的方式發生。）

隨著自己意志而臉紅的小技巧

既然我無法阻止自己不臉紅，我便出於意志地讓自己臉紅！關於這件事，我來說一件發生在我身上的小災難：事情發生在幾年前，有一次我和同事在開會，對面坐著一位美麗動人的小姐，我直視著她的眼睛。我本來應該要說的是：「我們應該要來點嘗試(tentative)……，」但我口誤了！我聽見自己從口中說出的是：「我們應該要來點誘惑(tentation)……。」此話一出，同事們立即望向我，爆出一陣哄堂大笑。我漲紅了臉，而那位坐我對面的年輕小姐也是……甚至比我更加通紅。就算我覺得這非常滑稽，但直至今日，光是說到這件事，也足夠讓我再度臉紅。不過這倒是取悅了我的病患。很顯然地，為了達到這個效果，我必須透徹理解自己的信念，並且重新檢討臉紅帶給我的負面想法。

臉紅並不一定是顯露脆弱和錯誤，也不會導致否定或蔑視。臉紅單純只是人性化的表徵，會臉紅的人能讓我覺得更有好感……。只是改變自己看待事件的方法，確實是一個不可或缺的步驟，但仍然不足以克服困難。在此同時，也必須學習如何適應自己心中的不適，展現真實的自己而非加以掩藏，用表達自己的混亂和不安來取代隱藏情緒。

最近，我向一位習慣性否定所有讚美的病患，提議做一項自信練習，讓她感謝她的丈夫對她身體的讚美。我向她說道：「我來扮演你丈夫的角色，讓妳來執行我們的任務。」她帶著一個惡作劇的微笑看著我，對我說：「當然！不過我是不會脫掉自己的衣服的。」突然間我意識到自己剛才的話語裡潛在著模稜兩可的語意，臉頰感到一陣溫熱。我稍微覺得不自在，但在經過自我觀察和揭露之後，不自在的感覺很快地消散而去，「哎呀！」我說：「我覺得妳知道怎麼樣讓我臉紅。」

○完美主義讓我感到焦慮

前一段時間，我受請託為同事進行一個關於「認知行為療法」的簡報。我為自己受到他人的冀望，以及我核心關注的主題也獲得關注，而短暫欣喜了一陣之後，突然間，我才意識到自己沒有辦法只用一個小時來好好處理這個主題。

我要怎麼在一個小時內深入講解這個廣大的主題呢？這對我來說像是不可能的任務，欣喜之後緊接而來的就是焦慮，以及各種消極和不愉快的想法和情緒。我想要完美掌握他人託付給我的工作……簡單來說就是成為超人！是的，作為一名治療師，我們也是會被這種嚴苛的包袱困住，就像每天工作遇見的病患一樣，我們都面對著同樣的問題。

在意識到嚴苛的包袱，正禁止自己露出任何輕微的脆弱之後，我決定回到最基礎的層次，花了點時間檢視讓自己失去穩定情緒和想法的細節，進行我們所謂的「認知重組」。

相較於被情緒侵蝕，或更糟糕地逃避這些情緒，我把這些情緒視為警告信號，迫使我檢視可能滋生這些情緒的想法。很快地，我便能夠辨認出困擾我的思緒：「你不可能成功的，你不可能全都講完……」，發現這些在耳邊出現的小聲音之後，我更能夠條理分明的對這些問題產生質疑，逐步發展出我們所說的替代性思考。

替代性思考不只是更換新的想法而已，而必須是一個完全不同於那個與自動讓你產生壓力的想法。透過這個自我對話的過程，進而對該情況重新組織新的想法——更為實際而且使我平靜的想法。但是，我們可不能就在這條康莊大道上歇著，在想法之後必須採取行動！這個例子以及這些小努力，正是我可以用來向同事解釋何為「認知行為療法」的最佳入門案例。就這麼決定了！我要向同事坦承他們參與的這場簡報的內幕，我不要把自己表現得像個超人，而是一位謙卑地，為了克服這項簡報的挑戰而輾轉難眠的同事。我要開誠布公地揭露我的懷疑、緊張和焦慮，再說明我是如何克服，做出這份他們正在聆聽的簡報內容。就用這個方式直接地把「認知行為療法」傳達給他們！

下列是我用來進行認知重組工作和我提供給同事們的表格。情緒百分比指的是我感受到這些情緒的強度，自動聯想百分比則是我相信這些想法可靠的程度指數：

情景	情緒百分比	自動聯想百分比
我重新思考了「認知行為療法」的演講，並且發現演講只有至多一個小時，必須在晚餐之前完成。	緊張60% 焦慮50% 疲憊30% 沮喪80%	・我不可能完整說明。（100%） ・我做不到。（70%） ・一小時並不夠。（100%） ・一小時什麼都做不了。（90%） ・演講將會流於形式。（80%）
重新評估思考後		
替代性思考	情緒百分比	自動聯想百分比

沒有人說必須要完整說明清楚！而且你真的相信同事們想要（並且能夠）在一個小時之內吸收完嗎？ ❶一小時之內不能說明所有，但是傳達若干訊息卻是可行的。比起想要在一個小時之內總結「行為與認知療法」，你可以只專注在你想要傳達的訊息上。 ❷如果可以向同事具體說明你對病患所採取的方法，就非常不錯了！ ❸如果你可以回覆某些問題，並且激起大家的好奇心，永遠都還會有時間深入探討這項主題，況且假若會議超時十分鐘，也不會是一場悲劇！	緊張10％ 焦慮0％ 疲憊0％ 沮喪20％	我不可能完整說明。（0％） 我做不到。（0％） 一小時並不夠。（30％） 一小時什麼都做不了。（0％） 演講將會流於形式。（30％）

簡單卻不容易

在揭露自己的一些缺點、懷疑和脆弱，並同時描述這三項情景之後，一時之間，認知被過度的樂觀和衝動蒙蔽了，我以為這項行動變得比較容易了。

但是這麼說並不完全正確，也沒那麼誠實。以現實來說，是的，自我揭露確實已經變成更簡單的操作，簡單非常多。而簡單是因為隨著時間和經驗，我發展出了一套訣竅，讓我能夠更加自在。簡單也是因為進行的方法本身確實並不複雜。但是容易就完全不是正確的詞彙了，因為我時常必須認真地做出一些努力，才能讓自己不重回舊時的反應思路。

出於天性的追求……

我必須承認，有時在面對嶄新的情況或是驚喜時，我發現自己其實妄想能夠在我認為是缺陷或是脆弱的黑暗中躲藏著。而且我發現這所謂的缺陷和脆弱，皆是帶著善意並且合乎人性的，我很慶幸發現自己想要掩藏起來的企圖，也因此決定繼續與我的心智搏鬥。

事實上，這就是一個必須規律練習的鍛鍊。即便每一日的我們都不會是相同的樣貌，但每一日的鍛鍊依然會為我們帶來好處。

我們將更詳細討論這個日常鍛鍊能帶來的好處。

○剛開始就是一場失敗！

在被問起與職業生涯有關的問題時，我時常感到尷尬，要怎麼面對這些明確的問句呢？「你對你的工作一直充滿熱情嗎？」、「你的實習結束之後呢……？」如果你還沒結束實習，又不總是對自己的工作充滿熱情，那可真是無言以對！更不用說，當談話對象認為你卓越地實踐了自己的志願時，要指出這個錯誤觀點簡直難如登天。

說實話，為了不要說出我的傷痛，我設計了複雜的說辭，但複雜的說辭卻又更加深化了我的混亂。如今事情變得簡單多了，我不再把自己丟向永無止盡的解釋，而是陳述我的經驗：「不是的，事實上我還沒有通過實習，對這份工作也並不總是充滿熱情。事實上我有興趣的是『產科學[25]』。對我來說，醫學要不是產科學，就什麼也不是。但在四年的訓練之後我失敗了，以至於產科學不能作為我的專業。」我放棄所有能解釋這場失敗的藉口，並且承認：「對我來說，關鍵就在於我變成為了成績焦慮的俘虜，讓我付出我的考試甚至是文憑作為代價。那段時間我過得很糟，經歷了一段憂鬱期。有很長一段時間，我甚至不想聽到關於疾病或藥物的消息，這就是為什麼我曾在製藥行業工作的原因。」

現在我能夠誠摯地說：「放心吧！如今我對於自己正在做的工作充滿熱情，但這並非一蹴可及，為此我吃了一些苦頭。花了一些時間才明白自己有多想念和病人之間的關係聯繫；花了一些時間重返學校，並且在另一個新的醫療方法中培訓自己；花了一些時間擺脫成績的焦慮，重拾自信心，什麼都需要一些時間……，但是如今，我想這些傷疤都不會是徒然的，將會對我作為醫生這個職業和治療的工作有幫助。」

譯注25 產科學是一門研究女性妊娠期、分娩期及產褥期全過程，並對該過程中所發生的孕產婦及胎兒、新生兒的生理、病理改變進行診斷、處理的臨床醫學學科，是一門協助新生命誕生的臨床醫學學科。

向自己和他人自我揭露需要一些時間。

○練習自我揭露的四個好理由

練習自我揭露可能帶來諸多益處：擺脫恐懼、提升自尊心與自信心、更了解自己、編織更真誠的情感連結、培養同理心……等，練習自我揭露的好處清單可以多得看不見盡頭，而我建議你探索其中這四種方法的原因，並不是因為它們是最重要的，而僅僅是因為這四種是我自己每天都用得上的方法，它們幫助我在人生中繼續前進。

終結雙重痛苦！

我們能夠安排的所有路徑、所有我們能夠遮掩、隱藏、掩飾脆弱或失敗的方法，全都令人筋疲力竭。更糟糕的是，由於脆弱所造成的不滿，以及面對失敗時的痛苦，都在加重自己的負擔，證實並且豢養那些我們已經要面對的負面想法。我們成了這個荒謬邏輯的階下囚：「因為是不可告人的，所以我覺得有必要掩瞞，而且既然是不可告人的，那就需要加倍的努力來隱瞞……。」

不過你將會發現，自從我公開承認我的拼寫困難之後，我便走進這個邏輯：「我不再掩藏我的困難，況且既然這個困難是可以公諸於世的，那這就不是很嚴重的問題了！既然不是很嚴重，那麼我努力地掩藏它就是個錯誤，因此我要繼續揭露自己……」

為了我的福祉著想，我顛倒了思考的邏輯。

接受不完美

不能透露我們的弱點和失敗，事實上是完美主義中一種特別危險的形式。除了我們認為正向的部分，我們皆不願意展露其他的話，我們有可能不再透露自己的任何蛛絲馬跡，「洩露這個缺點太冒險了，萬一……」，就像塔爾．班夏哈（Tal Ben Shahar）在他傑出的著作《九十九分：快樂就在不完美的路上（L'Apprentissage de l'imperfection）》所指出的，「一個假裝自己沒有真實感受到自信與自尊的意志」是惡化自我形象的強力因素。這位在哈佛擔任教授的作家，更是希望他的學生們能夠經常失敗！對他來說，這意味著「他們嘗試了某些事，承擔風險並面對挑戰。」同時他也發展出一套想法：「如果我們不學習失敗，我們的學習就會失敗。」若是我們總是藏匿失敗，又該如何從失敗之中學習呢？

進步與漸入佳境

很多時候，我的病患會抗拒「接受自己的缺陷和失敗是一件好事」的想法，他們擔心這個想法是一道開啟平庸人生的大門。不過要是正好相反呢？要是揭露自己的脆弱能幫助我們進步呢？回到拼寫錯誤、臉紅和完美主義的例子，我並沒有放棄精進拼寫能力，事實正好相反，這項缺陷幾乎成為了我身邊的傳奇故事。我經常受到幫助！會議進行的時候，假如我在白板上做記錄，我不會左閃右避或是尋找替代的詞彙，而是不假思索開口：「請幫幫我，『尤其』的拼寫只有一個m還是兩個？」最近還有一位同事很客氣地向我說明「噩夢」的拼法並沒有d這個字母。我花了將近五十年的時間來學習正確地書寫「噩夢」，不過這並沒有困擾我，我反而很高興自己進步了！

在臉頰又要開始發燙的時候，透過不斷表達我的感受，而不是遮遮掩掩的隱藏，不僅讓我能與臉紅更和平相處，也讓我很有自信地發展出一套技巧來展現自己。然後不意外地，我也越來越少臉紅了！

在我給同事們進行的簡報內容中，我提及在準備過程中感受到的「壓力」，並不是一個將簡報內容打折的藉口，反之，這是一個向他們表明我的尊重與理解的表現。透過這項議題的心得交換，我匯集到許多不同且真摯的見解，且放心地知道自己並不孤單。更別說我們怎麼能錯過交換那些幫助我們進步的技巧和竅門的機會。

練習談論你的才能和成功

學會談論自己的缺陷和失敗，才能開啟意想不到的大門。學著更自在地坦白，特別是在談論自己的才能和成功之時更為自在，不去擔心這可能會連帶濺起另外一個缺點或是被掩藏住的失敗。

我可以和你們談論我對於騎馬的熱情，而不擔心那些關於光榮榜或是賽馬英勇事蹟的提問。我不再去擔心這些問題了，才能夠更加暢快。因為我深信恐懼干擾了我的興致。我也可以和你們談論我對於木材的熱情，最近的一件作品是一幢圖書館，我承認這讓我相當自豪，講述的時候我不用擔心帶著一種自欺欺人的感覺，或是我在「炫耀」或者「吹噓」。在沒有惡毒評論的情況下，我只是單純分享完成這項工程的樂趣。

○五個進行自我揭露的建議

❶事前準備。

我們可以從標記出想要避免揭露、或者可能對我們不利的情況開始。事實上，標記出可能對我們不利的情況是很重要的，因為我們不能對任何人都無時無刻地坦白，而是只有在特定情況下，在可以給予我們協助的人面前才能自我揭露。一旦情況確定之後，檢視那些阻礙自我揭露的想法並發展出替代的想法，有助於我們鬆開自己的設限並且展開行動。

❷展開行動。

心理準備是一項不可或缺的步驟，但還不夠。必須在實際練習中學習。

❸簡單化、逐步且規律地進行。

這並不是要求建功立業，而是與學習及獲得自信有關。為此，也許可以從我們最能負擔起的情況，以及從我們的親信，或相反地從素未謀面的陌生人開始著手。先熟悉情況後，再漸漸調整發言內容。一開始就把自己扔進複雜冗長的句子裡是沒用的，我們可能只會變得混亂。我們可以就滿足於一個簡單的句子，像是「我感到困擾」、「這個主題讓我感到不舒服」、「我有點慌亂……」，隨著時間的推移，我們將會明白：

- 首先，我們太常把一些簡單的詞彙變得複雜。
- 其次，我們可以發展一套「俄羅斯娃娃」的技巧，從陳述一些簡單的字彙開始，進而繼續某些細節或差異，而是接著下去連續性的層次。這是一個很棒的方法，避免陷入混亂的演說之中，逐漸學習如何發展更豐富與精煉的談話。

❹不要自我貶低。

自我揭露並不是自我輕視或是自我貶低，更不是為從未犯下的過錯道歉，「我很抱歉，我在發抖，我臉紅了、結結巴巴的，我……反正這都一樣，我就是爛透了。」這不是揭露而是在凌遲自己！要是這些就是我們所能想到的，那麼要不我們可能再也不想坦承自己了，要不我們可能還是這麼做，只是比沒做來得更糟。再一次聲明，「我結結巴巴的，只是我很感動。」就可以很大程度地讓整件事開始。

❺感到滿意並堅持下去。

這不是一件要做得完美的事，甚至也不是要做得好，而只是學習。每一次當我們又拋棄了一項壞習慣時，別開始自我評論，也別開始質疑自己是否做得正確，就只要慶祝自己做到了。我們永遠都有時間去檢視還有什麼可以進步的地方……就留待下一次囉。

更多資訊請參閱第 478 頁。

15

「不」的戰爭：父母與孩子間的權威

吉賽樂・喬治
(Gisèle George)

孩子的反抗是一個令人苦惱的現象，帶給父母對自己或是對教育方式負面的印象。那些說「不」的孩童或是青少年，通常被認為是「訓練」失敗的成果、衰頹的社會系統或是過於自戀的「自我」。但更糟的是，他們被認為有一位在父母權威上無能為力的母親或是父親。

怎麼樣才能夠避免孩子的反抗呢？該怎麼做，或是無所作為？該怎麼說，還是不說？該怎麼思考，或乾脆不思考？應該要帶他們去看精神科醫師嗎？他們會同意去嗎？自從他們出生以後，父母的生活價值就取決於他們每一日的幸福。面對這些忘恩負義的反抗者，要怎麼遏止這種極為混亂與不正義的情緒呢？繼盧梭、佛洛伊德、五月風暴、多爾多[26]、超級褓母[27]，以及喬治醫生之後，究竟該效仿誰，或是什麼樣的權威，才能遏止這一系列讓父母糟心之餘，更危及「抗暴者」們情感安全的衝突呢？

○蒂博以及我所遇見的第一個「不」

我記得我的第一個病患，是五歲蒂博的媽媽。我坐在皮革扶手椅上，帶著富足的學術知識和略微詫異的情緒聆聽她的陳述：「醫生，你聽聽我的問題。每天早上我都沒有辦法為蒂博穿上衣服。我是個單親媽媽，蒂博的爸爸在得知我懷孕時就拋棄了我們。蒂博每天早上都不想離開我，因為他正處在『戀母情結』的階段，在家裡扮演『小男人』的角色。我完全理解，我自己也在做心理治療，而且我幾乎讀遍了所有和孩童心理學相關的書籍。我已經夠寬容、夠能溝通的了，況且在我工作之外所剩無幾的時間都貢獻在這件事上面了。

譯注26 Françoise Dolto，法國著名兒科醫生、兒童教育家及兒童精神分析師。

譯注27 Super Nanny，由法國電視六台於二〇〇四年二月至二〇一〇年一月之間播映的真人實境節目。由被稱為超級褓姆的教育家 Sylvie Jenaly 擔任主持人，幫助在兒童教育方面遇到困難的父母。

可是每一天早上，我都必須非常強硬地才能在八點半把他放到學校，冒著被開除的風險遲進辦公室。我好說歹說和他解釋，但他就是不能理解，我必須要追著他跑遍整個小公寓來為他穿上衣服。有時候我真的失去耐心，我也不隱滿你，確實有時候我會打他屁股，這可能是唯一可以讓他理解的方法。一旦他被我逮住、放棄掙扎了，總是不停地哭泣，這又讓我充滿罪惡感，不知道怎麼向他道歉。

我知道我必須放下我的威權，我不該這麼做的，這只會讓情況變得惡化。但我每天早上都非常焦躁，非常害怕這個每天發生的衝突。我為我們未來的關係感到害怕，而且我告訴自己現在就已經這樣了，當他成為青少年的時候將會更難以忍受。你知道嗎，獨立扶養孩子真的很不容易，偶爾在瀕臨極限的時候，我會覺得是孩子毀了我的人生，覺得他根本不愛我，甚至突然發覺自己討厭他。事實上我可以大聲地說並不是他的個性困擾我，而是這個說『不』的爭執讓我變得這麼不快樂！」

社會對於「不」的評斷

我聽到你們的心聲了，親愛的讀者：「就這麼一點小事，竟然這麼誇張和情緒化！」話說回來，有些人可能會說蒂博缺乏威權管教、固執頑強、桀驁不馴、詭計多端、令人厭惡、行為偏差、沒出息，或是遲早被抓入監獄的頑童……，也有些關於他母親的流言蜚語傳起來，說是在他們那個年代，他們知道怎麼管教這種小孩，可惜現在不再有體罰（而有些小孩也應該受到法律懲罰）；而且如果有了孩子就不應該再工作，這個她早該想到；她一定和其他男人有什麼不正常的關係，特別是和她的父親……然後我再用社會學的、基因的、生物的或遺傳的假設來告訴你，缺陷如何傳遞給這個可憐的小天使，當他還在這個無能與支離破碎的新家庭組成，還在我們所謂失格父母親的那位母親肚子裡時，就已經受到精神折磨。

剝離父母關係的「不」

讓我來告訴你我的想法如何？我其實也是這麼覺得的。我非常不高興這位女士竟敢來麻煩我，我可是要成為孩童及青少年精神病學的專家、診所的主任……（如果今天她又看到我且認出我來，我謙虛地向她表示歉意！）只是我既沒有回答也沒有帶給這位母親任何協助，她完全是正確的。如果她和她兒子在心理層面上都沒有問題，那麼毋庸置疑地，他們情感上的溝通是因為這些衝突而活受罪。

憎恨、罪惡和痛苦暗地裡撕開他們之間依戀的關係，於此，我知道許多病理學上精神疾病的起源，被定義為是這項依戀關係出現裂縫的結果。無論是生物學者、遺傳學者、分析心理學者、認知學者或行為心理學者的流派或是教條，都同意孩子們是從安全的依戀關係中發展人格特質、建構自我，思考他們所處的環境，從而面對自己的存在，以及將自己投射於未來的。有些人可能依然覺得出於某種了不起的本能，母親可以在各種情境之下理解並且知道如何適應孩子。但現在我們知道，傳遞這類「被本體論所限制的愛」的神經傳導媒介，很快就會被夥伴關係取代，並且在母親與孩童的單一關係之間做出選擇。

既然蒂博和母親之間的關係已經有了傷口，蒂博無法再告訴母親關於他童年的第一份恐懼：分離、社會化、學習、表現、缺乏陽剛氣概……，母親也找不到話語安慰蒂博來告訴他要保有信心，相信自己可以克服所有恐懼，而她將會從旁協助他，因為她愛他。由於不堪負荷的情緒和情感，孩子和媽媽不再交談。然後，他們盡可能地為了一個希望互相解釋、互相理解的虛構目的而了演一場戲；卻因為無法在對方和藹的目光中找到自己、感覺到自己、個別化自己，最終加深了自己的怨懟與辛酸。

當精神科醫師面對「不」

作為精神科醫師的角色，首要任務是不能批判、也不能隨意參照指示，而是帶著仁慈和同理心治療痛苦。理解是所有治療的基礎，事實上這項工作已經完成。蒂博和母親之間的對話是存在的，但每日早晨的衝突依然持續發生。對於傾聽兒子這件事，母親逐漸失去耐心，而蒂博為了吸引她的注意則變得越來越挑釁。他們都對尋求溝通感到失望，以致於讓彼此感到痛苦。我的專業思考、閱讀、訣竅和技巧以及我的經驗，都不足以幫助我去阻止這場每日早晨的惡性循環，這場一點一滴割裂母子關係的「不」的戰爭。

結論顯而易見了，必須中斷每日早晨的情緒風暴！畢竟每個人都得帶著輕盈的一顆心來面對整日的行程，只是心平氣和的談話似乎起不了作用，因此我轉而向心理行為的教科書求助，好幫助我儘快為這場阻礙所有和平溝通形式介入的戰爭劃下句點。此時，史金納（Burrhus Frederic Skinner）和瑪格瑞特（G. Magerotte）的理論向我解釋了反抗行為的原因。

理解是所有療法的基礎。

理論家的光芒

這場戰役中的兩位主角，共同分享著一種分離的焦慮而感到劍拔弩張，透過生氣的方式遏止焦慮。根據瑪格瑞特的理論，一個強烈的情感可以阻止另一個情感的支配，因此母親和兒子，幾乎是出於本能地用生氣來保護自己免受焦慮之苦。此外，蒂博用博取母親注意力的方式，逃離他的日常生活以及那些排山倒海的壓力。根據史金納的理論，這個正面的結果鞏固了他的態度並且持續下去。而在瑪格瑞特和史金納研究成果的基礎上，巴克利博士（Dr. Russell A. Barkley）研擬出一套便於日常使用的技巧，能夠快速消除阻礙心理治療作業進入的行為屏障。

感謝這些作者，我們才能和蒂博母子共同發展出一套能讓蒂博放棄他的反抗舉止，並進行另一套能更好緩解個人焦慮且更有效率的遊戲。經過了幾日規律的遊戲之後，早晨終於再度回歸平靜，母親和孩子選擇給予彼此一個晚上的時間，共同討論各自過去和未來的活動，以往的治療工作再度讓他們能夠交換心得與相互理解。遊戲也不再有存在的必要，逐步退隱江湖。

如何處理「不」的症狀

這個經驗在我的心理治療歷程中留下深刻印記。過去我習慣於不去處理「症狀」的問題，但現在我了解到，首先必須評估症狀的作用、對於日常家庭生活的影響，以及在忽視症狀之前，它會妨礙到任何醫療支援的可能性，否則心理治療的流程將被阻斷。

我知道許多治療師會責備我接受並為這樣的說法背書，「什麼！你竟然相信阻止一個行為就足已讓它不再復發？你只是將它轉移到其他地方而已！行為心理學的操作就像是重量訓練，一旦身體的訓練停下來，肌肉就消失得無影無蹤……」

這些說辭讓我大感詫異，甚至聽起來像是選擇認知行為療法，就是野蠻的反猶太主義的體現。順便提一下，我的祖父母在戰爭期間為了躲避反猶騷亂，必須藏身墳墓裡。不是的！我當然不是個叛徒，拒絕任何形式的心理治療也絕非我本意。我從我的老師那裡學到，如果要進行一項內在潛質心理治療，必須為這項治療作業騰出足夠的心靈空間。

因此對我來說首要的任務，如果用同行的正確話術來說，是消除一個阻礙客觀推理思考的棘手症狀。我要說的是，蒂博和他的母親確實已經針對他們的困難接受病原學上的治療，但卻騰不出心靈空間來安置他們期待能帶來改變的治療方法，更何況他們的衝突並沒有任何暫時休兵的機會，來使他們用安全的方式締結情感連結。是的，有些人可能會問我，那我們怎麼知道問題是不是已經到了谷底，他們的堅持不過是無謂的抵抗呢？的確可能如此，但無論如何，我們又怎麼知道這不是在化解日常矛盾的過程中，雙方必然產生的焦慮呢？

○「不」：情感的保護者

我不是要批評任何療法，那些被擱置在法國國家衛生研究院（INSERM）的研究成果，早已顯示不同療法在不同疾病的效用。況且在我的醫學訓練、治療師身分以及作為母親的責任下，我尤其明白每一種類型的照護可以、也必須參照患者的邏輯、互補性、問題的進展、特別是獨特性以及患者和家庭、和自己、和他的未來觀點以及價值觀之間的關係。目前尚不存在任何已被研究出的治療過程，可以向你百分之百的保證能治癒任何病症。

你真的相信人腦完全沒有問題嗎？你真的相信只要好好開車，就能保證你不會發生任何意外事故？就像愛、憤怒與悲傷一樣，焦慮也是我們的一部分。難道非得進行腦科手術，才能確認自己不會有受到心理問題折磨的那一日？才能確認自己不會受到這個必然痛苦，卻又是如此人性化的情感所折磨？我更想知道並且也相信的是，對於一位病患來說，了解自己的事件根源會讓他過得更好。然而如果痛苦太劇烈，是不是能夠先降低痛苦程度？比起讓患者冒著風險逃離他認為會被另一個麻煩纏身的庇護所，卻其實是一個比較可以忍受的麻煩。這就是在蒂博和他母親例子上所採取的行動，溫和地將兩位導向真正的問題核心，使他們透過重新溝通和互相信任來共同克服困難。

來自父母的「不」

隨著多年的實踐操作，我放下了傲慢，就像我必須放下對父母道貌岸然地說教。若說和青少年的談話必須受到醫療保密的保護，考慮到他們的照護、需求以及幸福，我現在相信青少年的父母是最合適的談話對象。若沒有與父母建立良好的治療合作，便不能夠建立讓孩子們幸福的治療方法。他會發現自己處在治療與家庭的戰爭中，況且孩子偏好在親屬關係中重建關係也屬正常。

我已經自有一套辦法。我會在第一時間試著與父母建立一段合作關係。與其立即找出什麼該做、什麼不應該做，我更熱衷於讓父母找回他們的能力，那個為著孩子的福祉著想，讓他們鼓起勇氣、穿過大門來向我諮詢的能力。他們可能已經筋疲力竭、怒氣沖天、痛心疾首，或是變成失序的父母。來到這裡，他們都承認要成為「模範父母」絕非易事。但是，有沒有「模範孩子」呢？（那有「完美的治療師」嗎？）我更傾向於認為那是一段「家庭關係」，意思是特殊且卓越的連結，由「表現好」的孩童以及「表現好」的父母相互交織。

要從旁協助父母並且不讓他們感到內疚，意味著要使父母將自己視為賦予孩童獨立化的載體，這件事並不容易。得讓孩子明白好好和父母相處，就是善待自己與好好的建構自己。反過來說，再次以愛和同理心對待一個孩子，能讓父母又一次被成為父母的感覺所包圍。那些紛擾的症狀、挑釁，或是另人焦慮的、惹人生氣的、傷人的精神病理每每帶來受虐家庭的後果。這樣子的情緒挑起不友善和針鋒相對的言詞、內疚和無理取鬧，有系統地破壞團結起相關人士的連帶關係，讓他們陷入無助的深淵，只能訴諸於言語暴力甚至身體暴力。

家長們前來諮詢，多半是出自於對家庭糾紛的恐懼，或是受到其他孩童照護者的強力鼓吹，但學者們也正是在這樣的情況下對父母們進行評估，並且在面對他們激烈且矛盾的情緒下，總結出如果我們不將父母與孩子分開來，情況將會變得更糟的醫源性結果[28]。但是這些研究人員，他們在這些麻煩出現並且讓父母失常之前，對父母的情緒了解多少呢？藉這個機會我必須要說，若父母們不是因為會受到精神科醫師或是社會的批判，被認為應該要接受心理教育（但卻不是在心理產生罪惡感時該怎辦的指導）而害怕，那麼父母們可能會為了避免成為受虐家庭而面臨慢性痛苦與嚴重的成人疾病，更早尋求協助。

日常生活心理學中的「不」

感謝蒂博、他的媽媽，以及許許多多我與之相隨的叛逆孩子們的父母親，才讓我發現日常生活中存在一種心理學方式，下意識地被用在面對孩子成長過程中無法避免發生的衝突、恐懼和焦慮等。這個「心理學的小技巧」是最常被使用的治療方式，而

譯注28 醫源性結果，Iatrogenesis，iatrogenic artifact，又稱醫源病、醫源效應（iatrogenic effect），通常是指因醫療意見、醫療過程、藥物治療或是醫療器材，對病患造成的不良影響（如疾病或併發症），不一定是起源於醫療錯誤，可能是無意間所造成的。

若沒有與父母建立良好的治療合作……，便不能夠建立讓孩子們幸福的治療方法。

且我確定萬一有必要對這些方式進行評估，這絕對是最有效用的一種。現在我也很常將這套方法使用在我那天真的女兒身上。就像你們一樣，我的女兒時常在家裡挑起我的情緒，挑起一場我本不想挑起的衝突。你們一定聽過這個：「其他人的爸爸媽媽都比較好！」或者「我不喜歡妳，媽媽！」；而我們家的則是「這對妳的病人有用，但對我沒有」或是「妳都不懂！比起我，妳都比較關心妳的病人……」

我想和你們分享一個我已經用在蒂博的媽媽、我的女兒，以及一些其他患者身上的技巧。許多治療師如今都採用這個技巧，來消除那些混淆視聽的症狀。我想在這裡感謝他們，因為我知道他們和我一樣，在心理治療教育上有同樣的問題，而我們選擇相信父母親以及採用互補的技巧，儘管這些技巧在某些知識階層當中並不被廣為刊載。不過現在，這套技巧——點數遊戲，已經為人熟知且被廣泛使用，而我將在這裡公布近十年左右的父母親所採用的，這套遊戲為他們的日常生活帶來了適切且有效的改變。

將「不」轉變為「好」的集點遊戲

和你的孩子共同製作一份每週的表格，包含一系列必須被執行的指令。

	週一	週二	週三	週四	週五	週六	週日
起床後疊棉被							
下午五點到六點寫功課							
最多只重複三次請求							
晚上先整理好書包							
刷牙							
講電話的時間控制在十分鐘內							
其他							
總計							

使用說明

如果你的孩子尚未達識字年齡，可以使用繪製或黏貼圖像的方式，以表現你想要重視的行為。

❶當你的孩子實踐了每日守則。

❷在相對應的方框內記上一點（黏貼一張貼紙或是給與一個標記），並附以正面評價。

❸盡量表達你的開心。

❺當守則沒有被實踐時，不要發表任何評論，倘若可能的話讓方框保持空白。（然而為了避免作弊，可以用其他的顏色填充方框作為替代，但依舊不予以評論。）

❺讓孩子成為點數獵人。

當你的孩子做了一些與平常不同而讓你開心的事，你可以為此增加點數，比如，在課堂上取得好成績或主動幫忙等。找到所有你重視的情境或是行為，並在方框內盡可能地添加點數。

每週的總結

根據獲得的總額，你的孩子可以用點數交換在表格內（先前已經建立好）所想要的娛樂。切記，只能計算獲得的點數！若是給予未獲點數的空白方框任何的點數價值，也就是給予反抗行為一個點數價值，可能會因此強化反抗的行為，而不能減緩或消除它。

為了進行點數交換，你可以和孩子們事先準備好娛樂的表格（正面的強化因子）。

三種類型的強化因子

❶「物質性」強化因子：零食糕點、禮物等。

❷「活動」：去看電影、去遊樂園、看電視、玩電腦等。

這兩種類型的強化因子，對於讓孩子明白實踐指令表格之後所能獲得的獎勵有直接的效果，但其效果是短暫的。是個小騙局！

❸「社會性的」強化因子：祝賀、微笑、親吻等。

最後一種，也是不同於前兩者的滿足形式，在每次你填上點數的時候都要表現出來，是最重要的一種強化因子，也是對長期而言最有效的。物質上的獎勵能夠立竿見影，但你所表現出來的愉悅能夠幫助延長與維持孩子們的努力。不要吝於讚美你的孩子，你便能夠至少激起輕微孩子們改變行為的企圖。

使用或加強讚美

若談論到學習階段中的心理學，我們能看見正面強化的重要性。孩子選定了一種反應模式後觀察周遭他人的結果進行反應：若結果是正面的，孩子便傾向重複他的行為。許多研究成果顯示，獲得分數或是獎勵並非最有效率的教育方式，最有效的是那些你在指令表格上所填寫的正面評價（讚美）。這個我們稱之為「讚美」的社會性強化因子至關重要，要盡可能地多加使用，而不只是在點數遊戲當中，它們的好處不勝枚舉。以下是幾個要點：

❶大人和孩童都滿足於一個共同的需求

大家都喜歡讚美，透過能被聽見的方式來展現你的滿意與愉快、你對孩子們的珍視，以及你向孩子確認了他們的才能。你認為孩子們知道你經常很高興，但在溝通方面，能讓孩子們「聽見」是相當重要的。

❷表現出你看見了孩子們的努力與進步

你鼓勵他們繼續下去（正面的結果）。

❸製造歡愉，改善你們的關係

你越和孩子談論他們的好表現，你的成果會越優異。清楚地陳述，並以正面的方式表達你的喜悅。比起責備孩子沒有收拾餐桌，稱讚他們收拾了餐桌是更為有效的方式。

❹ 幫助孩子更明白你的要求及感受

你越能說明你的意願，越能表達你的情緒，你的談話對象就越能知道他在和誰打交道，該怎麼做才能讓你滿意。

❺ 鼓勵溝通

我們再三強調，反對與對抗絕對是溝通最大的麻煩。對周遭的人發出似是而非，且經常是難以理解的反對言論，往往會阻斷溝通並且陷入無法實際解決問題的爭執中。在改善人與人之間的交流上，你所流露、展現給孩子們的語言使用方式，比起對抗更有效。

❻ 減少批評

如果你經常將喜歡的事掛在嘴邊，那麼你就是在暗示於此相反的事情讓你不太滿意，也就是說你的批評可信度更高、更能夠被接受了。

一些小建議

- 使用第一人稱「我」，並且加上情緒。

大聲說出你的感受，並且表現出你的愉悅、增強指示。也嘗試更改過於中性的陳述句，並且衡量你的句子所帶來的新影響。

「不錯唷！」變成「我很高興！」

「你的功課寫得很好。」變成「我為你的功課感到驕傲！」

「你的房間收得很乾淨。」變成「我真的非常高興，你把房間收得乾乾淨淨！」

- 永遠都要保持真誠。

這並不是透過奉承孩子的方式來操控他們以達到你的目的。此外，只能說出你的真正感受，你感受到的時刻以及你是如何感受的。這同時也讓你變得更值得信任，從而提升你的人際關係。

獎勵的時刻

製作一張孩子「所有」日常娛樂的清單，我堅持一定要是「所有」。根據你的教育原則來填上他們可以獲得的點數。

日常生活的娛樂活動清單

決定進行每項遊戲、電視、電腦、PS、DS、手機或其他電子產品等所需要的點數。你可以隨意制定點數價目表，例如讓點數和可遊戲的分鐘一致，完全憑你的選擇以及你的教育原則。比方說，我敢打賭，完成學校作業前觀看電視所要花費的點數，絕對比完成學校作業之後觀看電視所需要的點數來得更多。

在孩子們其他喜愛的活動上也使用相同的方法，除此之外，每一次他們向你提出要求，都不要拒絕，把新的要求加在娛樂清單上，並給予對應的點數值。

注意：如果他們所提出的要求完全違反你的教育原則，你可以自由地拒絕這項要求，但是必須解釋你的立場。或是如果你真的不想同意這項要求，就給予它一個非常高的點數值。

日常生活的消費清單

使用同樣的娛樂原則：早餐的奶油麵包、薯條（比起蔬菜）、糖果、麵包店的巧克力麵包……，你也可以用零用錢來替換點數積分，或是訂閱娛樂雜誌等。

禮物清單

你也可以同意以禮物的形式作為獎勵，但這一項必須是非常昂貴，並且要求孩子必須節約點數的使用才可以獲得。

0到100點	100到200點	200到300點
看電視一小時	在完成作業前看電視	新的任天堂遊戲
玩電腦一小時	衣服	
自由玩樂而不用擺設餐具	迪卡儂的運動鞋	品牌運動鞋
邀請一位朋友到家中吃早餐	邀請一位朋友到家中過夜	邀請兩位朋友到家中過夜
糖果	去看電影	
餅乾或是Nutella零食	製作蛋糕	

可以稍等十分鐘再進行交辦事項		
電話額度	電話額度	電話額度
零用錢		

和家中孩子的所有兄弟姊妹共同使用這套點數遊戲的規則，避免對於「問題孩童」的羞辱，同時也調解了電腦和電視在使用上的紛爭。

週間任務

- 為下個星期編排新選取的娛樂以及交換的點數值。這個計畫對於那些過度亢奮而很難接受需求延期的孩子特別重要。
- 每一週與孩子們商議新的表格。
- 讓事情逐步地來，提升要求的質與量。因此，如果你希望得到的是定期收拾房間的成效，但孩子們卻從不收拾，最好從第一週先要求整理床鋪開始，接著下一週要求整理床鋪與書桌。

	週一	週二	週三	週四	週五	週六	週日
起床後疊棉被							
下午五點到六點寫功課							
最多只重複三次請求							
晚上先整理好書包							
刷牙							
說電話時間控制在十分鐘內							
其他							
總計							

如果你注意到某個專欄的點數特別少，試著詢問自己幾個問題：

・我的指令是可以被理解的嗎？

必須避免太過模糊的說辭，像是「認真唸書」、「打掃」、「聰明一點」。每一次你都要向孩子們闡明你的期待，如同這份表格中所提到的行為，都是可被觀察到或是可被測量的（床鋪整理了沒；作業是不是有在下午五點時準時開始）。透過向孩子們明確指出你的期望，可以避免由於孩童與成人有著不同程度的判斷所導致的歧異。

- **我的指令適用於我的孩子嗎？**

下達指令前，永遠都必須要考慮孩子的年齡以及發展程度，你的孩子可能無法在下午五點進行作業，因為他還看不懂時間。按照他們的能力以及技能來調整你的要求。

- **我的指令是不是太過困難？**

你的孩子從未整理過，但你卻立即要求他每日都整理房間！此時可以採取階段性地策略，首先整理床鋪，接著是床鋪與衣服，再接著床鋪、衣服與玩具等。如果你重複教導了十次，那麼從「只能重複進行最多十次」的指令開始，再逐漸減少次數。

- **我的孩子在想什麼呢？**

和孩子們共同尋找失敗的原因，詢問他們為什麼這個欄位裡的點數值這麼少。同時告訴孩子你只關心成功的部分，這是很鼓舞他們的做法，詢問孩子們成功達成指令的策略是什麼。和他們一起討論如何才能精進這些策略而變得更有效率。如果你們已經達到可以共同討論問題的可能性，那麼你已經成功達成最初設定的主要目標之一：重新開啟與孩子的溝通，並且理解那些作為反抗行為的隱性困難。

一些能讓遊戲淋漓盡致的建議

- 體育活動或是每週的休閒活動，不應該是協商的籌碼。這些活動對於孩子們來說是必要的，能讓他們能稍微喘口氣！這些促進身體表達的活動往往在學校生活中受到限制，但它們卻是有助於社會化的活動，提升新型態的行為能力，開放思想，讓孩子們應用學校的所學。學齡孩童需要這些時常提高他們學習技能的自由表達的時間，千萬別刪除這些活動。
- 絕對不要以孩子今天特別頑皮的藉口來拒絕進行交換。那些已獲得的積分都來自於你已經讚賞過的行為，如果因為孩子們不適當的態度而收回積分，那麼之前的努力就功虧一簣了。如果哪一日發生讓你難以接受的行為，你可以給予那個使你不愉快的行為一個分數代價，而這個代價將計算入在每週的總額中。
- 在最開始的前兩週就拿下孩子的心！在表格欄位中寫上孩子們已經知道如何去做，卻不經常完成的行為。接著要鼓勵孩子們，讓他們知道表格不是懲罰性質的，而是要防止衝突發生並且讓他們獲得獎賞的。這兩週主要也是用來讓你學習如何更好地進行點數遊戲，並且與你的孩子進行協商。

- 別拒絕其他也想參與遊戲的孩子！通常不同陣線的兄弟姐妹也會要求加入遊戲，何不呢？如果兄弟姐妹之間很常發生爭執，可以考慮放入「每日的吵架次數上限」的欄位在每個表格之中。你將會看到你的孩子們設法應付彼此來避免衝突，以獲得自己的點數值。
- 在達到要求的點數值之前不要給予任何東西！一旦獎勵的價目表可以被商議與妥協，你就不能退讓了。如果還差一些點數才能到達獲得某個娛樂的價值，那就等待點數到達那個已經協商好的價值，你的交換表格只有在這個價值上才能發揮作用。如果你的孩子發現可以用吵鬧的方式得到他們想要的，孩子們便不會再付出努力。
- 永遠不要以扣除點數的方式威脅孩子。

適用此方法

點數遊戲是一個由專業人士開發的方法。如果你知道如何應用在你的孩子身上（你比任何人都更加了解你的孩子）以及你的原則上，那麼這個方法將會更有效果。把專業的「訣竅」和你的個人直覺疊合在一起，你會得到更好的成效。

事實上，這套方法旨在讓孩子用可以被他的環境所接受的方式去表達他的人格特質，同時也是有益於他自己。如果這項人格特質讓你擔憂，或看起來像是「病態的」，那麼這套籌碼系統也能在你前去諮詢治療時，幫助你仔細爬梳你的恐懼。

摘要

這套籌碼系統可以避免衝突，以及避免經常讓父母自責、孩子卻未有所動的懲罰。這套方法有效且簡單，以短期或長遠來看都能看見優點。很快地你就會為孩子們實踐的能力以及他們的進步感到驚訝。而且你同時會發現另一種協商的溝通形式，而不用再發生衝突！

原則	優點
加強合適的回覆	重視與獎勵已完成的努力
消除負面的結果	減少衝突和懲罰
減緩行為偏差	不給予對立的價值觀
賦予孩子權力	給予孩子成功的選擇
協助制定策略來實踐目標	給予孩子成功的欲望
透過對話來交換反對意見	與孩子溝通
預測未來	保持長遠的學習
了解教育的原則	給予社會生活所需要的價值

緊急情況下該怎麼辦呢？

這套制度在透過談話來消除反對方的示威行動是最有效的，透過有效的溝通解決問題，並建立雙贏的局面。然而有些時候，即使是全世界最強韌的意志，也很難在故意唱反調的孩子們前維持「禪」的境界。在你的容忍度底線被踩踏，或是情況急迫時，還是必須採取行動，也就是懲罰。在學習的理論當中，懲罰被稱為「負面結果」，有兩種形式：

- 第一種形式讓行為立即消失，也不將在未來出現；
- 第二種形式回覆了當下的緊急情況，但以長期來說並沒有解決問題。

第一種形式：刪除好處

我們用後續的效益是暫時的還是永久的，來區分這兩種形式。在第一種形式裡，你在一定的時間內阻止了孩子，並獲得了好處（正面的強化因子），這就是所謂的「面壁思過」，或是 Time-out。在第二種形式裡，你將徹底收回孩子們先前存下的福利。

讓孩子面壁思過的原則

當你覺得憤怒正在勢頭上但又不想發脾氣時，我建議讓孩子先離開你的視聽範圍。面壁思過的意思是，將和你唱反調的那一位對象送往屋子裡最無聊的角落（走廊或浴室），但是拜託，這個地點萬不該是嚇人的，所以地窖不行，黑色壁櫥也不可以！或者你也可以只是讓孩子待在你所在房間的大門邊，或是你讓自己關在一間別緻的房間內，禁止孩子進入。注意，面壁思過的進行必須不是歇斯底里的怒吼，也不能長篇大論。但你可以警告孩子，如果他堅持繼續他的行為，你可能的反應會是什麼！

面壁思過的時間很有彈性，從一分鐘到五分鐘皆有可能，很少超過十五分鐘！並且最好是讓孩子面壁之前就先想好設定的時間，孩子年紀越小，時間就必須越短。

若是你的對手在思過的期間仍堅持他的行為，不要開始計數時間，直到他停下他的抵抗為止。暫時的面壁思過為孩子帶來環境的變化（負面的結果），然而，就像消失的程序那樣（中立的結果），面壁思過的目的是為了讓行為徹底的消失。

該採取什麼態度？該採取什麼預防措施？

- 如果孩子沒有馬上冷靜下來，別緊張。

那是正常的！你甚至可能看到孩子變本加厲來換取你的反應。也不要因為他的口頭暴力或惡言咒詛而感到震驚。如果真的按耐不住，試著打開收音機或是接上隨身聽，或是乾脆趁機打電話給三五好友們。

- 別把珍藏品留在手邊。

記住！藏好你最昂貴的瓷器花瓶或是祖母留下的水晶擺設，它們可承受不起孩子的怒火。而且一般來說，你越是珍愛的那項物品越有可能慘遭毒手（當然就是想要你讓步）。

- 除去所有可能讓你「崩潰」的因素。

關緊門窗，不要理會鄰居們的反應，把危險的物品藏好。想想我們剛才說的，走廊真的是一個面壁思過絕佳的地點，傢俱少，危險物品也少，窗戶更是罕見。

- 別屈服於內疚感。

有些孩子可能會固執地持續行為，直到面壁思過開始之後的一到兩個小時。在這段時間裡，你的怒氣漸漸下降，而且可能輸給了內疚感。然後，你會想要盡快停止這一切去安慰你的小天使。但這樣的行為可能會立即產生強化的效果，要是下一次再遇到同樣的問題，你的小天使可能需要更久的時間才能冷靜下來。

需要特別留意的是，孩子們非常清楚媽媽比爸爸更容易被攻破，所以當他們再有如此強烈的反應時，他們會鎖定媽媽。女士們，我會這樣建議妳們，當妳實行面壁思過的時候不要單獨與孩子們相處，有爸爸的出席會讓妳更不用擔心，而且孩子們也更容易冷靜下來。

• 別忘記在面壁思過之後執行指令。

當預設的時間到了之後，要求孩子執行最初他反抗的指令。

• 別去想像最糟糕的畫面。

大部分的父母剛開始都不願意採行這個方法，他們害怕面壁思過的孩子會搞破壞、大吼大叫，或把自己置於危險之中。但事實上，他們很快就會發現，孩子憤怒的表現很少達到父母擔心的那種程度。此外，當孩子發現你並不為此屈服，他們就必須採取另一種溝通方式來博取你的注意力。你將會發現面壁思過所需的時間快速下降。

• 別把孩子送回他們的房間。

要不孩子就會喜歡上這件事，但是比起你想除去他增強行為力度的因子，你反而給了孩子機會去逃避指令：回到房間玩玩具。要不房間就會變成一個懲罰性的地點，他們將拒絕在裡面遊戲、做作業甚至是睡覺（因為這個地方變得太嚇人了）。

永遠不要以你做不到的事情做為要挾。

• 要不要罰款？

由於那些我們希望消失的行為舉止，你的孩子必須依照預先談妥且雙方都接受的固定代價來交還先前所攢下的點數。可是一旦發生難以忍受的反抗情形，你可能會過分操作，直接把表格內的點數都刪除了。孩子們因此明白他們的行為有一個「代價」，而且必須用點數來協助「支付」。但即便讓孩子們明白他的行為價值，這個方法還是有點冒險而有待商議。萬一這個方法頻繁地被採用，孩子很可能就會放棄努力，因為他們的好處可能都會被行為失控的成本抵銷掉了。

第二種形式：傳統的懲罰

指的是在表現了不恰當的行為之後，緊接著的那一系列令人生厭的「刺激」。當這些刺激涉及到侵略性（體罰、打巴掌等），刺激就被視為是「原始的」；若是刺激是一場被精心設計過的談話（譴責、訓斥、批評等），則被認為是「社會性的」。這些刺激都存在於日常生活之中，年幼的孩子很快就會體會到，如果他拿了同學的玩具就會挨打、如果把手指頭放進門縫就會被夾傷。父母親早就在使用這個令人憎惡的方法，它的優勢是能很快結束一個難以忍受的情況，也讓父母透過釋放他們的侵略性來緩解壓力。也就是說，由於可以立即見效，這個方法對於使用的人來說很不錯，所以父母也傾向往這個方法靠攏。

恰到好處的運用

一個「好的體罰」對於快速結束一個緊急情況是有利的。然而，這種方法只能留待極度緊張的時刻，或是當孩童面臨立即的危險。如果想要讓這種方式在未來能繼續發揮效果，那就必須非常謹慎的分配使用。

但是傳統懲罰的另一面是，長期來說對改變孩子的行為並沒有效用。全天下的父母都知道，孩子因為受到了懲罰或是體罰，所以才在接下來的幾天或幾個小時暫且洗心革面。千萬不要濫用這個方法，這種方法具有習慣性的強烈風險。

第三種形式：威脅

威脅的目的在事先警告孩子們行為的後果，以用此來遏止不良的行為出現。這個方法讓孩子們能知道你的期望以及你在失望情況下的反應，而劃下不能被跨越的結界。因此這是一個採取預防措施的方法，只有在你遵守契約內容的條件下，威脅方法的使用才會有效。

一定要確信的是，孩子們會檢驗你是不是能夠實踐你的話語。他們會試驗你的信用程度，而且即便你不想，也被迫得遵守諾言。這就是讓孩子尊重你的教育原則的代價。

因此，永遠不要以你做不到，或是不可能實現的事情做為要挾的條件。

○結語

希望你們在這最後的段落中能夠相信我的誠摯分享。當我在為你們書寫共筆書籍《日常心理學（psychologie du quotidien）》的過程中，我感到自豪且思路縝密。十多年來我投身於這個邏輯領域，而閱讀我的書籍的父母們，也在我的著作中發現了他們所貢獻的方法，共同創造出如此珍貴的協作。在我陪伴受苦孩子的這項工作當中，各位父母們也陪伴著我。

在父母親這方面，應該停止讓症狀攀升以及避免家庭功能的損壞；而在我的方面，應該更直接、更私密、也更積極地處理孩童問題的根源。讓年幼的孩子不再陷於忠誠度的衝突之中，而是被結合知識與智識的成年人緊緊圍繞著，找到屬於幸福的道路。

更多資訊請參閱第 478 頁。

16

行動前先傾聽

傑哈・馬奎闊
(Gérard Macqueron)

在我作為精神科醫師和心理治療師的日常諮詢中，我意識到的某些觀念，讓我能在私人生活當中，以不同於過往的方式理解彼此的關係。藉此與你們分享。

什麼是傾聽？

我在醫療學習的過程中學會識別患者的症狀，針對疾病做出準確的診斷、治療與根除（如果可能的話），甚至防止可能出現的更嚴重疾病。因此，面對著生命來到終點的病患，或是受到創傷導致無法彌補的嚴重殘疾的病患，我覺得自己的工作很虛幻。演化論不可逆轉的知名度，讓「無能為力」並不只是字面上的意思。但那時候我便意識到，即使我無力阻擋演化論，我的存在依然很重要。這種「無能為力」，實質上是由同理心和安慰的聆聽所交織而成的陪伴和支持。

當最好的陪伴成為改善的敵人

後來，在作為心理治療師的過程中，我意識到最應該是好意並且不惜一切代價來消除症狀的醫療步驟，有時候是無效的、徒然的，甚至適得其反地破壞病人最一般的平衡狀態。企圖以最快的行動，即時給予精神疾病藥物來緩解病患的痛苦，並給予最恰當的建議讓他走出陰霾，加之撫慰人心卻其實也是言之過早的解釋（來讓我自己放心？），往往並沒有帶來讓人信服的結果，又或者這些結果只是曇花一現。甚至偶爾在極端的情況下出現其他更為複雜的問題讓情況雪上加霜。

此外，有些病患因此而逐漸依賴我作為他們的精神疾病解藥。他們等待著我解決他們的問題，卻消極的不曾主動去尋找擺脫問題的方法。雖然他們的負擔減輕了，但卻沒有因為治療的成果而獲益，微乎其微地進步。漸漸我才明白，當然，我是剝離了這些人的生存痛苦，我是讓他們得到了寬慰，但付出的代價就是我也讓他們失去對自己的責任感，因為他們並沒有發展出改變內心想法而進步的新策略。於是，與其用專心傾聽的方法，或是重新調整他們的思維，或是絞盡腦汁地要讓他們意識到自己行為的後果，讓他們反思、從而發現、認識與建構自己，我開始將重點轉移，思考我可以用什麼樣的方法給予建議，讓他們排解自己的不適。總而言之，就像是我把自己放在他們的位置上思考和行動一樣。

○如何恰到好處地介入他人？

這個意識同時也影響我理解一般與他人之間的關係，我明白而且也同意的是，一貫採取行動來減輕他人的痛苦，並不像大家所想像的那樣有所助益。當然，這也並不代表我們應該讓他人感到絕望，或看著他們受到道德與精神上的折磨而無動於衷。只是得找到一個正確的方式和一種精確的態度，恰到好處地介入他人，既不是代替他者，也不是要讓對方跌進被我們的靜默和距離所挑起的混亂和不安的情緒當中。

這個位置的取得必須透過傾聽。專心聆聽能讓病患自我表述，聽自己說話，意識到自己所表達的訊息並且進行整合。這些事雖然有可能會發生，卻不急於一時，在行動之前花點時間傾聽病患，才能引領他們找尋自己的路，在實現的路上與之相隨。

為了找到解決問題的辦法，花時間傾聽有時候比直接行動來得更有用。事實上，為了保護對方免於一切內在的不適、減輕對方的痛苦，偶爾我們會迷失在對方隱藏或未知的願望當中，仗恃著自己採取設身處地的方式，我們拒絕分享他的情緒，拒絕充分考慮他的立場。然而許許多多的關係問題，都源自於這個想要減輕或根除對方不必要痛苦的想法。因此，在這裡我想要討論的是，儘管這些頻繁行為的最初動機是想要改善和他人之間的交往，但最後是如何使關係問題變得更為容易、或是更為複雜的？

我們的日常態度如我們所想的那樣有所助益嗎？

當言談應該自由的時候卻保持緘默

我經常碰見前來諮詢的病患，因為擔心傷害對方而不敢向配偶表達不滿，因為擔心孩子感到焦慮而隱藏了自己童年受到虐待的遭遇，或是其他替親信掩蓋債務拖欠的狀況來保護他的家庭⋯⋯，這些種種行為都指向同一個目的：不讓岌岌

花時間傾聽有時候比直接行動來得更為有用。

可危的情況繼續惡化。但是，用謊言來逃避一場對話，掩藏自己不被接受的記憶或粉飾痛苦的真相，或是助長家庭成員之間的祕密、滋養禁忌話題，最終，扼殺了言談的自由。當思想不再能自由流轉，每個人都不再表露，而只是自我反省時，我們終將成為生活在一起的陌生人。

無所掩藏而口無遮攔

相反地，有些背負著沉重家庭祕密的人，或者粗心大意、不太稱職的父母，或是在童年就缺乏情感和思考的人，他們反而採取一種完全相反的態度，選擇信賴他們的親信，特別是對他們的孩子，絲毫沒有任何保留。他們嚮往一段全然坦誠的關係，而能夠將一切無所隱藏的公諸於世。但是，這種做法並不尊重談話對象的心理極限和私人關係，說話者並不在乎對方能聽見什麼，也不在乎可能帶給對方的情緒影響。孩子並不是讓我們隨意傾倒情緒、肆意潑灑痛苦，或是投擲私密幻想的垃圾桶。孩子沒有義務承擔我們的痛苦或了解我們的內在隱私，也沒有義務代替我們為本就該屬於我們的私事做下決定，活得像是與我們混淆在一起。知曉如何避免口無遮攔，就是明白一段關係的存在，既是有時候將我們互相聯繫，又是有時候將彼此區別開來。必須懂得尊重對方的限度和私人生活，向對方表現出自己的謹慎，認同對方是完全不同於自己的個體。

節制地發言讓溝通得到規範並且保障每個人的隱私，這樣的態度絕非「閉口」，並不是在需要釐清狀況的時刻，或是使他人以不同甚至更好的方式理解的時刻，卻保持緘默。

爲了維持和諧的關係而規避衝突

對衝突的恐懼，以及擔憂所想像出來的後果，往往導致情緒壓抑和招攬責任。為了不要「造事」，且因為害怕不能管理好自己的情緒以及與談對象的反應，許多人滋生出憤恨、心酸、嫉妒和憤怒的情緒。這種被動和屈就的態度，經常帶來一段不對等的關係，關係的這一頭是受害者，另一頭是劊子手。屈就折損了內心的喜悅、扼殺了創造力，並且無法建立一段平衡的關係。因為害怕關係破裂因而規避衝突，意味著不承認對方是可以思考、行動與感覺的個體，或者說，不承認對方可以不一樣的活著，因此認為關係一定必都是行得通的。然而衝突並不代表一段關係的失敗，即便在第一時間，關係可能因危及情緒而失衡，讓一切看起來適得其反。但由於每個人都有自己的願望、確保自己的需求、作出決定和自我定位的原動力，衝突是一個在關係之中必須被接受的可能性。

節制地發言能讓溝通得到規範，並且保障每個人的隱私。

再者，慣性地規避衝突會讓人們無法設下個人的限制與規則，並再也無法抵抗那些以為自己無所不能而為所欲為的人，以及他們所造就的無窮欲望。權威是一種保護機制。現實生活並非按照個體的意志運作，因此對於面對現實的個體而言，個人底線有利於個體在現實生活當中建構自己。

想爲我們的摯愛消除一切的不適

我們的社會已經變得無法容忍一切形式的苦難，無論其本質如何，好像我們都應該生活在永遠的幸福當中。當身邊的愛人受了苦，我們自然會很快地去尋找治療方式來緩解和平息痛苦，因此我們立即想到的是可以作用於人體的藥物。然而，伴隨哀傷的行為舉止而來的痛苦，對於吸納、消化損失是必要的，妄想著透過某種治療來替痛苦程度打折並不符合期待。

如果我們對死者的逝去感受不到任何一點悲傷，要如何估量我們的依戀，以及他在我們心中的重要性？除此之外，一心一意地想為受苦的人盡快尋求解脫，可能冒上沒有足夠時間去傾聽他者的風險。

認識他人的痛苦

殲滅痛苦的行為並不總是有用的，特別是當對方沒有表達出這樣意願的時候。很多時候，對方只是簡單地想要分享遭遇，為他的痛苦言置一詞，希望被傾聽、被關心以及分享他的情緒。偶爾他會想要一些建議和安慰來使自己感到安心，但不是任由第三者的作為來剝奪他的情緒。

最重要的是，別總是採取立即消除痛苦的行動，而是去認識對方的痛苦，將對方視為獨特的而考量他的感受，用同理心予以傾聽並洞察他真正的需求。尊重對方的脆弱以及他制定好的步調、他的變革能力和他的意志，儘管有時候這一切都與我們善意的希冀相悖離。但讓對方能夠意識到自己的極限、行為的後果、期待和實際行動之間的落差，讓他擔起對自己的責任，只因為他才是自己生活唯一的主宰者、唯一認識自己的內在和真正知道自己心之所向的人。同理心的傾聽也意味著讓對方表達自己的感受，用言語去表達他的遭遇帶給他的情緒影響。如此，他才能真正的找到自己。

同理心的傾聽也意味著讓他表達自己的感受。

為了使對方無所獲缺，而預見且實現對方的願望

很多時候，缺乏是由於等待一個尚未被實現的願望，以及無法忍受因擔憂而產生的內心不適，有點像是如果得不到我們所想要的，那便是不可思議且不公道。因此，我們傾盡全力地去給予所愛之人缺乏的一切，就為了取悅他們。如此一來，我們的摯愛就不會經歷願望無法具體化的挫敗感。所以有些人預料、猜測並預先替他們的親信採取行動，讓親信們獲得滿足而無所匱乏。然而，沒有人能夠真正讀出我們的想法，也沒有人能夠真正猜透我們的願望。

好比說，當父母完全知道並且完美回應孩子的願望時，這些孩子在和父母相同的心靈空間之中成長，變得十足依賴。這樣的風險是這些心滿意足的孩子們沒有了自己的願望，或者是被動地等待父母來替他們做決定，來猜想他們想要的是什麼。除了失去源自於缺乏才能被激起並且去實現的創造空間之外，一貫地回應他人的願望來促成一個互相理解完美關係的錯覺，有時候卻是以限制交流來告終。「如果你都知道我的一切了，那還有什麼好說的呢？」大概可以用這麼一句話來總結這個情況。

許多孩子們所表現出來的願望，事實上只是深切地渴望被認同，就好像那些願望並不強

求要被實現。所有的願望都有權利被願望主人獨立表達實現的可能性。而對我來說最為重要的，是能夠真正聽見一個願望的請求，卻不認為自己必須出於義務地有所回覆。

如果每一個願望都可以獲得實現，那置身於幻想之中還能有什麼樂趣呢？

以愛爲由的全盤接收

許多人常用愛作為藉口來接受令人難以容忍的事，然而，情感的本質和我們與愛人彼此之間連結關係的質量，事實上存在著差異。但在情感的名義之下，我們忍受著難以忍受的那些關係，好似能夠以「使他人感受到愛」為理由給予對方一切的權力。學會區分對於他人的情感以及彼此連結關係的質量，能夠讓我們不需要全盤接收。

爲了慷慨而忘記自我

另一種很常見的態度是，因為害怕成為自私的人，而頑固地想要摒棄所有個人的渴望。有些人甚至忘記了自己，把個人的願望擱置在一旁，忽視自己的需求，只為了向摯愛奉獻出身與心。為了逃避一切形式的自私而犧牲自己，滿足因為看見他人在身邊幸福地生活著而滿足，並且帶著這個秘密積極地參與在這份別

預先滿足孩子們的願望，
而無法傾聽他們的需求。

人的幸福愉快之中。利他主義是這樣美好，不幸的是，它往往隱藏著無法自我實現、缺乏自信、展現與捍衛自己還有定義自己需求的困難……。此外，即便這樣的行為源於一個美好的意圖，卻仍舊會為自己和周遭的人帶來沉重的後果，兩個最主要的問題便是罪惡感以及依賴。事實上，那些淡化自己以便讓周遭親朋好友愉快生活的人，其實是讓關係失了衡。他自己時常經歷深刻的痛苦，只因為他唯有透過別人才能夠存在，因此生活一點一滴地從他的手中鬆脫。

有些婦女過著悲慘的夫妻生活，只為了「預防」孩子受父母離婚的影響之苦。當孩子來到想自力更生的年紀，想要離開原生家庭時，孩子試圖貶低或否定母親為他們所做的一切，以免因自己拋棄犧牲一切的母親而感到愧疚。即便是突然間意識到這些年來所有的一切，也沒有辦法迴避事件，因此特別的難以接受，痛苦地生活著。

對於建立和維護愉快關係的一些建議

循序漸進地解決問題

著手進行問題的解決，而不是等待問題自動消失。只有在每個人都能接受他者存在的獨特性，並且承擔自己行為後果的情況下，衝突才能強化一段關係。一段能讓問題自由彰顯的關係，是一段每個人都能夠找到自我的積極關係。

清楚地表達需求

需求，指的是了解自己的極限，同意、並對於我們的要求給予信心。必須懂得表達自己的需求，而非等待他人來猜測我們心中所想。同時也要明白，說「不」並不是拒絕或是不愛的證據。

了解自己的極限

有時候我們可以同意取消自己的資格，比起走入一條早已迷失的道路。接受自己的極限是真正自重的表現，伴隨著的是別讓他者的責任成為自身的困難，也別用自己的脆弱去肩負他人的重量。

練習同理心傾聽

帶著善意的中立態度、專注、寬容、耐心並帶著同理心地放下自己、保持靜默地傾聽。真正看見與探索你的談話對象，不一味地給予意見，而讓對方有機會傾聽他自己說話，進而找到自我。接納對方而不強行奪走他的發言或是妄下評斷，試著理解他的內心世界。

遇見遭遇苦難的他人，卻不必要付出一切代價給以協助

有些父母替他們的孩子完成作業，就為了讓孩子們帶回更好的分數，但這個行為真的幫助了孩子們嗎？有多少的信貸組織借出了款項，但負債累累的家戶卻永遠償還不了？這是合理且有效用的嗎？為了不受孤獨折磨，許多人偏好活在一段不滿意的情感關係當中，而他們又更加快樂了嗎？苦難是創造力和動力的泉源，是個人發展的資本，挫折、失望和痛苦的存在同樣也是生活的意義，它們賦予事物價值並助長心靈的成熟。當我們又克服了一個考驗之後，難道不會為了所付出的努力，或為了達到目的所吃的那些苦頭感到驕傲嗎？不經努力或是通過別人而獲得滿足，那將更難以自豪。

恰到好處的行動

不應服從於恐懼，而應該出自於欲望的有所作為。應該學會傾聽自己並且給予自己信

心，而不應按照我們所想像出的他人的想法來行事。

不要一味地滿足他人的願望

無欲無求的生活是什麼樣子的？如果明天我們將會得到今天所沒有的一切，我們會更加幸福嗎？相信所有的願望都必須得到滿足，是不是合情合理的想法？而這有可能嗎？你真的這麼希望嗎？

勇敢做自己

社會關係上的自我實現並不代表剝奪他人來豐富自己，也不代表壓榨他人來達到目標。我們可以完全活得燦爛如花，卻不必無禮相待、咄咄逼人、吝嗇或者對他人漠不關心。微量的自私、自戀、自我中心並不會劃破一段關係，相反地，為自己著想、維護自己的利益、投身於讓自己成功的手段、自娛、為自己騰出時間、要求受到尊重、談論自己等……這一切都是健康的，並且是幸福的泉源，每個人都可以在沒有內疚與忍耐的情況下發展這些要素。

讓對方自己達成願望，而不是透過取代他的位置並且為他行動來滿足對方。陪伴對方自我實現的目的在作為無拘束且關心的存在，但這樣的態度並不是強制我們來代替他們解決問題。每個人都應該找到自己的道路，開採可用的資源來完成理想。代替他人位置的結果將是剝奪對方的計畫。給予對方太多原本他可以憑藉自己來獲得的一切，將會粉碎他的動機，提前完成他的願望將會澆熄他的創造力和積極度。

放手讓對方——特別是親近的人，去走闖自己的極限，意味著相信對方，信任對方有挑戰與超越自我的能力。同樣也是證明了我們既可以不必回應所有需求，也仍舊與對方保持著高品質的交往關係。

更多資訊請參閱第 478 頁。

17 治療師的自我肯定

佛黑迭克・豐傑
(Dr. Frédéric Fanget)

我想向你們敘述我的親身經歷，與自信心變化的五個階段有關，為我帶來許多機會思考生活當中非常受用的觀念。而我希望的是，這些變化可以讓你和我一樣，明白自信是什麼、自信可以為我們的生活帶來什麼。舉例來說，對自己的需求有更為誠實的感受。這也是一種深化人際關係的可能性，不論是在私人或是工作領域中，讓關係更加熱烈與真摯。

我們所有的表態並非皆能如願

鱸魚晚餐的例子：一場成功的釣魚

我邀請了兩位朋友到海邊的餐廳共進晚餐。

點餐的時候，熱情的服務員向我們推薦：「今天我們有新鮮又肥美的鱸魚唷，您可以考慮看看。」和朋友討論過後，我回覆服務員：「好的。我們想要一隻三人份的鱸魚，你們有大約是一・二公斤的嗎？」「嗯，三個人的話至少需要一・五公斤哦。」我再一次回覆：「不好意思，不過我想一・二公斤就很足夠了。」我和兩位朋友的胃口都不大，而且我知道一・二公斤的鱸魚份量很適當，即便把不食用的部分處理掉，也還很足夠分給我們三人。我繼續接著說：「可以請你再幫我們問問是不是有一・二公斤的鱸魚嗎?麻煩你了!」

幾分鐘之後，服務員回來了，說道：「先生不好意思，但最小的鱸魚就是一・五公斤。」為了展現我的風度，而且不掃同桌賓客的興致，我只好接受一・五公斤的鱸魚。我們知道不管怎麼樣服務員都不可能在我們面前為鱸魚秤重，所以也不可能驗證他言詞的正確性。幾分鐘之後他又回到桌前並詢問：「您想要點什麼作為開胃菜呢?」我說：「先不了，我們最主要想吃的就是鱸魚。」服務員回覆道：「那恐怕您們要稍微等一會兒了……。」我有點詫異，我也是知道鱸魚的料理時間的，並不會太久，但服務員還是堅持地說道：「您可以為三個人點一、兩道前菜，好讓您打發等待的時間。」

好吧我承認，我又再一次地不是很認同他的說法，但是為了取悅我的賓客，我還是接受提議點了開胃菜。二十分鐘之後，服務員回來為我們服務時驕傲地說道：「開胃菜還滿意嗎？現在可以為您準備鱸魚了嗎？」很顯然地，這意味著他們根本還沒有開始烹調鱸魚，也意味著要等待烹調的時間根本不像他先前說的那樣久。

幾分鐘之後，服務員送來了我們的魚。我對這道菜非常地有經驗，因此我有十足的把握告訴你，這條鱸魚距離一．五公斤還遠著。

自信的小哲學

這個情境顯示出的是，必須以堅定的態度來避免任人擺布。僅管憑藉我過去二十年來對鱸魚的經驗以及自信，我還是有可能被鱸魚的重量及價格欺騙，更何況價格就取決於重量。幸好在這件事中，鱸魚仍然是鮮美多汁的，夜晚仍然完美。

如果當時我更加篤定會如何？

因為自負心態的退讓，如今我想我較能夠接受這件事，去享受和兩位朋友共度的美好夜晚。重要的是，能夠意識到積極的面向而非消極的面向，也就是說，太過執著於價格上的事沒什麼用，相反地，如何在特定情況下欣賞所有的積極面向反而比較有幫助。回到鱸魚晚餐的案例，這樣美好的夜晚絕對值得多支付三百克鱸魚的價錢。如果你受到了一些操控，有時候就接受它吧，除此之外一切都是完美的！事件的另外一個教訓就是在這個服務員的案例中，別試著去改變他人。事實上，我整晚都不斷聽到這位服務員重複推薦重量灌水的鱸魚給鄰桌客人！所以，即便那天晚上我的態度更為篤定，想必也不會改變服務員的態度。

我們因替對方冠上不良意圖而受罪

妻子的遲到

我有一個令人惱火的傾向，就是每逢週末或是假期時我就會很容易生氣，因為我的妻子老是遲到。這個在認知治療法中被稱之為外在的負面思想，也就是說我因為自己的不滿意而降罪於她。我這樣和自己說：「她真是一個不會規劃自己的人，而且她也不尊重和我的約定，老是因為做不到某些事或是不準時而設法補救，還偏偏愛把事情安排在我們週末出發之前……」當然，被這樣的想法反噬十

重要的是意識到積極的面向而非消極的面向。

多分鐘後，你可以想像我有多煎熬，在她抵達之後大發雷霆並用力斥責，不過卻其實是蠻不講理的。

若我想更加自信，該怎麼處理我的憤怒

如今我嘗試用更實際的想法來取代負面的想法，特別是讓自己接納妻子的積極意圖讓我完全對事件改觀。比如說：「她有很多的工作要做，而且她自己也對遲到感到很愧疚。她真的已經盡力了，她也希望準時出發去度假呀！況且遲到也不是什麼大事，最重要的還是我們今晚一起去度假了，就算多花一些時間在交通上也沒什麼關係。往好處想，我們就要去度假了！我們的遲到只是一小個穿插事件。」

○作繭自縛地故弄玄虛，不如坦然真誠地存在

出其不意地被逮個正著

我在撰寫的幾本書裡講述了自己辦公室病患的真實案例。當然，為了尊重他們的隱私而

匿名。我變更了名字以及一些個人特徵，像是年齡、職業，有時候甚至是性別。然而儘管有了這些變更，有一天，其中一位病人笑著和我說，「我認出了你的書的第一三二頁以及接下來的那些頁數」。我實在非常尷尬自己這個洩密和把私事置於世人眼前的形象。我的侷促不安、混亂和羞愧讓我矢口抵賴：「不是啊，我說的不是你啦……」但是這位自療程以來就相當有自信的病患非常清楚自己在說什麼，而且堅持地說道：「不不不，我知道的，你在談論的是我的孩子，而且我認得出那些你描述的情景……。」我實在過於羞愧、混亂和沒自信，繼續否認到底：「你知道的，其實有很多病患都帶給我類似的故事……。」然而在爭執的過程中，我逐漸發現自己在這樣的情況下一點也不自信，一點都不真誠。

如果我更有自信，我可能會這樣回應

「啊，是的，是你！我覺得你的案例特別能夠說明問題，大眾會很感興趣（**表示真誠**）。但我也很不好意思沒能事先告訴你，我應該要這麼做的（**承認錯誤**）。除此之外，如果這件事打擾到你了，我也向你道歉（**對他人情感的同理心**）。」在這個情況下，這樣的回答可能會更合適。因為事實上我後來才明白，這位病患其實相當自豪我在書中列舉了他的案例，總算是讓我鬆了一口氣。

不完美使我們更為人性化

我們不可能無所不知，所以也不需爲此羞愧

我記得我第一次在家庭醫學科代班的時候，開藥給病人的當下我非常混亂，因為我完全忘記劑量學的所學，意思是我不知道該怎麼開給病人每日的藥物劑量。

當時，有一位資深醫師和我解釋，在病患面前瀏覽 VIDAL 網站（法國醫藥資訊網站）不是什麼大不了的事。因此在冒著開出不適當劑量風險的情況下，我絞盡腦汁地拷問自己該怎麼做。我記得當時非常痛苦，甚至考慮開另外一種我知道劑量、但比較不適用於病人的藥物。我也還記得當我告訴這位病患我不記得藥物劑量的那個當下有多煎熬。

我們的不完美

揭露自己的缺點，為人真誠並對他人有信心，將對自己有所助益，並且是人際關係更加溫暖與熱忱的基礎。不完美使得我們更貼近彼此。我注意到在大部分的情況之下，病人

更偏好我能再三確認而不出紕漏，有些人甚至向我表明：「你沒有辦法全都牢記在心裡的！你建議我們別把事情都放在心上，學著處理壓力並且接受公開弱點，所以我們很高興能看見你能言行如一地以身示範。」

但我們可以表現出同理心

現在的我已經比剛開始更有自信了，如果我的記憶又破了個洞，這些年下來我已經學會如何告訴病患：「不好意思啊，我實在忘記這個藥的劑量了（**坦承自己的極限**），但在我看來這是最適合你的藥了（**表示真誠**），如果你不介意的話（**同理心**）我就上 VIDAL 網站查詢劑量。」

○ 對自己寬容，便能驚訝地發現自己能夠完成以為不可能做到的事

英文真的不是我的強項

我還在實習的時候，有一天，當時的老闆讓我在一場世界精神疾病年會上用英文演講，

只能用英文。但我實在掌握不好這個語言，為了解決問題，我決定策略性地做一個超級清楚的投影片來避免用英文回答問題。我實在覺得自己應付不來。

我如何在公衆場合表現得更爲自信

我承認我已經有很長一段時間沒有壓力了，當我著手開始的時候，我習慣從我的極限談起：「我很抱歉，我的英文說得不好，所以我也可能沒有辦法回覆您詢問的問題。能否請您們放慢說話速度，或是請求同事代為翻譯呢？」

承認自己的弱點

懂得在困難處尋求協助，讓我們的與談對象知道，就像所有人一樣，我們也有極限。這也提供給對方一個機會，在和我們交往的過程中更為熱情與溫暖，也讓交往關係變得不那麼拘束。訓練自己反覆地練習來消解壓力，這也是為什麼我經常在公開場合發表演講，而且多次的練習與實踐之後，不再如此緊張。

○自信所為我帶來的

在與病患一起為自信心的觀念努力之後，我承認我非常滿意聽到他們這樣對我說：「我正在做以前沒做過的事。」例如說：「我要出門去」、「我要去電影」、「我報名進入了一個團體」、「我走向我的愛人了，偉大的愛情啊！」、「我受到來自他人、我的孩子以及同事更多的尊重。」自信所帶給我的是一種自我解放，我們與願望緊緊相依，去學習如何接受與展現願望。這是能感覺滿意的最重要根基，所帶給我們的是寧靜與信心，在日常生活中為自己和他人完成的小事感到驕傲、解決日復一日的小麻煩。對於擴展、深化人際關係與變得更加溫暖也很有助益。我們坦率、直接與真誠地為一段人際關係定下基調，經常也能使談話對象有所共鳴。

自信白皮書

如同歌詞唱的「我做我喜歡的事」

我拒絕那些讓我厭倦或超載的提議，拒絕那些我認為離家太遠或讓我太疲累的講座。我在超出負荷的時候婉拒，學習保護自己，讓我更能夠接納其他人。因此我更能夠在公開場合自在地發言，也因為我的自信而讓我的教學能力受到認可。我更善於管理自己的憤怒情緒，即便依然存在負面思維，傾向認為都是別人的錯，但這樣的想法已經很少侵蝕我了。我懂得批評這些負面思維，與它們保持距離，所以也不再放任自己輕易發怒。由自信所培植出來對他人的同理心和尊重，深化了一般的日常關係、友誼關係，當然，也包含社會關係。

接受自己的缺陷而不貶低自己

列舉出我的脆弱：

- 不擅修繕。

- 淋浴時自言自語，然後在突然意識到的時候被自己逗樂。
- 誠實坦率地回覆病患：「最近好嗎？」當病患們這樣詢問，我說出了我的感受：「今天還不錯啦，但我沒有睡好，有點擔心等等要做的手術……」，然而在諮詢當中老是談論自己卻其實是在犧牲對方時間。只是病患往往是樂意更加認識他們的醫生，並且聽取醫生的近況。
- 讓諮詢變得無聊透頂，卻沒有去避免這個情況，或是向病患詳細解釋原因，那都是因為我睡得不好，而並非是病患讓我感到無聊。
- 當病患牽扯到即便是精神科醫師也會面臨的認知模式時，接受自己諮詢的狀態不夠好。例如，當我面對某種同樣認知模式的病患，讓我又再度喚起原已放下的焦慮。

結語

自信不僅是一種個人發展的工具，讓我們表達地更好、交流以及捍衛自己的權利，同時也是自我解放的一種方式。接受自己的優點和缺陷，真實做自己，接受自己的不完美，或像我一樣，把自己攤開示眾……這當然是為了這本書囉。

自信帶給我的是一種自我解放。
更多資訊請參考第478頁。

18 不，我不是個完美媽媽

貝阿蒂斯．米勒推
(Béatrice Millêtre)

「那妳呢，碧雅翠絲，妳的女兒聽妳的話嗎？」克莉絲丁在晚餐時這樣問我。言下之意是，妳都在孩童教育的領域工作了，女兒肯定聽妳的話吧！以及另外一位因為和她的大兒子有過矛盾，因此我們彼此相伴走過一段路程的女士說道：「那是當然的吧。妳知道所有不出紕漏的方法，妳永遠都知道怎麼做才是對女兒最好的！」

完美的媽媽並不存在

謝謝大家的信任，讓我備感欣慰，溫暖在心頭。可惜呀，不是的，我不是一個完美的媽媽，也永遠不會是。我也常這麼幻想，幻想我不用再生氣的那個時刻，幻想我不用在乎作為媽媽應盡的責任。有時候我甚至打開同事的藏書，看看他們是不是擁有我所沒有的答案，找找一兩個讓我迫不及待付諸實踐的靈感。不過當然啦，很明顯地，完全無解！

為什麼「完全無解」呢？因為我就是那個最了解我女兒的人、最知道我想和她一起做些什麼事的人、最明白我所想要傳達給她的價值的人、對她來說很重要的人，她愛的人，她的、我的和我們所共有的生活……這些都是書本或是專業人士無法知道的、考慮不到的。

所以呢？

所以我闔上參考書籍，將那些建議拋諸腦後。正因為我是一位媽媽，也是一位普通人，數百萬年來都能在沒有其他人協助的情況下，再次摔跤又重新再站起來回到軌道上的普通人。不過當然啦，總是起起落落的。但整體來說過去都是這個樣子的，現在也是這樣，未來也持續會是這樣。只是要注意，這一切都不代表不需要專業的建議，單純只是提醒妳，千萬不能忘記那些妳早就知道怎麼做的事，以及妳可以做的事。

○相信自己：最了解孩子們的就是妳

我們這些專業人士可以提供你意見，但唯有你自己才知道這些意見適不適合你的孩子。沒有任何一種回覆可以針對所有人，但確實有一些想法、指導方針可以幫助思考。別忘了我們其實都知道該如何做，但時常是我們在前進的路途上遺失了這些方法，只好求助專業人士來告訴我們怎麼做才好。

就像約翰伊夫，三個月大的露易絲的爸爸。露易絲非常愛哭，特別是和媽媽在一起的時候。一天晚上露易絲又嚎哭不止，夫妻倆束手無策只能向醫生緊急求救。「但你們的女兒其實只是餓了」，急診室醫生這麼說道。這對父母到底發生什麼事了才落到如此地步？喔，別笑！這也有可能發生在你身上。約翰伊夫夫妻單純只是照著兒科醫生……信上的指示，「給她喝一五〇c.c的奶量」，卻忘記要觀察自己的女兒，他們在特殊情況下仍然舊守唯一的指令。

或是來看看茱莉的案例，她是三個月大艾歷克西斯的媽媽。艾歷克西斯每天晚上一躺到床上就哭，但只要到母親懷裡就能平靜下來。所以我的問題是：「為什麼不讓他在妳懷裡睡著呢？」茱莉媽媽回答我：「不行啊，我不能這樣。必須讓孩子哭泣，也不能讓他在懷裡睡著，或是把他們放在我們的床上。」啊？好吧。但這是為什麼呢？到底哪裡記載放任孩子哭泣會比較好，如果我們輕而易舉就能停止他們繼續號哭的話？

說到底我們都知道，孩子的哭泣是要表現他的不愉快或痛苦……總之就是一些不好的事，偏偏孩子又沒有其他方法能夠表達。但這不代表孩子就將會變得任性，只要妳能夠拿捏好分寸，而且特別是能夠傾聽他。

懂得觀察你的孩子

你就是你的孩子最棒的專家，留心觀察你的孩子吧！

留心他是一個什麼樣的孩子，他喜歡什麼，不喜歡什麼，行為怎麼樣去表現。卸下你所受的那些社會影響，諸如：「別人怎麼說」或是「應該怎麼做」。究竟為什麼我們要放著孩子們哭泣，讓自己為此生氣，強迫他們違背自己的意願呢？但是特別注意，我說的並不是完全地縱容他，不是這個意思。我要說的是，你必須調整這些先入為主的預設來適應眼前這位小朋友、他的個性和他的特質。只有你才真正了解他，也只有你才知道什麼才是適合他和對他最好的。

○傾聽他，信任他

一個孩子不會故意表現得「很壞」，更不用說他並沒有意識到自己在做什麼，我想要說的只是孩子沒有想到要故意作亂。如果他用特定的方式表現，那一定是有原因的。而且孩子的行為本來就日新月異。

就像五個月大的克拉拉突然開始拒絕喝奶，但是過去並沒有這樣的問題。先是出現了一次，接著又一次，然後接連著兩天都出現這樣的情況。克拉拉的媽媽問了自己原因出在哪裡：原來罪魁禍首是麥粥。到目前為止她所使用的都是無麩質麥粥（直到六個月前才被報導出來），也正是她的女兒突然拒絕食用的原因。自從她開始改用含有麩質的麥粥之後，克拉拉又欣然重新拾起奶瓶。

因此從今往後要特別留心，如果孩子們的行為不能滿足你的期望，絕對是有什麼樣的原因。我在辦公室接待了八歲克萊蒙特的父母，他們為了孩子的學業問題而來：「他下課回到家後都沒有辦法好好寫作業。學期一開始的時候還不是什麼大問題，但隨著時間過去，問題就越來越嚴重。」經典的疲憊孩童案例！既然這樣，與其為了克萊蒙特因為疲倦而在作業簿前東張西望作白日夢，不如讓他蹺掉一兩天的課（不過我對導師感到萬分抱歉）來「重新調整」。

請相信你的孩子，他們並非用言語的方式來表達問題，而是透過行為的改變。面對這樣的改變，憤怒勞而無功，嘗試著去理解才是解決之道。

勞而無功的憤怒

憤怒就像體罰一樣，勞而無功，不會對事情有所助益。最終你用厲聲斥責的方式來對待麻煩，但是這樣的狀況將會重蹈覆轍，或在下一次的麻煩中重現，而事實上你什麼麻煩也沒有解決。告訴自己，這些事出有因的麻煩都不是被刻意製造的。讓自己從孩子的角度出發，想一想自己還在他們這樣年紀的時候，捫心自問，或許你會找到答案。

再來看這個例子，卡羅琳的媽媽在睡覺之前發現，她書櫃裡的書全部都凌亂地散落在地板上，讓她非常生氣，不過她的女兒也前來和她一起整理歸位書籍。但是幾天後，同樣的事情又發生了。卡羅琳的媽媽開口詢問女兒這一場混亂的原因究竟是什麼：「我正在找一本書。」卡羅琳說道：「我找不到那本書，但是之後我也不知道怎麼把書籍們都放回原位。」

如此一來事情就清楚了，卡羅琳正在找一本書，而她需要你的幫助來物歸原位。

至於把爸爸做的晚餐蔬菜燉肉通通吐出來的大衛，讓他的爸爸氣得臉色鐵青，因為大衛理當吃完他的晚餐。但真的是這樣嗎？大衛和我說他發燒了整整一個禮拜，另外他的媽媽也告訴我，他完全不喜歡蔬菜燉肉。該怎麼看待這件事呢？事實上我們必須接受孩子們偶爾吃得少真的沒有關係（沒有小孩會任由自己餓死），另外我們也需要多元化孩子們的菜單。

想想那些為他好的事……也別忘記那些對你好的事

作為孩子們的家長，你的角色是陪伴他們成長，讓他們了解他們所生活的世界，在這個世界中找到自己的位置，一切都在和諧之中進行。這是你的責任，因此首先你必須思考對孩子們最好的事，不過當然是在你的能力所及之內、以及你的環境、價值觀和想法。遠離哪怕只是一丁點的暴力。

四歲露西的爸爸向我解釋他不邀請朋友到家中作客的原因，「你知道嗎，我真的很掙扎。」他說：「我不知道該怎麼做才好，這就有點像是一群破壞者侵門踏戶地進到家裡。」

真夠生動的呀這畫面！但是，露西需要朋友來學習社會化，單單只有校園生活是不夠的。所以，是的，這需要一些努力，但社會化絕對是個很好的理由。如果你想要預防「破壞者」的侵略，可以考慮進行一些遊戲，像是尋寶遊戲、桌遊、著色遊戲……等，網路上充斥著可以給你幫助的各式各樣的點子。

同樣地，盧卡斯的父母也反對時下無孔不入地入侵生活的電視劇和影集。他們開始禁止盧卡斯觀看這些影集和電視劇，接著向盧卡斯展示他們認為好的東西。但就在這樣做的同時，他們也意識到自己正在孤立且單一化他們的兒子。問題的解決方案來自朋友，以及給予盧卡斯這些影集的 DVD 和遊戲的家庭。為此，父母覺得高興，甚至還給了盧卡斯一本書。

還有因為工作的緣故晚歸，被小兒子深切思念著，並且同樣也深切掛念著他的小兒子的札維耶。然而假期一到來，他馬上為兒子報名了兒童俱樂部……就為了能夠和妻子見面，和她一起去遠足。我理解札維耶所說的事，但同時他也把對兒子的掛念以及兒子提出要共度時光的要求拋諸腦後。不過永遠都會有辦法的，像是札維耶可以不要每天都送兒子到托兒所去，或者使用嬰兒背袋或推車，三個人一起去遠足，或者乾脆安排近一點的行程……

但請不要陷入一個只考慮到你的子女，並且為他們貢獻你大部分時間陪伴的極端，更何況是一場由於你的犧牲而讓質量變得相當糟糕的陪伴。比起花費大把無效的時間，最好是能夠將時間精簡，但在時間內傾注心力和孩子們分享與玩樂。想像一下你想成為的那種理想父母親，能夠讓你知道對你來說究竟什麼才是最為重要的。但是，不要為你自己，也不要為你的孩子追求完美。的確，當就讀幼兒園的兒子和朋友之間產生摩擦，或是咬自己指甲的時候，確實讓人討厭。不過這都不是太嚴重，告訴自己這一切都會過去的。只不過目前暫時是這個情況！

反正就這樣！

你的孩子擁有他自己的性格，對於此，你也無法做些什麼，不如放寬心去接受他的脾性。若是執意按照你的意念來改變他的行為，只會給自己帶來憤怒、造成孩子的反抗。告訴自己「反正就這樣！」然後找尋在這個狀態下可以陪伴的方法，幫助他提升更多好的面向，減少不好的行為。因為到了最後，至少絕大部分的我們，不也還是成為了泰然自若的成年人。也就是說，即便小的時候我們做了些「蠢事」，即便那是我們的個性，我們還是會知道要往正確的方向發展，讓生活走向自己的期待。

我們身邊都有這樣例子：一位任性的童年朋友、一位任性的表兄弟姐妹、一位任性的外甥女……被大家認為品行不良、不知長進。然而現在呢？那個任性又易怒的頑童不也成為了年輕貌美的女人，兩個孩子的媽媽，穩重、善良而且體貼。同樣地，接受自己憤怒和煩躁不安的時候，接受自己遠非完美的時候。意識到這些時刻，像你的孩子解釋原因，並在必要時給予你的孩子一份道歉。

限制、寬容、現實主義、權威，和尊重……

即便這種形象佔了上風，但把威權建立在孩童身上不應該是一種「軍事」服從，絕對不該是這樣。只因這種威權是奠基在不平等權力之上的其中一種形式。然而，建立在以尊重及對另一方的經驗、知識理解上的威信，更能夠被聽從。這就是「限制」和我們必須向孩子以身作則的「準則」之間的區別。其核心的理念是教育孩子，而非不惜一切代價地要求他們遵守紀律。

孩子們不需要這種作為限制的邊界，他們需要的是在各種情況下應對的準則，他們需要保障措施來幫助他們謹慎行事，但是不需要硬性的規定和禁止。我要說的是，禁制令確實是不可改變的，但是既無法細膩地調整孩子們的行為，也無法給予他們任何解釋。孩子們需要的是建立自己對世界的規則。

關愛和仁慈，解釋和問責

我極少遇見不愛自己孩子的父母親，幾乎是所有的父母都無條件地愛著他們的孩子，意思是，無論孩子做了些什麼。我們不喜歡的其實是他們的一些行為和態度，但認真地說來，這一切從未影響父母對孩子的愛。所以，我們必須讓孩子們知道，一次又一次地告訴他們，一次又一次地用行動證明。

向孩子們解釋有時候父母也會做出不恰當的行為，特別是在生氣的時候，也會像他們一樣說出不該說的話。換個角度來說，當孩子們犯下錯誤時，向他們解釋這些錯誤能讓他們成長，讓他們知道這個行為恰當與否，如此一來他們才能一點一滴地學習不再重蹈覆徹。比起專注於結果，針對他們的付出給予鼓勵，並且告訴孩子們，你知道他們仍然走在正確的道路上，並且你相信，總有一天他們會到達彼岸。

另外，詢問孩子們可以怎麼做來幫助你，試著用這樣的句子：「你知道你這樣做並不好對嗎？我就不需要再多做補充說明了吧？」

到頭來你會明白，你的孩子是最好的、在這個世界上無與倫比的。將這件事告訴你的孩子吧！讓他們明白！同時也讓孩子們對你更有信心。

相信你的孩子並不等於放縱他們為所欲為，就好像縱容不會游泳的孩子在泳池邊到處奔跑，並不是一個信任的象徵，也不是保羅和我描述的那種「不向恐懼屈服」的訓練。完全不是這樣！這只是孩子尚且沒有危機意識以及不理解的表現，他們還不知道自己可以或不可以做些什麼事，在這個案例當中，只要讓孩子隨著充氣游泳圈在水池內漂流就可以了！

同樣地，強逼孩子們向麵包店的師父打招呼也無濟於事，這只會讓孩子們因賭氣而拒絕出聲。若你的孩子生性害羞，透過和其他孩子們一起完成這件事來幫助他培養這個習慣。例如朱利安，在三歲的年紀開始來到海邊，他總是在其他孩子面前停下來，看著他們的眼睛，等著他們和他一起玩耍。不過這個方法顯然沒有奏效，每一次他都失望地回到父母親身邊。於是朱利安的媽媽指導他更靠近些，和他說道：「你好啊，我可以和你一起玩嗎？」自此之後，朱利安在面對其他孩子時，

相信你的孩子並不是放縱他們為所欲為。

更為自在了。

○信心和缺乏信心

露西的導師發覺露西總是缺乏信心，因為她在向學校的成年人詢問任何事情的時候都躊躇不前。然而，導師認為湯瑪士是一個「頑劣份子」，因為他總是過度干預，而且很少聽從指示。那麼，這兩位孩子，誰是有自信心的，誰又是缺乏信心的呢？平衡點在哪裡？

不應該把身為成年人的信心，與孩童的信心比較。一個帶有權威的成年人（例如學校老師），和一個孩童之間的關係是不平等的。若說孩子們不會主動向老師描述他們生活中的大小事便是不合理，那麼身為成年人的我們，難道會和上級主管闡述我們的日常瑣事嗎？顯然是不會的吧，不是嗎？

有自信心的孩童能夠恰如其分地參與在課堂當中，但是當他們不得不詢問一些他們不習慣的事情時，心裡不免有些疙瘩（就像我們一樣），特別是要知道如何結交朋友以及和同伴愉快地相處。在這方面，非常重要的是，請別忘記在交友上協助你的孩子，指導你的孩子們接近其他玩伴，給他一些點子讓他可以和朋友在院子裡遊戲或哼唱兒歌……。也請別忘記邀請他們參加團體活動（像是學校的節日或是嘉年華），讓孩子們適應這個社會。你也可以主動讓你的孩子在活動當中認識其他孩子。但這些舉動都不要太過頻繁，畢竟總是在啟發孩童的藉口之下，他們的閒暇時間被認為是一個障礙。最好能夠是選擇一到兩個規律的活動，甚至可以按照時程互作交替，也好過像無頭蒼蠅般地四處奔波。因為現實生活中，你的孩子也需要自己在家喘口氣的時間，好好享受他的玩具以及家裡的一切。

被寵壞的孩子？

還有一個我不明白為何會被無限上綱的觀念：孩子們會不斷成長，也因此他們的需求日新月異也是很合理的事。根據他們的身心發展來提供遊戲和玩具，並不會讓他們變成反覆無常的孩童；即便已經擁有很多書籍，再多提供他們一本新的書也同樣不會。適當地回覆他們的需求，有助於建立他們的信心，向他們展現你信任他們的能力，希望告訴他們沒有不可能的事。

這與滿足孩子們的慾望，或是讓孩子們逕自決定一切，卻有可能危及他們的發展平衡或是變成一個小霸王並不相同。並不是讓孩子們決定他應該吃些什麼，或是他應該幾點上床睡覺，或是他可以看什麼樣的電視。孩子們沒有準則可以參照、並知道什麼對自己才是好的。

無論是他們要求的那些最簡單的事，或是他們屈就於能夠獲得掌聲的事，都是一場真正的戰爭：而你該向他們解釋原因，且不能夠讓步。但話說回來，即便孩子還只有五歲，提供他一個陶器玩具並且和他一起遊戲，這並不是在寵壞他。這麼做可以向他展示新的物件，並且透過向他提供禮物的方式，讓他意識到周遭的他者。

這一切都不會是童年時期的不可逆或不可挽回，你的孩子會在年復一年的跌倒和重新站起來之間，成為一個平衡的成年人。

關鍵語錄

- 別忘記，你是知道該怎麼做的。

對於了解你的孩子需要的是什麼，你擁有絕佳的位置。況且你也是存在了數百萬年的人類物種的一部分，你有能力知道該怎麼做。唯有傾聽自己的心底話，才能著手進行它給你的建議。

• **就是這樣。**

你的孩子就是這樣，他有他的個性、他的優點和缺點。接受他吧！帶著這些優點和缺點，幫助他成長和進步。對抗只會帶來反效果，而且你什麼都得不到。況且同樣地，你也有你的優點和缺點。

• **全世界最美好的事。**

再沒有比你的孩子更美好的事。他是你所渴望並且辛苦懷胎十個月的孩子。忘了他的那些蠢事吧！只留下你對他的愛，以及對這一切的寬恕。

• **他還是個孩子。**

這些惹惱你的態度並不是馬基維利的陰謀論，而只是他童年的產物。他不是一個微型的成年人，所以他只能以自己的方式做出反應。

• **沒什麼大不了的。**

大部分的時候你所希望孩子們改變的態度和行為，都涉及到那些讓你感到不愉快的事，例如希望他們在睡前整理好東西，或清理四處噴濺的油彩……但認真說起來，雖然這確實有點令人討厭，但也不是什麼大不了的事。

○而我呢？

我不得不書寫一小段章節來談談自己，這就是我作出的貢獻！因為所有我和你們分享的一切，都是我經驗的成果，一方面是我作為治療師，陪伴在求診的父母親及孩童身邊的分享，以及另一方面打自女兒出生以來，我作為母親所得到的反饋。

如果你仍舊懷疑，我可以告訴你，我真的不是完美媽媽，我的女兒也不是完美的女兒，但是我是全天底下最好的媽媽，而我的女兒也是全世界最棒的小女孩！

更多資訊請參閱第 478 頁。

19

寵物與飼主的關係是人際關係的反映

玖耶樂．得哈斯
(Joël Dehasse)

和寵物生活在一起能讓我們學習自我認識。如果你願意這麼做，寵物可以是一面鏡子，反映些許我們的祕密。當然，我們可以在有限的範圍內改變寵物的行為，但同時，牠們不也是一個具有識別性的象徵，使我們辨別如何活得更好嗎？

○三個小故事

我是爲你出頭……

一位年約五十來歲的女性告訴我，「我的狗對所有的人都很友善，幾乎所有的人！只有一個問題，」我繼續聽著，「請說？」

「我的狗對我的母親非常具有侵略性！」她如此說道。

「只有對妳的母親嗎？」

「是的，只有對我的母親！」

接著，通常我會和飼主一起討論攻擊行為的細節、狗的姿勢、觸發攻擊行為的情況、以及飼主及媽媽對於這種攻擊行為的反應，然後判斷這是隻什麼樣的狗，牠的性格、脾氣、情緒、認知……等。但在這個案例中，我已經知道答案。

「那妳對妳的母親是什麼樣感覺呢？」我這樣詢問。

「我討厭我媽，」她毫不猶豫的回答我，「但我從來沒表現出來！」

「其實不需要表現出來，」我回答她，「妳的狗已經替妳做了！」

狗就像是一塊吸收情緒的海綿，對飼主不由自主的行為微信號做出反應。即便反應行為合乎情理，但畢竟社會不接受犬隻任何形式的攻擊動作，所以為了調整牠的行為直至人們可以接受的狀態，牠對飼主的母親無論是有無原因地生氣，都必須進行分析。這個小故事告訴我們，有時候寵物能為我們帶來值得一聽的訊息。為什麼這位女士持續和她所討厭的母親往來呢？為什麼年復一年地和母親在仇恨的關係中相處，但又讓人看似親切？寵物齜牙裂嘴的對象，是一段什麼樣的家庭互動呢？

我是照顧了你，還是照顧了我自己？

另一名同樣也年約五十的女士，向我介紹了和她同住的寵物狗——馬喬。事實上她和馬喬就像一對伴侶或是家人一樣。「但馬喬對我很易怒，」她和我說，「牠攻擊我。」

在諮詢的過程中，我得知這位女士只選擇到可以攜帶犬隻的地方度假。那時我和她說：「我正巧剛讀完一本美國作家的著作，他建議父母至少一年要有一週的時間離開他們的孩子，我想這對妳來說應該也是個不錯的建議……」

女士聽完，想了一想，經過幾秒的沈默之後她告訴我：「下週我有一個假期，只是我已經計劃把馬喬帶在身邊。但一個月之後我還有一個為期一週的假期，這次我也許可以不帶上馬喬……」，沒過多久諮詢便結束了，沒有搭配任合其他的處方籤或是建議，唯有的是這位女士意識到她深愛她的狗，但卻不能只為牠而活。六週之後我接到女士的來電，她告訴我，馬喬不再對她存有敵意。

為什麼這隻狗會對牠的主人表現出攻擊傾向呢？牠是反映了主人的模樣嗎？牠是不是表

達了（可能也是無意識地）主人只為他人而活、只為她的伴侶——也就是她的狗而活？要知道的是，生活不能只為了你的寵物，也必須為了自己，所以有時候必須離開牠們。即便我們深深愛著這些四隻腳的夥伴，就像這位女士，卻也阻止不了自己對馬喬逐漸攀升的不耐，同樣的道理，馬喬也是如此。

我們都同意狗生病了這件事

我正在診斷一隻有過動症的狗，牠的主人是一對年輕夫妻。治療效果顯著，狗狗恢復地相當迅速。幾個月之後，男主人請我做個療程總結。其實早在治療期間他詢問我，狗是不是能承受得了分離。因為事實上，就在狗狗即將康復之時，他就和妻子分居了，兩人正打算離婚。

「你認為共同撫養是可以考慮的嗎？我的意思是，為了牠的健康著想的話！」男主人問我。

關於這個問題，我可以這麼樣回應：「當然」。狗不只有一個飼主，而且最好能夠停止繼續認為飼主是附庸的角色（甚至是奴隸的角色……），狗當然可以擁有來自許多不同人類的回饋、依戀，好讓牠能夠有更多的行為參照指南。

這場離婚不禁讓我質問自己，我要怎麼承擔這對狗主人的離婚？

也正是這個經歷開啟了我人生另外一場華麗冒險：我申請了關於系統性干預與家庭治療的培訓課程，在無數個與培訓者以及負責人的談話、評估面試之後，我被錄取了。但在一群精神病學家、心理學家、護士和社會工作者之中，身為唯一的獸醫師，被提起身分的時候我是如此的稀罕。而且儘管獲得錄取，我仍被禁止接受大學部的課程訓練與獲得文憑，在三年的培訓之後，他們僅給了我參加證明。不過不論文憑是什麼，我都實質參與了課程、學到一些東西……。有時候，讓人們同意暫時共同生活，並且維持系統平衡的出於這樣的協議：「我們都同意寵物／孩子們生病了。」但是當寵物痊癒了，唯一的契約也就解體了，每個人都必須面對空洞、分歧，且無法再維持系統平衡的互不認同。我們可以說離婚是一個結果，但我應該為這個結果擔起責任嗎？用蝴蝶效應（混沌理論）的角度看來，是的，一個小小的影響產生了巨大的效應。只是如今，這個想法已經不再煩擾我。

在模糊的科學之下心理學家的道路

少許的「行爲主義」

在這個系統性干預與家庭治療的培訓之後，我已經不再是從前的那位治療師，甚至和從前不再是同樣一個人，即使是在很多年之後我才意識到這一點。我們便是自己心之所嚮的樣貌。我很驚訝地明白，原來必須了解自己的想法與世界觀，才能進而定義自己的存在，也因此，才能決定給予患者或客戶解決問題的策略。

一九七九年離開大學的時候，我對於動物行為沒有任何一點的概念。但當時我研讀了順勢療法，這是一種個人的整體醫學。為了找出個人化的治療方式。順勢療法根基於患者最個人的特徵，意指患者個人化疾病的方式。而我們在這裡談論的不只是身體症狀的表現，更是患者心理症狀的展演。也因此，我想對動物行為有更深入的了解，於是便大量閱讀關於動物行為學的書籍：像是一九七三年諾貝爾生理學或醫學獎的得主康拉德・洛倫茲（一九〇三-一九八九）的著作，或像是M. W. Fox等第一批獸醫作家的出版品、Scott 教授和 Fuller 教授大量的實驗遺傳學研究成果，以及其他較不知名的犬隻教育、精神運動發展和兒童教育書籍。

出於習慣地，我將這些大量資訊整合並在手稿上寫下結論，並且很幸運地（或說命運安排之下），在一九八二年出版了我的第一本書籍：《狗的教育：從〇到六個月（*L'Éducation du chien, de 0 à 6 mois*）》，強調在動物行為學中所描述的社會化敏感時期的重要性、在「史金納的行為主義（behaviorisme skinnérien）」中，實驗心理學所提出的正面強化的有效性，以及在人類和動物組成團體的組織內的階級模式等。以下是我的一些建議：

行為主義的一些建議

- 我們無法改變牠們的生物本質，因此找出屬於牠們生物上和基因上的特徵，然後敞開雙臂接受吧！
- 調整結果來改變牠們的行為。持續性的行為因內在或外在的獎賞而得以加強，如果我們能找到這些獎賞方式，便能調整或改變牠們的行為。
- 透過豐富年幼者（指的是孩童或是寵物）的發展環境，可以提升他們的能力與智力。

超個人心理學的臆測

綜合一些馬斯洛（Abraham Maslow）、一些葛羅夫（Stanislav Grof）、更多的卡斯塔尼達（Carlos Castaneda）以及大量關於動物超心理學的實驗性研究，特別是在約瑟夫・班克・萊茵（Joseph Banks Rhine）的指導下，那些於杜克大學所完成的研究，引領我進入「普遍意識」這個引人入勝的主題，以及這項主題在人類與寵物之間的心靈關係和直觀交流之中，與在動物體上的實際應用。

接著，我分別於一九九三年和一九九八年出版的兩本書：《不尋常的狗（*Chiens hors du Commun*）》和《不尋常的貓（*Chats hors du Commun*）》，總結了十年的研究成果，也歸納出以下可以付諸實踐的建議：在我們的感官認知之外，尚有一個存在著直覺的超凡世界。相信我們的直覺吧！

少許的系統性

一九九八年，在歷經三年的培訓之後，我拿到了系統性干預及家庭治療的證書。但這沒有讓我變成系統取向的治療師，反倒卻成了特殊的獸醫師，甚至說有點怪異的獸醫師。我更關心的是寵物的飼主，以及飼主的家庭系統，而不是寵物本身。

我的這個想法來自於：一個系統（家庭，或人類與動物的組合）具有平衡機制，如果一個症狀（行為的或情感的）持續存在於一個系統之中，代表的是該症狀在系統之中存有平衡的價值。那麼情感在這個系統之中如何受益呢？而如果我們改變了這種情感，系統又將如何回覆平衡呢？

少許的心理學和精神病理學

由於不斷遇見有行為問題的寵物貓狗，我們開始對活體的一致性，以及人類和動物類似的精神病理提出疑問。當我們是連續性的，也就是說，我們相信人類和動物之間心裡狀態的連續性，這點毋庸置疑。因此，我們有必要吸收大量的心理學書籍、比較心理學、精神病理學，甚至是《精神疾病診斷與統計手冊（DSM）》，並且同時關心精神藥理學。一位獸醫開出的精神疾病用藥將有助於行為的改變，以下是幾個來自於這個模板的實用問句：

- 個體（動物，或是個人）是否患有情緒病理？
- 這個情緒病理是容易治療的，還是我們必須選擇與病症和平相處呢？
- 這個情緒病理是不是對社會環境（家庭或朋友）造成影響？

一種道家與量子物理學的測量方法

想要了解我是誰的渴望，以及我來到這個世界上要做什麼的疑問，驅使我嘗試結合西方不同形式的能量校正方法，像是順勢療法、巴赫的花精療法、象徵主義，或者更簡單說像是根基於以道家法則為基礎的千年中醫醫學——穴道針灸。

在此同時，一些量子物理學家在意識的問題也上給出了令人驚豔的答案。電影《我們懂個X（*What the bleep do we know*）》淋漓盡致地刻畫了這個主題：把物質切割成次原子粒子的科學家們了解到，物質無非就是集聚的能量、信息和意識，並且這些意識獨立於時間和空間而存在。我們——或說我們的意識，為所有我們經歷的事件擔負起責任，這就是普遍性的責任。

而從這個模板中我們得出一個結論：我為所有發生在我身上的事負責。但這個結論卻很難發揮作用，因為為什麼我會是這樣子的呢？

同一個現實的多種樣貌

藉由文字（這項人類最自豪的發明），這個透過模仿他人經驗而整合，並且

我為發生在我身上的事負責。

同樣生活化和個人化的歷程，是連續而平行的。我可以在我的青少年讀物中找到道家和佛教觀念的啟蒙因子，而我選擇踏上獸醫之路而非普通醫學，最主要是因為不想和人打交道，但如今我在做的事卻是和人類溝通，宛如逃避不了的宿命，和躲避不掉的業障。

我在長期認為自己被禁錮在獸醫文憑的情況下，透過作為動物的中介調解者，現在我是動物行為與飼主的教練。我終於明白動物或人類存在的本質，是神祕而無法進入的。但透過閱讀的模式，諸如民族學、遺傳學、行為學、心理學、精神病學、系統學、道家精神，也別忘了混沌理論、賽局理論或激勵性的訪談，我們可以得到一個想法，或是得到不同的表現形式。我採納唯心論的方法，使我的元建模融合了這些模板，並盡其可能地承擔起普遍性的責任。我會對開啟不同模板的使用感興趣，目的在於想增加解決問題的行動策略。這些策略可以依照使用者的世界觀而個體化，變得更為容易，對於動物和家庭系統來說更有成效。

投射作為一種模版

投射是一種模版，所投射的是某種真實。我的假定是與我們同住的家畜，反映了我們作為人類在生物上以及個體上的形象。我將這個模版運用在那些希望在動物調解（為了飼主福祉，或是動物和飼主的關係發展）中進行個人輔導的求助者身上：動物是訊息的載體，帶來我們對自己的反思和理解。

犬隻作爲社會和權力的分級

投射的模板在個體和集體的層次上皆饒富趣味，犬隻究竟可以告訴我們——至少是在我們的文化之中，關於人類的什麼事呢？

幾千年以前，某些狼種發生了變化，變得不那麼畏懼人類，牠們被發現能更自在地在人類的垃圾桶裡覓食，便就此佔領一個使牠們變為更加依賴的新生物聚落。為了換取安全，牠們交出了自決權。接著人類選擇出在心理和經濟上最為依賴的犬隻，但也因為選擇的緣故，為了運用犬隻，人類過度發展某些行為特徵（像是作為本質上行為序列或基因編程上的patrons-moteurs，罕能透過學習而改變），但卻通常是傷害了動物的生理平衡。

而作為物種之一的人類，從中學到了什麼呢？依賴和失去自我實現的投射體現在哪裡呢？答案就是：人類面對社會的方式！

社會組織了個體，並且定義何者為可被接受的、何者為應受譴責的，同時保護組織內成員的安全，允許成員在特定框架下發展。社會是一個虛擬的存在，自有一個恆定狀態能持續運作，但有時候卻也造成內部成員的傷害。我們所存在的西方社會，將權力從我們的手中拿走，並且傾向於壓抑個人的主動性、個體的發展和創造力，以及自我實現。社會是道德的戒訓者，定義了在社會內生存可被允許的事情。

這就是一個向我們應證社會存在的系統模版，即便是虛擬的。行為主義模版向我們展現了社會利用正面或負面的懲處（多重禁制），多於正面或負面的強化。博弈理論證明了社會才是獲勝者，社會的成員是輸家，即便成員總是被認為也同樣是贏家。事實上，西方人在得到安全的同時，也喪失了主動性和自決權。精神疾病模版則告訴我們，遏止主動性和自我認識是慢性憂鬱症的來源之一，而這類型的憂鬱症在我們的社會中無聲肆虐。

寵物狗在人類生物聚落的處境，和人類在自己社會環境中的處境極其相似：心理依賴、經濟依賴、安全依賴、喪失主動性、（強制性地）向分級權力存在者的律法屈服（無論是真實存在的還是虛擬的）。我們發現人類傾向於懲罰犬隻而非獎勵牠。許多的犬隻飼主告訴我：「我的狗必須服從於我，因為牠『必須』這麼做！」而並非因為這麼做有什麼好處（享樂主義）。這些談論者沒有意識到的是，他們的闡述恰巧就是投射了當他們面對社會時的情況。

在他們的想像當中，人類把犬隻當作奴隸，就好像人類也是這個社會的奴隸。自此之後，權力的等級制度便是第一個，也是最後一個人類使用在犬隻身上的模版，而這個模版至今仍然是世界上最廣為使用的模版。人們相信，人類在犬隻身上收回了一些他們面對社會（文化、宗教）時所丟失的權力和威信。

如此說來，將這種模版轉變為另一種更尊重犬隻本質的形式就非常迫切需要了。但是這有可能嗎？如果我提議讓飼主改變他和寵物之間的關係，飼主是否也將冒著改變自己生活模式的風險？但如果這意味者尊重他的寵物，也許最終他也將能夠自我尊重？

我們尊重了動物的生理平衡嗎？

選擇先天（或說遺傳上）需要奔跑，以及每日運動超過十個小時的狩獵犬和牧羊犬，在動物的能量管理上是一大問題。自然法則上從未選擇昂貴的能量行為，能量的消耗必須透過更高額的補給作為補償。換句話說，一隻狼不會為了追捕一隻羊腿而狩獵三個小時，但是一隻狗卻可以。這些消耗的能量，只能依靠人類配給豐富的食物能量補償（而且是免費的），這使得犬隻在經濟上依賴於人類。

集體的投射

人類用自己的形象塑造了動物，對於狗來說的確如此，數千年來日漸形塑而成。貓咪則早已脫離人類的支配，牠們既是自願被馴服，但對於大部分種類的貓來說，仍然保留了自決權。「像狗和貓一樣的對立存在」並不意味著「爭吵」，而是表現出犬科的依賴和貓科的自由之間的差別。即使在情感上，狗也被侷限在關係之中，貓咪則是任意地給予感情。在貓咪和狗的主人身上，透過他們和寵物之間的關係，同樣也透過飼主和同伴之間的關係，我們可以看見這些投射。

個體的投射

除了集體的投射之外，對於為飼主個人福祉與發展服務的教練來說，個體的投射是我們所關心的。在普遍責任的哲學裡，每個存在的事件都給出了一些資訊，這些資訊是關於那些經歷事件的人，也是為了那些經歷事件的人，這便是透過動物作為媒介所傳遞的資訊。就像孩童一樣，動物有時候是一個家庭系統動態（或說問題）或是飼主心理反應（情緒上或認知上）的顯影劑。飼主最不能忍受他的寵物所表現出來的品格特徵，往往就是最容易表現出來的，因為這正是飼主無法忍受自己的那些特徵。這同樣也是我最常對自己的提問：若我不能夠忍受這樣的情況、這種情緒或這種感覺，對我來說又代表什麼意思呢？

從個體投射模版所得出的建議是，如果我對某些，比如像是我的寵物，所表現出的行為有所反應，對我來說意味著什麼？

要解答這個問題，就得需要一位懂得破譯的治療師來介入干預。

犬隻品種選擇的投射

雖然不可能在這裡羅列出所有寵物和飼主個體投射的案例，但我會描述一些主要的犬隻，當牠們因為特定功能而被選擇飼養時，飼主性格與犬隻品種的關聯性。一般來說，人類的投射與犬隻所表現出來的能力恰好相反，這些投射只表現了人類個性的其中一個面向。

人類在犬隻身上收回了一些他們面對社會（文化、宗教）時所丟失的權力和威信。

什麼樣的人格特質適合什麼樣的狗？

- **牧羊犬。**

適用於聚集羊群的牧羊犬（如邊境牧羊犬、澳大利亞牧羊犬等），展現出搜集和積累的能力。相關的人格投射包含害怕失去、佔有慾和偏好累積（價值觀、訊息、知識）。

- **護衛犬（以及分流出來的戰鬥犬）。**

展現出對敵意的保護能力。在人格投射中體現的是自卑和優越交融的複雜心理。有趣的是，這種類型的狗往往會遭受到種族主義法條的攻擊，或是遭到企圖性的滅絕。

- **槍獵犬，如嗅覺獵犬（小獵犬、布拉克犬、指標犬、巴吉度犬等）或是尋回犬（拉布拉多犬、黃金獵犬等）。**

展現出定位、引導的能力。投射在缺乏方向感的人格特質上。有趣的觀察是，在這個品種當中選擇的導盲犬，能夠引導外出和返家的路途；而選擇護衛犬品種作為導盲犬（例如德國牧羊犬），比起引導的作用，顯露出更多對於對保護的需求。

· **㹴犬狂（臘腸犬）**。
展現出安心、（對他們的意圖）忠誠和堅忍不拔。投射在喜愛這些特質的人身上。

· **競賽犬（格雷伊獵犬、哈士奇）或運動競技犬（例如敏捷的邊境牧羊犬）**。
展現的是實現的能力。投射的是那些無法自我實踐的人。除此之外，牠們也被認為是最能與人類合作，而非依賴的犬科。

· **巨型犬（愛爾蘭獵狼犬、巨型貴賓犬、聖伯納犬等）**。
表現出過度發展的能量。投射的是內心受到傷害而過度膨脹的精神自我。

· **陪伴犬（迷你貴賓犬、比熊犬、拉薩犬、獅子狗、蝴蝶犬等）**。
展現的是同情以及／或是開心果的能力。也就是吸納飼主所投射的愁苦（抑鬱、悲傷、憤恨、走投無路、畏縮……等）。也因此這類型的犬種成為人類伴侶的一種情感藥物。

話說回來，投射並非事實的真相，而更像是開啟和自己對話的那一扇門。

○普遍的責任

從二元論的觀點來看，人們通常對刺激的觸發作出反應。為了變得更好，以為只要刪除或修改觸發點便足矣。這就是當寵物造成困擾時，飼主向我提出的要求：「只要能改變我的寵物貓或寵物狗的行為，我就能更快樂！」確實，我們可以在有限的動物特質範圍內，用比較可以被接受的行為來取代寵物的問題行為。

但從系統性的觀點來看，在問題之中我們是被動同時也是主動的。要解決問題，就必須也肩擔起自我改變的責任。

用普遍責任、業障、道家、荷歐波諾波諾（Ho'oponopono）或量子哲學的觀點來看，我們都在努力從根本上改變自己。既然我們沒有辦法控制別人，也很難改變別人，而且最終我們還是必須對自己的生活負責，特別是要對自己感受和生活的方式負責。那麼，解套的方式，就只有敞開心懷接納發生在我們身上的事，以及改變自己。

改變自己

人類（或動物）是基因和經驗交互作用、信仰和外在條件複雜構成的產物，會對特定的情境做出反應行為。我們很難改變基因和生活經歷，然而，有朝一日卻有可能改變過去習慣的信仰和條件，但這些信仰和條件，在今時今日或許只淪為無用的負擔，甚至阻礙了我們的福祉和個人發展。

接納自我

對於那些無法接受改變的人來說，能夠接納自己就已經很足夠了，對他們來說這無疑已經是最困難的事。在所有的動物之中，人類擁有一顆蓬勃發展的腦袋，這是一份天賦，卻同時也是一個災禍。大腦不停思考，人類必須在嘈雜的噪音中採取行動。這些噪音甚至會永久存在，能在寄生的長篇廢論之中，將兩個通情達理的思緒梳理出來，簡直是一種奇蹟。在這種過度發展甚至是有點病態發展的功能中，憂慮和評斷起了重要的作用。人們罕能接納自我，總是與他人相提並論，然而除了自己之外，沒有人能和你擁有相同的生活。每個人都是獨一無二的，每一個人生也都是無與倫比的。但即便如此，人們還是在身體上、心靈上將自己與社會（或他人）理想化的標準做比較。

人們罕能接納自我。

在普遍責任的哲理中，人們選擇自己的模樣、存在的地點和時間、與誰一起生活著。人類就像動物一樣，可能受到特殊遺傳基因的影響而焦慮、抑鬱、衝動與興奮。在未能有精神藥物的作用而強行制約基因表達的情況下，除了接受自己並採取行動之外，還能有其他辦法嗎？

如果我有一個焦慮的人格，能預見未來會出現的厭惡情況，也許是一個我完全無法忍受的情況，但我知道自己的思維模式以及感知世界的方式並不會有所改變，若有一天我不再焦慮了，抑鬱從我的生活中消失了，我也不會為此而感到快樂。儘管焦慮、抑鬱、痛苦，我仍然能生活著、努力著。正是因為接納自己這方面的個性，不完全相信大腦喧囂又折騰地創造出來的那些災難，我才能完整地活著。而這便是日常。

如果我活在失望之中，被過往的懊悔與罪惡感折磨，有朝一日當我不再相信自己腦中的長篇大論，我會相當開心，一步又一步紮實地踏在追尋幸福與個人創造力的路上。

從經驗中自我接納

生活的本質就是採取行動。但是，在被遺傳因子、被社會、文化、信仰、慣性、以及身體束縛住的情況之下，該怎麼行動呢？方法無它，雖然不總是容易的，但仍然必須一步一腳印地向前行。

蹣跚學步的嬰兒為我們展示的是日常生活中的奇蹟，跌倒了一百次，就在第一百零一次重新站起來，這是多麼強韌的動機。當我們解釋混沌理論時，初始狀態的一個細微調整、一個實際行動、一個微乎其微的事件也可能帶來可觀的影響。有些人可能會擔憂這些影響的不安全性，後悔參與了行動，想收回勇往直前的勇氣。但也可以選擇從經驗中接納自己，包容那些作為後果的情緒紊亂和信念騷動。

結論與建議

世界作為一個幻象，我們都只是活在各種詮釋和信仰之中。這些模板和信仰的好處，並不是讓我們更接近真實的世界，而是讓我們瀏覽這個世界。我們所擁有的模版越多，就擁有越多的辦法或能力，解決在過程中遇到的問題。在行為世界之中，有些模版比其他模版來得更為有效：像是行為療法、系統性干預、認知重組、精神藥物或反古典制約等。

在人類和寵物的關係世界裡，投射模版大量作用在自己的身上。關鍵的解碼要素在於：「這件事告訴了我自己什麼事？」於此，我為自己的知覺、行為和感受負起責任，或甚至在精神哲學當中為我帶來了獨特的生命經驗，即便是在我沒有意識到的情況之下。如此一來，我再也不是受害者的角色，而是自己生命事件的共同創作家。

更多資訊請參閱第 473 頁。

繼續前進

我們通常稱之為個人發展的這些努力，都不盡然是為了治療自己，而是讓自己的內心生活更溫暖、安祥、幸福、澄澈、且更具創意，同時繼續真正的生活著。也就是繼續和這個世界打交道。有時容易，有時難。但最重要的是每一次都能和自己說：我已有所學習與成長……。

4

CHAPTER

20

我們該往哪去？跟著自身生命的價值走

弗列迪克・豐傑醫生
(Dr. Frédéric Fanget)

精神科醫生異於常人嗎？在諮詢的過程中，我總有一種感覺，病患似乎認為我是超人。他們詢問我的問題、等待我回覆時的不安情緒、對我給出的建議言聽計從、面對我的態度、我的一個皺眉，讓我有時候覺得自己像是座雕像。好像我應該有一個完美的人生，尤其是能對所有問題持有正確答案。畢竟精神科醫生無所不知，可以理解所有的問題，解答所有的事。但是事實上，精神科醫生就像尋常人一樣，有各自的極限、麻煩、焦慮、未能解決的問題、成功、和失敗。

唯一不同的是，精神科醫生的工作是試圖（和對方一起）去了解問題，並盡可能地協助對方，精神科醫生是見證者、同事，也是同伴。

○「你要去哪裡呢？」——治療師一生的價值

有時候我的病患可能在想：「這位治療師要帶領我往哪去呢？他知道自己要去哪裡嗎？為什麼他要這麼做？」關於這一點，恰好與給人難以接近、甚至是難以捉摸的心理學家印象相反的是：了解你的治療師、明白他的人生軌跡、他的生活，更簡單的說就是進入他的幕後人生，可能對你會有所幫助。因此我給你的建議，如同我給我自己的一樣：在你的過去、現在以及未來之中尋找你的價值。

花了四十年才明白自己的專業選擇

我花了四十年的時間，才開始明白自己為什麼成為一名精神科醫生，而且至今還有很多事尚待我去發現！長久以來我都誤解了自己的初衷，三十多歲的時候，我剛完成我的專業學程，當人們問我「為什麼你要作一名精神科醫生？」我幾乎可以反射性斷然回答：「我從小就想成為一名醫生。」每當救護車經過時，母親就會告訴我：「停下來，先不要說話，仔細聽救護車和你說什麼，他說：『我想當醫生』。」我從未質疑過這個想法，所以我通過了高考，進入醫學院，對自己沒有太多的質疑。

但當你不質疑自己的時候，人生就來質疑你了。我原是想成為家庭內科醫生，醫學院第四年的夏天，我選擇到精神病學去做外部實習，這個實習以工作量少而聞名。我只有一個念頭：完美的暑期實習，可以休息，還可以娛樂。我淡然地來到實習場所，事情卻出乎意料之外地與我的期待全然相反。實習導師非常優秀！最重要的是，我很驚訝自己竟然對一個從未考慮過的專業這麼有興趣！但是，那時我依然堅持：「不對，你是想成為內科醫師的，堅持住啊。」

過了幾年之後，我開始第一份關於內分泌學的內部實習。不同於其他實習生對於激素、腦下垂體或腎上腺功能的興趣，在這個非常依賴專業技術的背景條件下，我卻對患有神經性厭食症的年輕患者情有獨鍾。其他的實習生和我說：「這是心理學呀，我不感興趣。」好吧，既然這樣，那我便恭敬不如從命。

這些恐慌的人讓我非常感興趣

我選擇心臟病學做為我的下一份實習工作。心肌梗塞的治療讓同事們躍躍欲試，覺得自己在挽救生命——這也不僅僅只是「覺得」。然而他們對那些受心悸所苦的恐慌病患感到不耐煩，在做了一大圈心臟檢查之後卻發現什麼事都沒有，「這些恐慌簡直是在浪費時間。」

他們這麼說。但這些恐慌的病患卻讓我非常感興趣，而且我不得不承認，我已經開始對醫療技術失去熱情。在我接近完成學業的二十五歲那一年，我代替了一名全科醫師的工作，獨自面對所有的病症。而這個經驗又讓我再次確信，心理學以及精神病學才是我想要的。

於是我又回到了精神病學的實習之中，成為一名精神科醫師。

什麼樣的方法有助於找到自己的道路呢？

我相信將是一種開放的態度，意想不到的、驚喜的、果敢的，而且必須懂得打破常規。假如你眼前的道路似乎都定位好了，有時候意料之外的事能幫助你轉變人生。別拒絕意外的來訪，隨時抓住當下出現的機會。對我來說就是這麼回事。

接受並走入一條全新的路徑

幾年之後，我再次經歷了同樣的事。我剛認識出版了一系列心理學書籍的克里斯多夫・翁推（Christophe André）時，他和我說：「Frédéric，我很希望你為歐蒂・賈克伯（Odile

Jacob）出版社寫一本關於自信心的書。」這個提議太讓我受寵若驚！於是我提醒克里斯多夫，高考的時候，滿分二十分的法文科目我可是只拿了六分！就算我認為自己是具有才賦的演說家，我也只能自認是蹩腳的作家。

我和他說讓我思考幾天，最後，我還是決定接受這項邀約。

在新的情勢之下，什麼樣的因素能夠幫助我下決定？

當其他人向我們提議某件事的時候，別認為自己是沒有能力達成的，檢視這項提議的背景和原因，有助於我們做出決定。在這個例子當中，出於我對克里斯多夫的尊重，我熟知他的著作，同樣也出於我對歐蒂·賈克伯出版社以出版高質量著作而聞名的尊敬，以及克里斯多夫的堅持不懈，是他們苦心研讀了我的工作內容，才讓我決心投身於這項工作之中。不過同時我也想到，我也老大不小了，因此面對可能的失敗特別憂心忡忡。套一句穆斯林的格言：「Inch'Allah（願真主保佑！）」

但是實際上，即便你對自己多有懷疑，但若有人如此器重你、向你提議，為何不姑且聽從這項提議呢？

展開意料之外計畫的絕佳理由

如果你畏懼展開一場新的冒險、對自己多有懷疑、擔心無法勝任，那麼我提供你一種簡單的方法。

寫下開始這項新計畫的優點和缺點，以及如果選擇不開始這項計畫的缺點。大部分的情況下，哪怕承擔些許風險，不嘗試都會比起決定去做失去更多，這在權衡做與不做、評估優點和缺點、以及消除可能的危險之後，答案便會非常明顯。

如果你仔細觀察，你會發現一般來說，比起認為不必然成功而怯步，或是聽信有時是不合情理且過分的恐懼心理，你會更想要抓住機會。

瞭解自己的人生歷程，確立自己的價值

這裡要談的仍然是書寫作品。這次分享的是我的著作《你要去哪裡？心理學家賦予生命的意義。（Où vas-tu? les réponses de la psychologie pour donner du sens à sa vie.）》。在這本書中我逼迫自己向自己提問、對生活做出評估。我將與你們分享一些經驗，是與那些幫助過

我的小技巧有關，或許也可以幫助你找到自己的價值。

了解自己的傳記

首先，我寫下了自傳，在此我便不多做贅述。小時候我與父母生活在貧困之中。父親為了妻子和扶養三個孩子的日常所需，辛勤地工作，日以繼夜，所以當我看見他的時候，總是身負著巨量的工作。但父親從不抱怨，知足常樂的他，總是說能夠保有工作已經夠好了。他一週工作六天，週日他會帶我們沿著國道七號直到海邊（當時尚未有高速公路），游泳。父親對於工作的那份堅毅深深烙印在我心中，他讓我明白工作能夠幫助整個家庭渡過難關。所以我很年輕的時候就對工作情有獨鍾，我相信也是因為如此，讓我往後在進入了非常消耗能量的醫學院就讀時能夠無所畏懼，即使我對於唸書並不特別有天份。

接著是母親的傳記，特別是她的童年往事啟發了我選擇成為一位精神科醫師。由於她的媽媽忙於照顧其他兄弟姐妹，實在無力再撫養更多孩子，母親很小的時候就被棄養，一個人孤伶伶地被家庭排除在外。我看著她這一生都為此受苦，我相信我是想要撫平她靈魂中的傷口，因此選擇成為一位精神科醫師。這可能也是比我適才所提及的，更往根源處的原因。雖然說由於實習和職務替代的緣故，我在實習之後才確立自己作為精神科醫師的選擇，但事實上，這個選擇打從一開始就存在了。

如何爲自己的人生評估，並且找到自己的價値？

如果你正在歷經一段詢問生命意義的時期，可以試著以這個回溯生命歷程的方法幫助自己，從而找回你原本的生活軌道。例如，你可以和你的父母、親友和周遭的人聊聊你的童年，徵求許多人不同的回憶通常很有用。你可以藉由相冊來開啟和親友的對話，你將會發現許多的細節漸漸湧現。別猶豫，和他們討論這些紀實照片，向他們詢問更多細節：「照片裡的人叫什麼名字？是否還記得你的那個時候？那個時候的你是什麼樣子的？行為表現如何？性格呢？……」

你也可以透過學校的小冊子、重新閱讀老師給的評語、重看班級相簿，並且和你周遭的人討論這些事。或者也可以藉由那些你對父母感興趣的問題來完成你的傳記：比如過去他們是如何生活的？帶著什麼樣的價值觀成長？他們的家庭文化是什麼？他們的父母親如何與他們相處？……記錄你的雙親或是周遭親友的故事會很有幫助，了解他們的童年生活、家庭和文化背景、或是曾歷經過的戰爭，傳承這些紀錄給你的孩子和未來世代。

生命的旅程是跨世代的，我們繼承於過去，傳承給未來。拋棄詮釋，以事實、回憶與事件為基礎來尋覓過往，尋覓過往對於照亮人生的道路是如虎添翼。

第二個靠向人生價值的方式，便是探討當下。這便是我們接下來要看到的。

○「如今你過得如何？」：選定當下的價值

我時常向我的患者提出這個問題，特別是那些遭受壓力凌遲的人。我總覺得部分的患者並沒有真正的生活著，他們錯置了生活的方向。他們成日裡做了千百件事，忙得焦頭爛額，但是最終卻一點也不快樂，因為這些事都不是最重要的。最重要的事情是能夠照顧身邊的人，做一個好爸爸或好媽媽，懂得給予或照顧自己和自己的需求。這些事已經沒有時間再等待了。我經常詢問他們，對他們來說最重要的是什麼？但在拋出這個問題之前，在這個令人不安的階段之前，我建議採取活動規劃的練習，來思考你當前的生活價值。

活動規劃的練習

當你要做出一個決定或選擇時，這個練習非常有用。方法很簡單：在一張紙上羅列出你的每週活動，詳細記錄每一日和每一個小時。接著由一分到十分，為每個活動都加上一個該活動對你而言的快樂指數，以及付諸行動的程度指數，並在另外一張紙上羅列出你的人生主要目標。過了八天之後，比較你的人生主要目標和活動規劃清單，衡量過去的一週內，你是否真的專注於你的主要目標。若你偏離了人生的主軸，你將會從中意識到這點。你花了一週的時間處理那些不屬於你主要目標的事，而且非常不幸的，只花了微薄的時間在主要的目標上，例如陪伴你的孩子成展，或是經營你和另一半之間有質量的關係。

我的一個患者，馬丁，每日工作十四個小時，完全沒有意識到自己忽略了他那位身心障礙兒子的教育。即便這是他的人生意義，但他卻沒有為此投入時間。

尋覓過往對於照亮人生的道路是如虎添翼。

「如今我過得如何？」——回到自己

我特別想起了一位心理學家，我也時常在他的人生中對他拋出這個問題。大約在四十歲左右的時候，我面臨了一個巨大的疲勞打擊，導致我進行了一次完整的醫療評估。在非常嚴謹的評估之後，內科教授（又來了！又是內科醫師！）向我解釋，我是受到壓力過大的影響。我回答他：「別擔心，我會乾脆去租一個在阿爾代什省的房子，然後在那裡種番茄，一切回歸平靜。」而這位教授，儘管是嚴肅了些，仍舊不失幽默地回答我：「是的，弗列迪克先生，但就像我看見你如今的工作一樣，如果你真的去了阿爾代什省種番茄，很快你就會變成一個試圖出口番茄到全法國、然後再到全歐洲的生產者。依我看，你依舊會因為壓力過大而回來找我。」

這個評論讓我大吃一驚，他說的真對！事實上問題並不在於改變人生的方向，不在於從精神病醫師變成番茄的生產者，而是生活方式亮起了紅燈。我意識到我對自己太過嚴苛，彷若巴蛇吞象。在與人格特質相關的好與壞方面，我可能是個完美主義者。我知道是我的完美主義使我成功地成為一名醫生，能夠盡責地執行我的工作（對我來說非常重要的一個價值，同樣對我的父親來說也是）。完美主義是我成功和幸福的來源，但是這份完美主義也同樣讓我開始自掘墳墓：過度的完美主義、過多的能量消耗、長期的筋疲力竭。就像在心理學中時常出現的情況，同樣的特質可以涵蓋從良好到過度、從優良到極端相反的行為。

讓生活的事件重新活躍

使用活動規劃來評估生活，並且定期定義你的目標。無論是規律的活動間距或是重大事件，都有助於你明白自己在價值中身處何處，以及了解你正生活的當下。我曾經有過一次這樣的機會重新評估我的生活。

那一次我發生了嚴重的車禍，導致我的手肘喪失部分的活動性，只好暫停工作幾個月。這是我第一次停下工作，過去我從來沒有任何一天停下工作，我從來沒想過這件事會發生在我身上。一夕之間，我發現自己竟然這麼仰賴別人，不能切肉排、扣釦子或是穿鞋。在這個面臨重大事件或者出乎意料之外的事時，人們開始詢問自己與生命價值有關的問題。我人生的價值——也就是我做一位優良醫生或是優良精神科醫師的這個工作，在意外之後仍然可以繼續下去嗎？我該怎麼繼續下去？

離婚的時候，我也重新思考了我的生命價值。歷經了三十二年婚姻的流金歲月，一見鐘情卻來到了我的生命當中。「夫妻」、「家庭」、「子女」的價值於我而言，會變成什麼？我深信，在離婚的那些時刻，是生命價值的檢視讓我能度過風雨。比起身旁的伴侶們，我確實更為開放，也開始和朋友中的伴侶們談論更多兩人生活上的問題。不少人告訴我，離了婚之後的我更能夠對他人敞開心房了。

而「子女」的價值存在我的生命已久，但我卻因工作的緣故多有疏忽，如今又重回到了我的第一順位。加深孩子與我的聯繫這件事非常迫切（特別我的孩子們已經長大了），必須找回我們之間的依戀之情。至於我的身體，自從最近我意識到健康並不是生命的價值，而是讓我們能夠實踐計畫的一種方法或工具，我便非常在意。但人往往是失去時才能明白這個道理。

生活為我們呈上的事件，有時候看似負面，卻可以豐富我們、有助於改善生活的價值。一如所見，這些價值建立於過去，重新生成於當下，並透過這兩個實質的問題投射在未來之中：「什麼是我所要傳達的？」、「它將為我的之後留下什麼？」

○「你要去哪裡？」——阿里阿德涅的線，掌握生活的意義

如何探查你未來的價值？

通常我會提議做一個被我稱之為「生命最後一刻」的練習，方法如下：我會詢問相關人士：「如果你會在一分鐘之內死亡，你首先最後悔的是什麼？第二個呢？第三個呢？」然後我接著問：「那你第一個最自豪會是什麼？第二、第三個呢？」坦白說，當你回答最後悔的第一件事時，那便是對你來說生命最重要的事。因此我會和患者說：「若是這件事你還沒去實踐，那麼現在就去做吧，就從今晚開始，或最晚明天。」當下最迫切的，就是朝向你遺憾尚未實踐的那件事邁出第一步。這些問句，正是當我發生意外以及離婚的時候，我向自己提出的問題。

最常被提及的生活價值

以下是在「生命最後一刻」的練習中，我的患者最常提及的生命價值：

▪做一位好的父母親；

▪照顧家人、子女、配偶，以及那位已在生命最終章的父親；

▪樂善好施，思想開放；

▪有福同享，人道關懷；

▪培養藝術感；

▪培養對美好事物的欣賞；

▪培養對美學及裝飾的品味；

▪培植信仰。通常與宗教或政治相關；

▪公平公正，對他們來說正義至關重要；

▪善良與憐憫；

▪其他

那你呢？換你來做這個小練習的時候，你會怎麼說？

生命的價值是方向，不是目標

生命價值沒有好壞。那些號誌僅是為我們指出行駛的方向，並沒有等級之分。就像「南邊和東邊，哪個比較好？」的問題一樣，沒有任何意義，每個方向都有各自的優點和缺陷。但現實上來說，為什麼我們選擇的是這個方向呢？想像你正在一個圓環裡，繞著圈子行駛，而你要從哪個出口離開呢？這個出口會帶你到一個方向去，但究竟是哪一個？在你到達之前你不會知道答案，意思是如果你從里昂離開並決定往西部去，你將會停在聖德田、羅阿納、布魯日還是南特？還是你會穿越整個大西洋去到紐約、加州、甚至太平洋？

無論你要去哪裡，重要的是，每個人都能找到適合自己的方向，保有自己的航道。

重要的是，每個人都能找到適合自己的方向。

○什麼是生活的評估？

一般的情況下，患者前來諮詢，和我說：「我要為生活做一個評估。」接著區分生活成功和失敗的兩個部分。然而，生命的價值並不如資產負債表，沒有成功，更沒有失敗，唯有的僅僅像是這些句子：「我是否已經走在自己決定好的道路上？」、「我與自己是緊密相連的嗎？」、「我會在孩子心中留下一個我希望給予他們的形象嗎？」生命的價值不能被評斷，也不可被衡量，能被估計的只有我們試著用來回覆人生價值的方法。但即便有這些方法引導我們的航向，我們依然有權另闢蹊徑。只要你依然在路上，就算迷失了方向，也永遠都有辦法再度迎頭趕上。就像現代化的 GPS 吧，就算給了錯誤的方向，也還是能指出一條通往目的地的道路。接受嘗試和尋找，保持開放的心迎接突如其來的意外，也同樣是為生活帶來意義。

更多資訊請參閱第 477 頁。

21

轉換或結合其他方式：兩種改變的方法

羅傑・讚布亨南
(Roger Zumbrunnen)

生活中觸了礁，但你對如何反轉情勢卻毫無頭緒？或是情況尚且過得去，但你覺得可以更好，你還可以改善情況？又或者你因過往的習慣反應不適用於新情境中，而處於不穩定的狀態？以上三種情況皆指向一個唯一的辦法：改變。然而改變有其法則，了解與應用這些法則，便是提供自己絕佳的機會，在需要或必要的時候成功地進行改變。以下是我從個人改變的經驗中學到的一些事。

如何改變？

提及「改變」，我們自然而然想到的是用別的東西（或別人）來替代某個東西（或某個人）。改變行為（「行為」在此以廣義理解，指在特定情況之下，行為、思考和感受的動作）指的是「轉換」，也就是用另外一個被認為適當的、更合宜的行為來取代不合適的行為，因此轉換是動作的改變。還有一個和轉換相反的改變方法，是結合其他方式。就我個人而言，我花了很多時間來構思如何結合其他方式，使之成為一種改變的方法，稍後我將會多做解釋。當我的某些病患因為聽到我建議他們走上這條改變的路而讓他們吃驚時，我並不覺得詫異。出於這個原因，我稍後會在這個方法上多停留一些時間。

事實上，轉換和結合其他方式是兩種互補的改變模式，就讓我們看看如何付諸實踐。

◯轉換

轉換指的是用一個新的、更能被情況所接受的、更適合自己意願的行為，來取代不合適的、無效用的、不受期待的行為。要做到這點，必須拿出一點想像力來尋找新的行為方式、思考方式和感覺方式。當我們發現了某一種新的方式，也有必要檢驗其可行性和有效性，留下行得通的那些方法，孜孜矻矻地練習，直到新的行為能夠妥善地被採用。

案例：考試怯場

雅各，我的其中一位病患，是一名被不安情緒嚴重影響考試的學生，以致於在多次嘗試之後，他還是在最後一刻放棄了口試。每次當他走進教室裡，他便和自己說：「我爛透了！我一定不會考過！太可怕了，我永遠沒有通過考試的時候。」同時他全身緊繃、發熱、盜汗、雙腿發軟、胃部一陣翻攪。當他談到考試過程時，他便會強調這些痛苦的情緒和災難性的想法，以致於無法整理好思緒，所以他的陳述既混亂又不完整。

在這樣的情況之下，雅各可以考慮這三種改變：❶將這些不愉快的感覺（肌肉緊縮和顫抖）用更合適的感覺來取代，最入門的方法像是伸展肌肉來達到放鬆；❷學習用更實際的思考取代不合理的災難性思考，例如：「確實是有可能失敗的，但誰又能說得準呢？更何況沒通過考試真的就世界末日了嗎？」❸雅各也可以在考試前先用觀察環境（室外景觀、牆壁、裝飾等）來取代專注於令人不愉快的內在現象（痛苦的想法和感覺）。

在我生活當中的轉換

在我作為精神科醫師的職業生涯中，我不斷探索新的解決方法、新的行為和思考模式。事實上，每一次的治療都是一場新的冒險。兩位罹患相同疾病的患者，其症狀存在一些共通點，以強迫症為例，其治療原則是已知的、並且適用於大多數的患者，然而，由於每一種人格和背景的特殊性而有著無限的變化，所以在相似處之外，每種情況事實上都是截然不同的。

也正因如此，治療師和患者發揮創造力的介入才能起作用，換句話說，他們有能力去尋找新的路徑「試探水溫」，選擇看起來最合適、最有效的解決方案。這項工作是在治療師和患者合作的精神下完成的，是一個積極的合作夥伴，在充分了解緣由的基礎上，透過反覆試驗探索進步的過程。

轉換在我的私人生活中也同樣運作。例如我逐漸適應孩子們長大、成為成年人的態度，適應看待他們以及和他們說話的方式；也在我的年紀和身體上的限制起了作用，因為膝蓋已負荷不了而放棄了網球，改以平緩的自行車替代；以及強制自己遵守嚴苛的飲食規則，不過歷時短暫，因為我實在不想長時間放棄餐桌上

在相似處之外，每種情況都是截然不同的。

的樂趣；還有在屏棄不好的習慣時，需要花上更多的時間；轉換更是在我學習重返花園種植蔬菜時作用，在那之前我像被限制了思考似地，總是不假思索的吃掉那些神奇地出現在餐盤上的葉菜沙拉。

結合其他方式：祖母的教誨

這是一條漫漫旅途，最後我才明白與其他方式結合的意思，指的是能夠接受現實，同樣也是一種真正實現改變的方式。

那一場我拒絕聆聽的談話

很久以前的事了。那一場發生在我大約十來歲和祖母的對話，讓我大吃一驚，甚至可以說是震撼。儘管祖母年事已高，她依然保持不錯的生活狀態，獨立生活著，偶爾展露出她對生活的品味。然而在一天下午我去拜訪她時，對話當中，祖母自然又輕巧地說：「你知道嗎，現在正是我該離開的時候了。我生活得很幸福，我有我活在世上的那些歲月、我的快樂、和我的不幸。現在我可以安靜的離開了，這就是我想要的。」突然之間，我也不知道該說什麼好，我只能抗議，反駁她不該胡言亂語，她會長命百歲的，她會的。當時我沒有明白自己愚昧的發言潦草地掩飾我的慌亂與不安。想到親愛的祖母將會過世讓我太過傷心，而且我非常不高興比起我的陪伴，她更偏好與死神為伍。

過了不久，她的願望便得到應許，在一場短暫的疾病之後「長眠」，回到她摯愛的親人身邊了。那時候我沒能看、也讓我花了一段時間才明白的，是在我與她談話的當下，祖母已在心裡發展我「對死亡的想法」。是她和我說話的方式促使我思考，她並非帶著恐懼而勉強自己服從死亡，而是寧靜地接納它。這個生命階段遠非一場失敗或退卻，而是標誌著一個轉折點，一個決定性的改變，讓她泰然地接納自己生命的盡頭。這大概也是為什麼在她的腦海中，活著的人可以愉快地與亡者參合。

我花上一段時間才明白祖母的教誨。當然，年輕人可能並不認為非得要接受現況才能夠有所改變。然而，很明顯地，接受死亡的這個想法深刻改變了祖母的觀感，最終我才明白，改變並不一定是調整行為。能夠接受現實，不管有多苦，也同樣帶來真實且深刻的改變。只是即便如此，我仍然必須變得成熟且歷經滄桑，在我能夠看透事物之前。

接受現實，不管有多苦，也同樣帶來真實且深刻的改變。

接受現實，不管有多苦，也同樣帶來真實且深刻的改變。

患者讓我受挫的一件事

和祖母這一場談話的幾年之後，我也面臨到了年輕醫生和遲暮患者的棘手問題。如今我很後悔，但我也必須承認當時我面對患者的行為，和我在面對祖母時的行為，都犯了同樣的錯。我不想、也不願意聽見這些男男女女已經接受了他們的死亡，而我自己卻仍舊為他們的生命奮戰著。他們已經通過了一個決定性的過程，並且採取相應的反應。尷尬的是，只要他們真心向我吐露生命最後這一段路期間的希望（或絕望），或者當他們請求我來安排他們的葬禮，作為他們人生最後的願望時，我便會儘早結束面談。然而我是一名醫生，在我踏上這條路的時候，就應該準備好和死亡交鋒。難道我沒有從這些與死亡照面的學習中做好準備嗎？作為一位醫學院學生，在詳細研究了植物與動物之後，需歷時好幾個月的時間以仔細解剖一個大體，我難道沒有在第一次與人體接觸之後就「免疫」？儘管有這些粗淺的解剖背景，作為剛入院的醫生，當時的我太過急於施展我的治療能力，來讓自己接受在救助病患這件事情上的無能為力。

後來，我在一間普通的大學醫院當了十多年的精神科醫生。在這樣的機緣之下，我有機會參加一項關於心理適應生理疾病機制的研究工作。在我與研究負責人——年長我二十來歲的愛德嘉・海因姆（Edgar Heim）的對話中，我告訴他，我不明白為什麼他將所謂的「堅定接受」列入有效的適應策略清單當中。對我來說，這樣的行為相當於放棄或失敗主義。即便海因姆耐心解釋，我仍然無法發掘這個方式的適應性或有效性。

結合其他方式的科學基礎

終於，我在行為與認知療法的訓練，以及伴隨年紀增長而來的領悟，才讓我理解「結合其他方式」作為一項有力的關鍵，並且讓我願意付諸實踐。為了幫助患者進行改變，行為與認知療法提供了學習法則的兩個槓桿：操作制約及回應改變。

操作制約及回應改變

操作制約源自於二十世紀上半葉美國心理學家愛德華・李・桑代克（Edward Lee Thorndike）及伯爾赫斯・弗雷德里克・史金納（Burrhus Frederic Skinner）的研究，指的是尋找比習慣性的行為更為合適或有效的行為。例如。焦慮患者學習放鬆的方法，就是讓自己在迎戰引起焦慮的情況時能夠更和緩；憂鬱患者學習用更貼近現實的觀點，取代過度消極和失敗主義的想法，也許能令人較為不沮喪。至於回應改變則是源自於俄羅斯醫生伊凡・巴夫洛夫（Ivan Pavlov）在十九世紀末期的研究。

適應和重大事件

巴夫洛夫眾所皆知的研究中已經描述了適應的現象，受試者暴露在反覆且連續的動作之中，最終會習慣於一項刺激。適應的機制看似簡單，事實上卻是一個複雜的現象，適應機制在人接觸新奇事物時扮演著積極的角色。在實驗中，一位恐懼症患者被鼓勵逐漸、並且系統性地面對引起害怕的事物，像是在公開場合發言、與某位畏懼的人攀交談、待在密閉空間之中、高速公路駕駛等。持續不斷地暴露在焦慮的源頭逐漸減少了焦慮反應，直至消失。所有的練習，無論是運動、專業技能或是藝術，都是根基於適應機制而反覆地曝露。也可以用在適應內在的狀態，例如感覺和想法，用來調解一些不愉快的感覺，諸如心悸、渾身脹熱、顫抖和悲痛，也可以用來應付不安的想法。我的祖母和那些病患可能就是在他們生命的最終程，用各種方式去對抗而至能夠成功駕馭死亡的想法：藉由一些內在的努力、藉由與鏡子所映照出的圖像反覆對抗、藉由他人雙眼的凝視，但也或許是藉由比我更為開放的讀物或是和人們交談。

一種全新的治療路線：學會接受

近年來，「接受」已經成為一個認知行為心理治療師明確的關注點，其概念同樣是認知與心理治療新趨勢的核心，意即「接納與承諾治療」。顧名思義，這個由美國心理學家史蒂文・海耶斯（Steven Hayes）所發起的方法，主張不要與痛苦的情緒、回憶和想法對抗，而是去接受與包容，同時鼓勵關注對自己來說真正重要的東西和價值。就我而言，我更偏好使用結合其他方式的說法，即便比起「接受」，結合其他方式聽起來不是那麼典雅，但在我看來，結合其他方式的「結合」恰到好處地強調同化新元素或困難過程中的主動性。此外，我認為將這個改變的過程與出於回應性質的學習，清楚地兩相連結，是相當重要的。正是依靠著紮實的學習法則，認知行為療法才能成功夠獲得嚴謹與效能。

轉換及結合其他方式

平衡與持續的改變將「轉換」與「結合其他方式」和諧地結合，兩種方法密切相關，兩者協力並行，如同兩條腿交替移動，以協調的動作讓我們規律前進。我以「結合其他方式」來邁開第一步，下一步我選擇「轉換」，依此類推。以學習游泳為例，要學會游泳，首先要懂得浸在水中。必須得「結合其他方式」來適應水中環境，很快地我們便會發現那些能在陸地上移動的習慣動作在水中並無效用，這時候必須得有所「轉換」。首先像魚一樣水平地延展開來，不要坐下、站著或者就游了起來，以流體力學來修正胳膊和腿部的動作。然後我們必須回到「結合其他方式」，鞏固新的姿勢和動作，適應它，接著游泳學習的進步便是靠著兩條腿的替換運作。任何建立在藉由「轉換」和「結合其他方式」兩者交替運作而獲得的新行為的改變（並且放棄既有的無效用行為），皆是如此。

我以「結合其他方式」來邁開第一步，下一步我選擇「轉換」，依此類推。

將機會放在自己身邊

變革是一件相當困難的事，需要大量的動力和毅力。為了讓自己獲得絕佳的成功機會，以下是從我經驗中萃取出來的三點建議。

只試著改變那些你能決定的

遵循希臘哲人愛比克泰德（Epictète）的教誨，他建議把努力限制在自己能控制的事物上，也就是指自己的行為。想要改變那些你無法掌控的一切只是鏡花水月、虛擲光陰，尤其對於那些渴望改變的人來說注定會挫敗。我試著在治療過程中遵循這個原則，因此，當一位患者在我面前大肆抱怨她的丈夫，並且帶著攻擊和輕視的意味時，我問她：「妳丈夫的行為難道取決於妳嗎？我並不這麼認為。那麼我們在這裡可以做些什麼呢？如果妳願意，我們可以檢視妳的行為，如何能夠改善妳丈夫令人難以忍受的行為。」照顧別人家的洋蔥，總是比看照自家爐灶上的菜餚來得更吸引人與美好，在私人生活當中我日日觀察到這點。回顧自己的行為很快就說服了我，唉，當事情不如願時我也是傾向屈服於咎責他人的快感，而不是辨別並修正屬於自己的那一部分。假手歸咎他人的方法來簡化問題的誘惑無所不在。因為找不到眼鏡而遲到，就推給交通問題，還不忘問候一下那些生活在城市中被糟蹋的事，像是空

我以「結合其他方式」來邁開第一步，下一步我選擇「轉換」，依此類推。

氣污染、越來越不文明的行為，或價格的飆漲等，這份記載著那些或大或小、不幸的瑣事的清單長得幾近看不見盡頭，所以乾脆就把責任歸咎給同類、同伴們，讓自己心裡好過。可惜的是（或幸運的是），這些小快感有如曇花一現，現實才是倔強的，最終會向否認它的人展開報復。我必須承認是我自己忘記把眼鏡放在哪裡了，與我太太沒有關係；是我自己太晚出門，只是交通問題讓我遲到得更久一些；也是我的貪得無厭，推了一把生活中的空氣污染、粗鄙行為舉止和價格上漲等問題。

總而言之，我些微的誠實確實節省了我不少時間。只是我也懷疑自己是否能就此放棄（或喪失）那些或大或小、藉由他人來卸下自己責任的快感？

給自己一個具體而有限的改變目標

模糊的目標是無法被實現的。因此，我們必須制定一個具體的改變目標。一個具體而非抽象的目標意味著有限、可被理解並且採取行動。也因為這是自己的行為，這個目標必須以第一人稱（「我」）來表達。

具體目標的例子

「我要剪掉五公斤」的想法比「我這個樣子不行」來得更具體；「我好希望能夠在別人面前說得上話」也優於「我不相信自己」；比起「我想知道為何我總是這麼衝動躁進。」，「我想學著如何不要這麼衝動躁進。」更能指向一個具體的行動。

利用「指導原則」完成任務！

在我個人的職業生涯中，我將「指導原則」視為備胎，這是一個給予自己、必須牢記於心的指令，必須簡短易於記憶，並且在需要的時刻容易尋獲。這個用語可以做為在危急時刻，受情緒衝擊的影響而迷失時的備忘錄。當我們腦袋一片空白時，這個指令便能提示我們重要的東西，指出應當遵循的道路。

以下是兩個指導原則的使用案例：「你有證據嗎？」是一名對事件立即非常情緒化反應的患者所發現的指導原則，因為她總是過度消極的解讀。兒子為何放學到現在還沒回到家？他肯定是被車撞了！她的丈夫為何沒有照常去工作？他一

把自己的努力限制在取決於自己的事物上。

定是在氣她，或甚至更糟糕，他不敢告訴她什麼糟糕的消息！每當她覺得災難性的劇本又凌駕於她了，這名患者便牢牢抓住這個指導原則，盡可能保持理性來解釋情況而不讓自己陷入驚慌失措。另一個指導原則是「以柔克剛的蘆葦，好過強壯卻折斷在風中的橡樹」，這是我受《拉封丹寓言（Fables de La Fontaine）》所啟發而給病患的建議。而當我覺得自己冥頑不靈、固執己見的時候，便用以自我警惕。

○結語

我總結了本章節的三個「指導原則」作為結論：

- 我的目標是什麼呢？我自己的行為！
- 結合什麼樣的方式呢？另一種改變的方式！
- 我的願望是什麼呢？尊重現實！

更多資訊請參閱第 477 頁。

22

我如何處理工作上的壓力

多明尼克・瑟風 醫生
(Dr. Dominique Servant)

「你是怎麼做到的呢，醫生？你看起來如此冷靜，你從來不覺得有壓力嗎？」這是我經常從病患那裡收到的評語。但他們不能忽略的是，就像其他人一樣，我在工作時同樣也備感壓力，有時候也會焦慮。然而我會試著治療自己，就如同我給予病患的建議。況且我也會盡量不表現出來，畢竟如果他們的心理醫師滿懷著壓力，似乎就太過分了！

每個人都有壓力，我也無可倖免

很少人能夠完全忽略壓力的存在，特別是在職場上。今時今日職場壓力已經是患者前來諮商的首要原因。原因千奇百種，但不外乎是因為緊湊的時間、缺乏認識、職場上的壓迫和困難的人際關係致使壓力產生。但我偶爾也會遇到一些人，能在面對某些讓人驚懼的壓力事件時，表現出掌握局面和完美的距離拿捏。

我的其中一位病患和我描述了關於她的老闆在晚上打手機給她的壓力，老闆要求她安排一個非計畫行程內的會議，隔天一大早就撥電話詢問是否所有與會者都已經聯繫上了並且都方便出席。接下來的整個早上，老闆打了四通電話來再三地確認直到一切都安排妥當。「我並不是生氣，我知道他就是這副德性，但這麼做並不能改變什麼啊，況且就算他沒打給我，我也會在中午以前完成工作。」她說。我仔細聽著，並且問我自己：「她是怎麼做到的？忍受這一切，換作是我的話，我不知道該怎麼做才好。」

我試圖實踐對抗壓力的態度

- 避免在現場作出反應，特別當你已經知道對方就是會一貫給人施加不必要的壓力時。
- 在一日結束之後告訴自己一、兩件已經被完成的正面小事，而且對我們很有用，或是很有意思的小事。

- 短暫休息，就算真的只是一下下，也可以在一整日的疲憊當中為自己充個電。
- 進行其他活動的時候斷開工作，同時也要保留一些時間給自己和家人朋友。

我並不總是能夠完全掌控自己的壓力，但我嘗試運用一些精神和身體上的小方法來避免落入我從未感受到的筋疲力竭，或被稱之為的「倦怠」中。為此，我們對於精神方面的反覆思考必須有所警覺，若沒能好好安置工作上的不滿意和疑慮，這些情緒可能變得具有侵略性。因為，必須特別注意，壓力有時候會直接導致過度勞累、疲累和失去動力，這些都是工作平衡與幸福最糟糕的敵人，必須找到一個良好的劑量分配，並且保持警覺心。只可惜壓力往往源自於工作本身，以及源自於安排工作的那些人，關於這點我們束手無策，必須在艱困的夾縫中求得生存。

但我也認為工作上些許的壓力和緊張能帶來好效果。前人一定說過：「我們只能了解自己的感受。」記得我還在念醫學院的時候，有一位具有高度人文主義意識的大學教授，同時也極具幽默感，他告訴我們：「醫學院在培訓的過程中唯一不教授的，就是生病的過程。這非常可惜，生一場病能讓你們學到很多。」治療同時也就是分享、理解與激勵自己的情緒，同時又保持著必要的距離。

什麼事最讓我備感壓力？

就像所有人一樣，很長一段時間以來，每一日我都面臨著工作的壓力。我也熬過許多困難的時期，然後繼續好好地生活著。我自問的這個問題，是前來向我諮詢職場壓力的病患或多或少都會提出的問題：什麼事讓我真正感到壓力？我該如何反應？

我提供你們一些反思和小趣事。

我的工作過量了嗎？

我熱愛工作，這讓我感到安心與放鬆。很幸運地我對我的工作很有熱忱，從不覺得無聊。同時我的工作在人際互動上非常豐富，而且在一週內可以完成的任務非常多樣化。周遊在我與病患的諮商、學校的授課、培訓、治療措施、會議、以及少許貢獻於文章或著作的書寫之間，日子過得是相當充實。但如果我減少工作份量呢？好比說，如果我結束了我的工作，我該做些什麼？不過，我想我會非常想念工作的日子。充實的日子沒有消除我對無所事事的疑慮，但我也希望工作

我試著保持清醒：工作並不是一切。

不是一種治療。每一個人都有自己在工作中的期望和價值。工作為我帶來了成就和認可，有時候也是推著我稍微過量地投身其中。對待工作的熱情與工作，變成了一種成癮，兩者之間的界線有時候很狹窄。即時我知道工作在我的生活當中佔有重要的一席之地，然而我從來都不是別人口中的「工作狂」，意思是只為工作著迷，不知道工作之外還可以做些什麼，對工作之外的事一概沒興趣。我試著保持清醒：工作並不是一切。如果工作阻礙我保有興趣地去做某件事、讓我感到疲乏與睏倦，或者最後讓我找不著時間陪伴親人朋友，我會減少工作份量，放慢速度，往後退一步。在此同時，也謝謝你們又再次提醒我這件事。

我是否讓自己的時間超出負荷？

今天我們生活在緊湊的時間當中，工作累積得很迅速，我也無可倖免。就像大家一樣，我也參與了許多活動，時常成為時間的貧戶，而沒有機會同時奉獻時間給我認為重要的工作和私人生活。堆積如山的郵件、新的託付工作、大量的請求……就像大家一樣，我也面臨到了嶄新科技所帶來的事與願違的結果。當年我正開始醫院的職業生涯時，簡單的一封信可能就得耗掉很長時間，先是口述撰稿、然後交予秘書處等候聽打、重新閱讀、有需要時還得修正、最後再署名。如今發送一封郵件幾乎是在彈指之間。同樣的事也發生在我取得寫作和研究工作所需文檔的時候，當年我還是小診所的主管，每週必須在圖書館待上半天的時間只為了複印參考資料，而且也必須先行索取文章，有時候得等上十五天的時間才能通過郵件收到。如今，拜網路所賜，我幾乎是立即可以取得這些資料……。

若說新科技確實讓我的工作變得更加容易，但同時就像大多數人一樣，也讓我浪費時間在其他方面。我必須避免自己經常查看郵箱，或是避免在診療期間讓手機保持開機狀態（我很抱歉，幸好它不是很常響起）。這些內化成為日常的動作，給人一種馬不停蹄行動的幻覺，但是這種向前奔走卻不總是有效率的。我們越來越不是自己時間規劃的主宰者，被捲入無節制的行動主義競賽。例如說，當我還在草擬這篇文章的時候，我已經想到了我下一本書要撰寫的內容。我真的必須留意不讓這場時間競賽使我忘記當下的重要性。

我曾經遭受職場騷擾嗎？

幾年前，我曾經被一直支持我職業生涯的老闆束之高閣。這與一些人所經歷過的道德騷擾無關，只是我更能體會所謂「逼迫請辭」的意思了。我不得不把我的物品從一間非常華美的辦公室搬到一個只有原本三分之一大小的房間。座落在一個不起眼的角落，其實很令人消沈。當我參與一場會議時，當中的每個人都被問及個人的活動計畫，只有我被忽略，什麼也沒問。別人重複我說過的話，焦慮當道，而我也不是投一次遭遇這些事的人。我不再被納入大家的工作計畫之中，而同事的立場和行為則違背著他們自己的意志。

克服被排擠的抗壓法則

- 我一點也不糟糕

最重要的是，我是合理合法的，並無作奸犯科。儘管我看起來像是做錯了事，因為我的工作不再被認可，被評斷為毫無價值。幸好，圈子外的人依然認同我的工作。

- 我不孤立自己

我向我的一位朋友兼同事，同時也是另一個部門的精神病學教授傾訴我的感覺，得到了來自外界的聆聽和支持。特別是一位歡迎我的經理，多年來我非常榮幸能夠在這個單位工作。沒有這些人力支持，就沒有人能夠知道並且理解這個問題。

- 在必要時刻決定去留

那個時候，便是最接近我領著自己要離開醫院職涯的時候。時至今日我必須承認，當時我也拜訪了一些場所，制定了一些計畫準備展開自由的個人活動。但有一次，我問了自己一個問題：我最喜歡的是什麼？我覺得自己在哪裡會最有用？最終我不屈不撓，並且帶著信念地等待，我想要、也必須留在醫院。而如今，我並不後悔。

▪ 從外部重新找回自己

當我面對這種情況的時候，我會和孩子們一起大量運動、或是聆聽音樂……。

事實上，沒有人真的反對我，不過是帶著一個被覺得合理的訊息：「他必須離開。」這種情況下最棘手的是我沒有機會自證、為自己辯解，只覺得被逼往出口而無能為力。這段時間確實不太愉快，我記得自己不得不採取那些我所建議的抗壓原則。

「即使在不幸當中仍有一絲微光。」領悟這句話並不容易。我確實不曾像這段時間一樣地工作過，然而我也嚐到了來自親朋好友的支持，心存感謝，試著以正面心態看待。我意識到有些人對我並不抱持反對，因此在這種情況之下，孤立自己或是消極對待他人徒增困難，毫無意義。

我是否吸收了所有患者的焦慮？

我傾聽病患的次數甚至還多於傾聽親朋好友。當病患前來諮詢，向我表達了他們的痛苦和不適時，偶爾會有些人不好意思「赤裸裸地」表現出情緒，甚至為自己的懊惱與哭泣道歉。我告訴他們，我明白的，我能明白那些不好的事，簡而言之，我的工作是傾聽，我也為此而在。

就像所有的醫護人員一樣，分擔人類的困難是精神科醫師工作的壓力之一，也因此讓精神科醫師在原本工作固有的限制之外額外增加不少困難度。我伴隨過一位癌症病患，她在多年的諮商之後過世了。她告訴我，如果不是因為她的疾病，她不會前來諮詢我，但也由此她仰賴著我們的會面，因為這為她帶來了生活上的舒適和樂趣。然而，有時候我並不覺得自己對她來說很有用。在面對噩耗的時候，不確定性和她的疑慮讓我找不到話語言說，我只能聽她傾訴。在她過世之後，我收到一封來自她丈夫的信，他想告訴我，我們的會面如何讓她變得更好，她很感謝我，在最後的時刻我帶給她許多。終於透過這個人、這封信、這份她所傳遞給我的和平感覺，將我從眾多患者的苦與痛之中釋放出來。這可能是一種同情，就是單純和別人分享情緒而非試圖以無用的詞語來規避。無法給予和接受這些人性動盪的人，無法完成這項工作。若我們吸收了患者的焦慮，也必然因此受到影響。

而我能夠吸收患者的痛苦，也是因為許多人和我分享正面的事情，充滿歡笑的、愉悅的，帶給我有趣的故事，與他們消極的情緒達成平衡。我記得一位富有幽默感的患者，我必須承認，在她向我描述那些渺小的不幸和嘲笑的諮商過程中，我很難保持嚴肅地傾聽。有一次她對我說：「我讓你看笑話了，但我其實很高興。」這就是為什麼在諮商過程中也必須懂得談論快樂的事，我也試圖將某些負面的動盪情緒轉化成積極的態度。這也是為什麼我們不能在一天當中接受太多的病人，這個特點與其他必須和「客戶」相處的職業來說是一樣的，必須有所限度才能保持可以服務的狀態。

最佳的距離

有些人藉由他們的態度和話語來告訴你心中的焦慮，然而他們並不傾聽你，因為他們已經圍困在自己焦慮和憂心的世界當中。在這個情況下，最好的應對態度是什麼？或許，只在於考慮彼此感受的同時，找到合適的距離。

我如何在工作中充分發展

必須再次強調，我熱愛、並且會一直愛著我的工作。所以我想談談讓我繼續享受工作的積極價值觀。我有滿滿的機會在愉快的環境當中，與我敬重與欣賞的人一起進步。我服務於一個知道如何集結合作與友善關係的團隊之中，彼此團結而且關係緊密。當我聽見同事在走廊的笑聲、當我們微笑致意、當我們彼此打招呼、當幽默傳播開來，同樣也都是參與工作的意義。

我是如何成為精神科醫生的

我不能說想要成為精神科醫師這件事是一個「從小的夢想」，反之，是在我職業生涯的每一個階段，這個人生方向逕自引領著我，就像一場必然。我進入醫學院並不是為了成為精神科醫師，我不知道那可能代表什麼。而是在醫學院學習的過程中，我被引導走向精神病學的研究，一門與其他專業截然不同的學科。精神病學不僅只是透過書本和患者來學習，也透過觀察他人、保持好奇和開放的心態，這同時也是世界自然主義和知識份子的共同願景，在這個文學性質上的特性很深得我心。這也是為什麼壓力和焦慮的選擇是自我強迫的，若是把我放進別人的問題當中，我依然備感壓力與焦慮嗎？答案我不曉得。但我可以說的是，我感興趣的是人類的生活，好比說聆聽和分享他們的內心世界。壓力和焦慮可以揭露一個人，他的心理狀態與他的個人經驗。心理治療師是我職業生涯的第三個岔路，我感興趣的是調度、引領與打開每個人走上幸福那條路的可能性。除了治療之外，更是幫助病患理解、採取行動與改變人生的觀點和意義。這就是我踏足心理治療的原因。

我知道這可能是一種特權，但我首要的壓力來自於不能繼續從事我所愛的事，以及不能繼續朝向我試著圖取進步，來更好地幫助別人的那條道路。有些人認為精神科醫生仍然沉浸在純然的智識行動當中，而較少分析周遭的事實和行為。你錯了！精神科醫生同樣也欣賞現存最簡單的事物，同樣也懂得與現實保持聯繫。我甚至認識一位精神科醫生利用他的業餘時間拿到水管工人的專業能力證明書。

很可惜的就是，我沒有這些在日常生活中很受用的手工技能，只能透過撿拾枯葉、修剪庭院的籬笆或草坪、油漆牆壁或是露天咖啡座椅等，來自我治療。這些活動看似重複，卻能讓我放鬆，讓我覺得做了一些具體可見的事。我想，這也是幫助我持續重視我的工作，並且保有現實生活感的小事情之一吧。

我感興趣的是人類的生活，好比說聆聽和分享他們的內心世界。

我的三個關鍵建議：

❶克服困難時期。

很少人沒有經歷過艱難的階段，可能是發生在職場威脅、失業、或是砸下重金的失敗投資時的一段衝突關係。很多時候必須同時戰勝心裡面不公平不正義的感覺、知曉如何面對現狀、並且從外在來為自己重新思考，甚至有時候必須懂得擺脫與反彈。太多人在陷入痛苦的深淵中掙扎與破碎了，懂得預防和採取行動是非常重要的。

❷傳遞正面的價值觀。

有些人總是乘載著壓力，但為什麼工作不能是一個交換、尊重與為他人考慮的地方呢？懂得認識別人的工作、解決衝突，便是工作發展的優點。

❸找到自己的路。

面對工作的時候，我們都沒有相同的價值觀與期望。無論是什麼樣類型的專業活動，每個人都必須能夠在工作中找到充分發展的養分來源。對於某些任務，則必須懂得改變和提前做準備。如果終其一生都執行這項任務，很可能會對他們失去興趣。有些工作閒散，有些工作則汲汲營營；有些工作我們單打獨鬥，有些工作則是和受訪者共同分享；有坐辦公室的工作，也有跑室外活動的工作。但無論如何，我們越能認同工作上的期待，就越有機會在職場上茁壯與綻放。

更多資訊請參閱第 477 頁。

23 相信自己的直覺

貝阿蒂斯・米勒特黑
(Béatrice Millêtre)

「心理學家的祕密、精神學科的竅門……」那意思就是說我得談談自己，但又不可以說得太多。我必須提供一些「訣竅」，不可以是太簡單的，但又要能指點迷津。事實上，我不太清楚在這個主題上到底該說些什麼好，不過我卻是打從心底熟知這個課題。所以呢？

所以，我就一切照常（現在我很了解自己了，知道自己是怎麼一回事），也就是說，什麼都不做。做些別的事，想想我其他的著作和計畫。

就像往常一樣，我坐進車子裡，那些章節就在我開車的時候逕自被撰寫出來，然後我抵達辦公室，打開電腦，只需要將剛剛腦袋中的篇幅做個規劃和安排就水到渠成了。總而言之，一切發生的不知不覺。我只要再重讀一次，檢查拼寫的錯誤就可以完成。「然後呢？」你可能會這樣問我，這跟直覺有什麼關係？這個概念之下我們都做了些什麼？

直覺是什麼？

直覺涵蓋兩個概念。其一，如拉魯斯百科全書（le Petit Larousse）所定義的：在沒有推理的情況下立即攫取的事實，如預感、預料和猜測的能力。也就是說全靠「感覺」。其二，是直覺的推理，以及引導出結論的潛伏過程，這也正是我們在此所感興趣的。事實上，直覺推理雖被廣泛運用，卻不是眾所皆知，也因此導致那些不採用此法的人諸多誤解。

然而，自遠古時代以來，直覺推理就已經存在。

阿基米德和羅丹

最常見和最優異的推理是思想家羅丹的推理方式。在面對問題的時候，人們首先埋頭苦思，從問題的陳述作出第一步推理，再接著推導出第二步，直到得出問題的答案。這是一種順序的推理、邏輯數學推理。採用這種推理模式的人一次只思考一件事：一件事接著一件事，詳細核查。推理是逐漸由先前推斷出的要素所建立起來的，就像數學一樣，只有當我們來到所有跡象的盡頭時，才能得出結論。

順序的推理：一件事接著一件事

想像一下你正在端詳一間辦公室。你的目光從右邊掃過，依序看見電話機、日記本、鉛筆盒、尺、電腦，以及一堆紙張。

另一方面，我們發現了神經科學家所熟知的尤里卡效應（l'effet Eurêka），其中詞語意識是信息處理鏈中的最後一個環節。當然，這並不是一個「全有或全無」的問題，我的目的只是將想法置於兩種推理形式之間。很顯然地阿基米德思考王冠問題有一段時間了，他已經擁有解決問題所需的知識和相當的資訊，只是他尚不能有意識地將兩者結合，因為他並不知道推理的中間步驟（就像我們也不會將每個動作姿勢都拆解成為子序列），但是他的大腦在不知不覺中幫忙做了某些事，在他浸入澡盆的時候把答案推進阿基米德的意識裡，這就是著名的「尤里卡」的來由。這也是為什麼我們必須討論直覺推理。

直覺推理的人是以同時且平行處理的方式來處理所收到的訊息，就好像你可以看見辦公室的全貌。可是言語是序列的（你一次只能說出一個單詞），你對於辦公室內的物件並沒有詞語上的意識，這樣的情況之下，你彷彿沒有辦法掌握到能夠引導你得出推理結論的不同訊息，但接著，突然之間，「啪！」，結論就出現在你的腦袋中，所有的拼圖碎塊都到位了，某種程度上你並沒有發現這件事，因為詞語意識是推理鏈中的最後一個環節。

這個運作就是我們所說的直覺。直覺不是腦海中的見解，而是精心琢磨與詳細推理的結晶，非常有條理，只是組織的方式不同。

善用推理

這個推理特別的有力量，因為幾乎是只要「無所作為」就能產出一個結果。的確如此，但這是怎麼辦到的呢？

既作為又無所作為確實非常有效。與其把自己滯留在辦公桌前擺出羅丹〈沈思者〉的姿勢，絞盡腦汁思索某個問題、某份文件、或者不管是什麼東西，不如去騎

直覺並不是腦海中的見解。

一趟腳踏車讓自己能安靜地思考往往更為有效，回程路上的那個你便會帶回來你之前焦頭爛額尋找的解決方案。當然這只是一個意象，跟雙重人格沒有關係，純粹是一個你鬆開攢緊拳頭的過程，這個步驟在你的思考模式當中至關重要。

如何進行？

首要步驟即是收集所有你可能需要的資訊。接著，有意識地讓你的思緒和你所關心的問題有所關聯。就在你進行其他活動的時候，你是更為放鬆的，並且也讓你的大腦自由與自動地處理信息。而詞語作為整個過程的最後階段，尤里卡效應油然而生。「在不知不覺當中」，突然就想到了解決的辦法。

讓我們的大腦獨自運作！

研究顯示，當我們的思緒更為自由時，我們的智力事實上更為活躍，而大腦也正是在此時思考複雜的問題。這項研究結果已經被大腦神經影像所證實。因此，不要逼迫我們的大腦去解決某個問題。

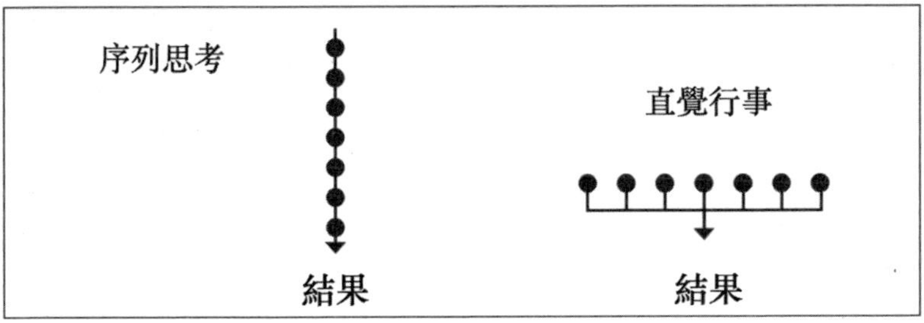

有意識地作爲

有意識地作為，一方面是讓自己更為自在，另一方面，也是為了能夠向身邊的同事、朋友、家人解釋你的思考方式。只要讓他們知道你是以不同的方法而更有效率地達到目標，他們會更傾向相信你，放手讓你去執行。

○直覺與信心

採用直覺推理的人既不能立即、也不能自發性地獲得推理過程，以致於他們因為既無法為之解釋、也無法為之佐證而壯烈犧牲。對於這樣的提問「你是怎麼知道的？」或是「你是怎麼發展出這個假設的？」直覺行事的人沒有辦法告訴你，「我也不知道啊」。因此他們可能會因為覺得自己失去信用進而對自己失去信心。造成的另一個結果還有和同伴之間短暫的差距，因為平行處理信息的方式比序列處理信息的方式能夠更快得出結果。

事實上，這就像是一個直覺行事的人，對著另一個才剛開始學習爪哇語的人說爪哇語。另一個人在經過一段時間、掌握了爪哇語的奧祕之後，跑回來向曾經的直覺行事交談對象再說一次對方曾經說過的話。然而這是直覺行事的人對對方的一種剝奪嗎？並不是，只是對方的推理來得比較遲罷了。在這兩者得出結論的時間差之中，「序列思考的人」考慮並序列處理「直覺行事的人」在其環境裡已經同時處理完畢的信息，最後和直覺行事的人得出相同的結論。這樣的思考方式和時間差，便是我幾乎每天都會收到的意見回饋，尤其是在我的專業領域當中。

難以被聽見

就像露西，任職於一間 IT 公司的服務供應商，她經常向公司提出如何接近新客戶的想法。但一般來說，她的老闆皆不予回應，就當作她不存在然後轉開話題。一段時間之後（總的來說是幾個星期之後），老闆回頭來找露西並且告訴她，他有一個如何處理這個問題的點子，然後將露西幾週之前曾經發表過的話完完全全地再說一遍。讓露西不禁認為老闆是故意的，想把這些想法佔為己有。

還有克萊門汀，他早就看出這些不同計畫的來龍去脈，而為了避開如果繼續執行可能遇到的暗礁，他將問題提出來，不過很顯然地被冷落在一旁。等到出事的時候，人們又非議他怎麼沒有事前先採取行動。

以上帶來的結果就是挫折、怨懟、憤恨、失去動力、失去信心……。被他人誤解的下場族繁不及備載。但這也是人之常情，在面對他人的推理運作時，每個人都相信只會有一種推理模式，而沒有意識到情況其實並非如此。

越能互相體諒，越能良好溝通

要能實踐這件事，必須要理解有兩種推理運作方式的存在，並且要理解你的談話對象。對於直覺行事的人，要學著為他人提供合理的線索。那些線索都在你的大腦之中，你可以找到它們的。至於理性思考的人，則要試著接受合作對象給你的新想法，這個想法很可能是正確的，雖然在第一時間對你來說很難理解。一起學習思考過去的經驗，建立彼此之間的信任。

對自己有信心，適應其他人

有鑑於我們剛才所說的，那克萊門汀和露西該怎麼做才好？即便他們明確表達觀點，在那樣的狀態下也不會有人理解，這點我們都心知肚明。因此，兩位必須把發言調整為適合談話對象的方式。對於克萊門汀來說，例如，他可以引用過去成功的案例來和老闆協談：「還記得上一次也是這樣的情況嗎？我也不知道該怎麼向你解釋，但最終我們還是按照我所說的方向執行了，不如今天就再相信我一次？」在這件事情上，克萊門汀很清楚自己的運作方式，他願意承擔責任，也因此可以讓他人理解。

至於露西，道理是一樣的。「我一直都有這種直覺，但不知道該怎麼解釋，可是請相信我，這是讓我過去在工作中一直能夠拓展客戶的方法。」

對自己有信心，與適應其他人，是最終的兩個關鍵。

是拖延的性格，還是必要的等待時間

「我老是把事情推到隔天，」大衛這麼告訴我，「好比說我有一封重要的郵件要寫，但不知道怎麼開始，所以我乾脆收拾起辦公室！」如果說大衛在開始想寫這封信的時候，就寫了這封信，那會是怎麼樣的情況？我想，這封信大概不會被採用，必須重新寫過。為什麼呢？還是一樣的道理，如果你沒有完成某件必須完成的事（處理文件、或是寫一封重要的信等），那是因為你的「小聲音」告訴你，現在還不是時候，有可能你還缺少某些資訊，或者是你的大腦還沒有處理完你給它的資訊，所以想法尚未成形。

不要覺得內疚，也不要自認為怠惰，記下這句箴言：「靜夜會帶來忠告。（La nuit porte conseil.）」告訴自己這僅是效率上的差別，但你會在需要的時間線上抵達。有意識地回顧你的經歷，問問自己，一般來說你是不是總超過期限，而你會發現答案是否定的。這和怠惰沾不上邊，而是不同思想的成熟過程。

○專注、注意力分散與缺乏工作

我時常經手擔心子女的父母，擔心子女們「不知道如何專注，老是注意力分散，然後什麼都沒做」。而當年輕人自己來找我的時候，他們告訴我覺得自己不正常。這讓我想到了就讀醫學院的班諾，他很擔心自己沒有辦法完成學業：「你想想看，我必須為即將到來的考試複習，但是我一手漫畫、托爾斯泰放在膝蓋上，然後另外一邊是電腦。你應該同意這根本不正常，我註定失敗的對吧？」當然不是啊，我完全不同意。因為專注就是我們全神貫注在某個特定主題上的能力，意思是，當我們停止集中精神的時候，代表我們已經達到了一個目標，可能是獲取到了信息、完成一門課程學習、處理完一份文件等。所以第一個要問的問題就是，「我實現我的目標了嗎？」如果回答是肯定的，而且通常也都是肯定的（帶著良好評語完成學業的班諾就是肯定的回答），就看自己是如何做到的了。不管你是埋首於你要做的事，或者你必須時不時左顧右盼，你都達到了相同的結果。因此，目標是你得觀察自己，意識到哪一種過程才更能讓你完成你想做的事。你在做白日夢的時候在想什麼？要不你其實在審視信息，鞏固適才所創建的記憶痕跡，要不就是你碰上了某個困難，正在用沒多想什麼的方式來解決它。

你還記得在當學生的時候參加考試，你是不是很驚訝自己在讀完題目之後放空了十五到二十分鐘，什麼事都沒做？當然，如果你看見你的鄰居已經洋洋灑灑地寫滿三張紙，你肯定是如坐針氈。但是最後，你不也仍是一鼓作氣寫完了你的習題，在全世界面前把它交了出去。

心智圖

如何在自己的直覺思維當中幫助自己？一個小訣竅就是使用便利貼。寫下每一個你的想法、重新組織、再制訂你的計畫。同樣的原則可以運用在心智圖上（或又稱為腦圖、心智地圖、思維導圖等），目的透過紙張或是視覺化的方式組織你的想法。如圖，是我在碩士的人力管理課程時使用的心智圖：

每一個分項都因各自的特點而有所區分，如此一來將有助於你思考，給你一個可以仰賴的視覺支持。最後，特別不要忘記專心致志於你的目標，也必須記得，儘管日換星移，你仍須一如初衷。

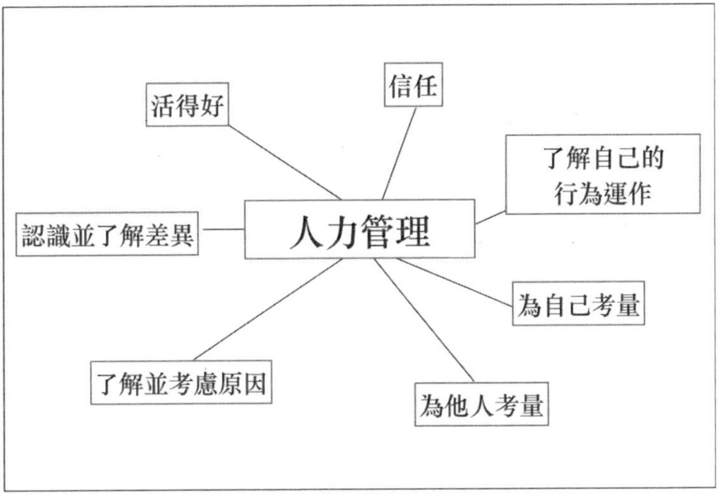

○誰可以相信內心的小聲音？

所有的人都可以。只是有程度的差異和觀點的不同。有程度上的差異，是因為首先根據我們的性格、其次根據所學、最後參照脈絡，我們傾向偏重於兩種推理形式的其中一種；至於觀點上的不同，則是因為直覺行事者必須相信自己的證據，理性思考者也必須相信他們的談話對象。

所有直覺行事的人都必須學會傾聽自己內心的小聲音，讓直覺說話，它很少犯錯。可以轉變一下路徑，先發表你的結論，再尋找讓你得出結論的種種跡象，線索一定就在你腦海風景中的某處。或者你也可以在明白自己行事作風的情況下，向談話對象坦白你也不知道是怎麼得出結論的，但結果總是行得通，如果加上你的成功經驗，他們也就將追隨於你。至於你自己，當你心裡有了一個選擇，別去找你做出這個選擇的原因，相信自己，就讓一切在不知不覺當中順其自然，便能事半功倍。

理性思考與直覺行事

大多數的人是理性思考的。以邏輯上來說，每個人都認為他人的運作方式和自己相同，因此面對直覺行事的人時，多少覺得他們有點奇怪，甚至是難以理解，特別當他們提出想法卻不能解釋、證明或辯解的時候，或者因為他們總看著窗外、或是他們總被數千件事分散注意力，或是你發現他們總是心猿意馬，而給人一種無法信任、共事的印象。

學著將他們視為不同的存在，別去關注他們的行事方法，把焦點集中在他們過去和現在得到的成果，你會看見你們的結論有志一同，只不過是採取不同的路徑罷了。

○至於孩子們呢？

這不是一蓋而論，不過大部分我接觸到的孩子們都是「直覺行事的」（除了因為特殊疾病前來求診的病童，像是尿床）。孩子們因為無法專心或是注意力分散的問題而來，不過正如我們已經知道的，事實並非如此。他們也因為學業上的挫折而來，一旦教師要求他們解釋自己的推理時，就像我們已經討論過的，是千難萬難。

從結論到推理的過程

讓我以保羅為例吧！身為視覺障礙者的保羅要開始學習除法，老師教導他寫下算式。然而他卻開始逕自畫出框架，接著馬上就寫出了結果，完全沒有中間的步驟。老師向保羅的媽媽坦承，要不是知道保羅視覺障礙的情況，她可能會馬上認定保羅是抄襲隔壁的同學。

一旦我們知道這些孩子們確實沒有任何問題，要做的事情便是透過向他們解釋（直覺行事這整件事的來龍去脈），來協助他們善用他們特殊的運作機能。接著必須透過顛倒進行的順序來幫助他們明白推理的環節。就像艾歷克西斯在科學課程中數學習作的案例，必須讓他看完問題描述之後，根據自己的理解練習寫下十幾行的中間過程，最後才得出（對他來說顯而易見的）答案。

懂得等待

還有另一個總是在寫家庭作業之前發呆的學生，他在看完問題之後開始做白日夢，一直到下筆的內容在夢中的情節被創作出來，然後便可以連草稿都不用打就振筆疾書，他所使用的方法就是心智圖和便利貼的系統。

根據我的經驗，最困難的便是開始與第一次的嘗試。當我建議他們在一時半刻內什麼事都不要多做的時候，多少父母、年輕人和學生瞪大眼睛死盯著我，說我根本不明白自己在說什麼，這可是賭上了未來的事。嘿、嘿，我很明白的！更何況這真的有用啊！超、級、有、用！不管你要做的是家庭作業、考試（學測、指考、碩士考試……）、或者其他什麼大型學校競賽。答案都在這裡。

所以啊，讓我們的孩子學會意識到自己的不同之處，特別要充分利用這些差異。鼓勵他們將重點放在結果上，而不是他們採取的那些方法，在他們朝目標前進的過程中相隨。因為我們都忘記了自己在不同程度上其實都有小小聲音的能力，一個很少欺騙你的小小聲音。

然後呢？

我們都要學習把另一個人看作是不同的，別把自己的做事方法強加在別人身上。對某個人來說好的事情，對另一個人來說不見得如此。這是一個接受自己和他人、以及社會影響力的問題，我們生活的世界能夠接受什麼樣的人格和操作模式的多樣性？如果你完全以你希望的結果作為依歸，一切都會很簡單，只消詢問是否能夠即時完成。如果答案是肯定的，那你就可以理直氣壯地仰賴過去成功的經驗。若涉及第三者也同樣是如此。

因此，在能夠認識到他人存在的條件之下，直覺與推理之間的合作能更有效率。有些人擁有全面性的觀點，可是對細節置若罔聞，也對於付諸實踐提不起勁；也有一些人對現實擁有精確的看法，但無法立即看見總體的角度，不過在實踐上特別起作用。於是計畫的具體化就變得簡單快捷，也特別能讓雙方的關係變得流暢與寧靜。

關鍵句子

如果要記下一句短語，那就記下：「這對我來說是正常的，而那對他來說是正常的。」用這個句子來接納你和他人之間的差異。

更多資訊請參閱第 476、
477 頁。

24 正面看待拒絕

傑克・梵・黑拉葉
(Jacques Van Rillaer)

「如果你知道如何思考與處理自己的生活，你已經完成了最重要的事。」
「真正的自由是在所有時候都能控制自己。」

——米歇爾・德・蒙田，《隨筆集》，第三卷

一九六二年，正是我選擇大學專業的時候，當時我隱約覺得心理學可以作為我的未來職業。在此之前，我非常著迷於史蒂芬・褚威格（Stefan Zweig）的《精神療法——Mesmer，Mary Baker-Eddy，佛洛伊德（*La Guérison par l'esprit*）》，一本關於他的好友佛洛伊德的傳記，使我深信心靈卓越的力量。而後皮埃爾・達科（Pierre Daco）的《現代心理學的大勝利

（*Les Prodigieuses Victoires de la psychologie moderne*）》更是加深了我的信念。因此，帶著成為一位心理治療師的抱負，我便選擇了心理學。

第二學年的時候，我去了比利時的精神分析協會（隸屬於國際精神分析協會），想要開始學習佛洛伊德精神分析法。但協會會長告訴我，我必須等待拿到心理學學位之後才能開始我的分析法訓練。隔年，我從一位大學教授那裡得知，他將與其他四位心理分析師共同成立比利時精神分析學院（l'École belge de psychanalyse），而該學院則隸屬於雅各・拉岡（Jacques Lacan）所創立的「巴黎佛洛伊德學派」(École Freudienne de Paris EFP)。在拉岡學派的協會裡，規則較不像「安娜・佛洛伊德等人[28]」那般具有「強迫性」，對於心理學學生、哲學家和神學家，他們也敞開大門歡迎。因此我便在追隨Winfried Huber（他在茱麗葉・法維茲・布東尼耶（Juliette Favez-Boutonnier）門下於巴黎拿到學位）的第三年心理學學習時，開始了我的分析法訓練。

譯注28 安娜・佛洛依德，Anna Freud，心理學家，西格蒙德・佛洛伊德的女兒。學術上追隨父親的理論，對於自我心理學的建立極具貢獻。

我對佛洛伊德學派的信仰在一九六八年時第一次遭受到了嚴重打擊。這六個月以來，我在荷蘭奈梅亨大學（l'université de Nimègue）的臨床心理系擔任助教，而在那裡，精神分析已然被認為是一種過時的心理學形式。佛洛伊德學派在這裡飽受科學觀點（佛洛伊德過分概括他的觀察）、政治觀點（「資產階級意識型態」的精神分析，把所有的人類問題都主觀論定）、以及實際因素（與其他治療相比，其治療成果也不見得比較好，只是純粹比較便宜）的批判。在奈梅亨大學，我參加了一些恐懼症的行為療法。當時的我相信，若沒有探討患者「壓抑」的感覺，問題的修正只會帶來「替代症狀」。但我驚訝地觀察到，恐懼症的行為治療反而帶來雪球般的正面效益：不僅恐懼症消失了，患者更是重拾自信，看起來更開心。以及接踵而來其他的事件，再再地蠶食我對佛洛依德學派的信心，特別是持有牌照的精神分析師令人不勝唏噓的下場（僵滯、心理能力退化、自殺），或者是亨利・艾倫伯格（Henri Ellenberger）在著作中見證精神分析師們也無法擺脫菸酒成癮的命運，進而針對「安娜・佛洛伊德等人」的治療方法——精神分析的原始案例，揭露佛洛伊德的謊言。

艾倫伯格讓我睜開雙眼，看清楚佛洛伊德所發現的獨創傳說。佛洛伊德從前輩或同時代的人身上注意到無意識過程的存在、失誤行為的含義、性的重要性等，以及其他概念。那麼佛洛伊德為之陳述的特殊價值是什麼？我決定對這些資訊做出整理，並且向馬爾克・理雪爾（Marc Richelle）——Mardagar 獨立出版社的顧問，提出出版《精神分析中的科學和幻象（*Science et illusions en psychanalyse*）》一書的建議。為了完成博士論文，我已經把德國 Gesammelte Werke 公司所出版的佛洛伊德著作從頭唸到尾，並在一九七二年完成論文口試，也讀了不下數千頁十九、二十世紀科學心理學和認識論學家的著作。遵循漢斯・艾森克（Hans Eysenck）及其他學者的觀點，我作出了一個結論：佛洛伊德最有趣的陳述並非來自於他，而是他原先所說的主要內容都被科學心理學所駁斥。正因如此，我的書名從此更名為《精神分析的幻象（*Les Illusions de la psychanalyse*）》

逆境和拒絕的遭遇

這本書在一九八一年出版，卻替我招來了所有精神科和臨床心理師同事們的強烈敵意。當時我已經幸運地被任命為醫學院的教授，卻不能在心理學院內教授課程。學校官方將耗費心力的行政工作填塞給我，讓我感到相當沮喪。有一天，我和執掌工作的上司面談，他告訴我，他已經耳聞我沒有辦法勝任團隊合作。我回答，不幸的就是我的臨床同事們幾乎都是佛洛伊德學派，我很遺憾在我們學校的精神病學和臨床心理學方面，思想竟是如此的單一。上司立刻回覆道，世界之大而學校之多，如果我去到法語天主教魯汶大學（l'université de Louvain）也許會適合得多。多嚴峻的一個衝擊！我立刻想到的是伽利略，當他在宗教裁判所被要求放棄異端邪說並且對教會宣誓效忠時的反應。而一如伽利略，我也對組織要求的忠誠提出抗議。當時我並不曾想，這位在我想像中應是滿懷科學精神的物理學家上司，竟是一位精神病學大老多年的好友。而這位身為精神分析師的大老，也一如伽利略當年的教會，看不見任何在佛洛伊德教會之外的救贖。

受到「模範」而啓發的積極抵抗

為了積極抵抗這個突如其來、粗暴的請我離開學校的命令，我採用了多年前開始進行的行為主義訓練。在一整夜的輾轉難眠之後，第二天，為了拒絕這個令人生厭的滑鐵盧，我盡力不讓自己與當時的上司混為一談，畢竟這位先生也就只是像所有人一樣有受到箝制的地方，除了工作和生活之外一無所有。

而受到伽利略反抗教會的啟發之外，我也被美國心理學家伯爾赫斯・弗雷德里克・史金納（B. F. Skinner）鼓舞。我知道他在約莫六十歲左右時，曾被哈佛心理學系列為不受歡迎人物，因此他決定安排自己盡可能地在家工作。我也曾經拜讀過他的文章〈老年時期的智識自我管理〉，其中他解釋了如何透過刺激和強化的條件，來激勵自己完成行為舉止。我決定採納「史金納式」的解決方案：盡可能地在家工作。

但是，在沒有同事或官方監管的情況下，在家中進行有效率的腦力工作其實相當困難。時日一久，不免讓人想要採取「逃避行為」，好比說看個新聞或是讀一本閒書、中斷工作、聊天、看電視，迷失在日子當中。現代化的生活提供了無限有趣和令人心神嚮往的東西，我們被誘導去觀看與聆聽，而並非實踐。

發展自己的力量

與其他問題相同的是，這個問題的根本在於自我管理。我專注於這個問題是為了消解個人的難處，但也同樣因為作為一位行為主義者，我知道治療的最終目標並不僅是讓問題障礙消失，同時也是讓病患獲得長期有效的策略，並可以在各種情況下自主使用。為了研究這些策略，沒有比同時進行這項療法並且撰寫成書更好的辦法了。因此，我向馬爾克・理雪爾提出書寫《自我管理（*La Gestion de soi*）》一書的建議。

> 治療的最終目標並不僅是讓問題障礙消失，同時也是讓病患獲得長期有效的策略。

史金納是第一批在科學心理學領域內，寫下關於自我管理主題的其中一位作家。一九五〇年代，他在哈佛大學開設名為「科學與人類行為」的課程中，「自我管理」的主題佔據了核心位置。史金納一直強調的是必須理解外在偶發事件以解釋、發展行為，表明了我們可以自我觀察、從過去經驗中學習、試驗新的行為，一言以蔽之：掌控部分那些掌控著我們的事。他寫道：「很大程度上，人類似乎控制著自己的命運，也通常能夠調整影響命運的參數。藝術家、科學家、作家和禁慾主義者，通常被認為行為中有某種程度的自決，而越是渺小的自決就更為令人熟悉。人類透過自我控制的做法，在各種行動的可能性之間抉擇、反思一個抽象的問題、維護自己的健康和社會地位。」自我管理的技巧隨著科學心理學的進步而發展得更好，更能夠理解行為法則：「隨著行為科學的進展，更能夠排除行為作為一種功能而可能產生的變數，行為自決的機會應該大幅增加。」

史金納在一九五三年的著作中採用了「控制」這個字眼。這個詞彙和「影響」同義，很容易引起日常語言當中的不信任。他也像大多數的行為主義者一樣，從一九七〇年代以來便喜歡談及自我管理。對於史金納來說，自我管理並不是一個精神實體（靈魂、意志、自律）的表達，而是一種「操作」行為，意旨可以自我觀察、自我分析、自我學習的操作。事實上，所涉及到的過程對於外部觀察者，或甚至是當事者來說都不是容易的。史金納精確地寫下：「所有的行為在本質上都是無意識的。而即使這些行為不受到任何觀察或分析，仍然會因為某起有效的偶發事件而被製作與維持。」自我管理尤其如此：「我們也可能對於那些用來自我管理，或甚至讓我的做出倒立行為的刺激沒有意識。」不過儘管如此，我們仍然可以學會識別和操縱重要的心理學過程。

伯爾赫斯・弗雷德里克・史金納

史金納是行為主義史上最重要的人物，也是科學心理學最富盛名的研究者之一。就讀於哈佛大學，後來成為哈佛的教授。他完成了大量令人驚艷的實驗，也留下豐富的研究成果。最主要的貢獻之一，是應用在不同領域，被稱之為「實驗型分析行為學」的理論。

這個方法著重於四種參數：

❶ 行為本身，諸如：頻率、持續時間、強度。

❷ 驅動行為的前例（稱為「刺激辨別（stimulus discrimination）」）。

❸ 先前經歷過的行為類型的結果（當結果增強某種行為重複的可能性時，此種結果稱之為「強化因子（renforçateurs）」）。

❹ 行為的「後效強化（contingent reinforcement）」，意旨在行為之間，前因和後

果的精確關係。

史金納不僅為我們展現了豐富的個人行為分析方法，同時也適用於團體或是控制組織（如政府、宗教、教育機構）的運作。與主流觀點相反的是，他的研究不侷限於老鼠或鴿子，從一九五〇年開始直至辭世，他將大部分的時間貢獻在分析「個人活動」上，舉凡思想、心智視覺化、注意力的發展、認同感等。

自一九六〇年開始，許多他的學生開發了「行為修正」及「自我管理」的程序。

生產性知識生活的法則

以下是我受史金納的著作啟發，比如，以我想要的「獨立」方式來處理我的校內生活：

- 定期反思自己的價值觀和目標非常重要，這個反思必須透過具體化可觀察和可量化的行為目標來擴展。如果認為維持身體健康相當重要，那麼可以制定類似的目標：「除了天氣惡劣的情況之外，每天快走二十到四十分鐘」。為自己寫下「行為上的」目標很有幫助。
- 實現目標包含觀察和分析行為及其決定因素。為了節省心力，必須首先考慮所採取行為的後果：這些所謂要「迴避」的行為通常是經過「選擇」的，只是我們沒有意識到這個過程。

- 我們總是受到當下環境的某種「控制」（影響）。然而，我們經常有權力離開我們現處的環境，或至少改變某些要素。因此我決定盡可能待在和平的避風港裡工作，並遵循史金納的另一個建議：將我的辦公室搬到舒適宜人的地方。我買了高保真音響設備，以便於認真工作的時候有巴洛克音樂相伴，這被稱之為「用自由選擇的刺激來控制自己的行為」。
- 史金納是編序教學法[29]的先驅，我從這套方法中學到了規劃的重要性。如果想要執行需要努力和恆心才能完成的行為，通常規劃具體行動、準確定義情況和發生的時間將不可或缺。簡單的活動不需要規劃與努力，就好比隨意撥弄幾個音符，但如果你想彈奏交響樂的話，那就是另外一件事了。

因此我便養成了這個習慣（我也時常向我的學生建議）：建立一週的時間表，其中我只

譯注29 編序教學法（programmed instruction）由史金納所提出，將教材按照程序編排，教學設計強調積極學習、充分適應差異、後效強化、驗證即按問題循序漸進行個別化學習的教學模式。

計劃那些需要努力並且被我稱之為「高價值」工作的時間，像是閱讀艱澀的文本、學習記憶以及寫作。我發現並不能把一天當中所有的時間都進行規劃，很少人適合「強迫性」的組織方式，半途而廢是常有的事。我也學會按照預先計畫好的時間表執行工作，受到史金納的啟發，我還會記下每日我歷經「高價值工作」的時間：「觀察自己可以在自我督促的情況下做多少工作是一個啟示，我仔細斟酌我的時間。如此一來，我便可以將過去因為感到疲乏而擱置的事項繼續下去。而現在我終於意識到，過去原來我習慣縱容自己。」

史金納另一個指導我規劃「高價值工作」的意見，是不管情緒狀態如何都要要求自己在表定的時間下開始進行，同樣也在預定的時間下停止，以防飽和的情況，或者像是史金納所說的，對於該活動的興趣從此「滅絕」。

史金納不斷強調的是「行為受其後果影響」，若我們更能理解這個法則，在日常生活中便能進行更好的自我管理。要激勵自己進行某種行為，首先得檢示自己對於履行任務的欲望，以及對未能實現的厭惡程度。接著密切關注這兩種類型個別的影響，在心靈上將這些影響形象化，並且認真地在不同的場合與情況下重複這些形象。這個傳統上被稱之為意志的力量，首先是一個關乎自發性地把注意力引向哪一個方向的問題。自我管理是一個日常問題。即使我們沒有意識到，但每一個小時我們都面臨著選擇，像是要完成不太愉快或甚至是痛苦的行為，現在或短時間內立刻進行，只是效益（愉快、喜悅、痛苦的減低或預防）或多或少來得較遲；亦或採取愉快或是「逃避」的行為，但結果將不同於前者，對於我們的主要目標帶來負面影響。我要不要做體能訓練呢（一項需要努力的活動，但長期而言有益身心健康），還是我要翻閱我最愛的週報呢？我要去看電視新聞（容易又愉快的活動），還是繼續研讀枯燥無味的題材，卻可能讓我可以發表文章（遠程效果而且相對抽象）？

智人最大的天賦之一，就是可以口語化地表達規則：「在這樣的情境之下，這樣的行為有這樣的後果……」，並且可以在心靈上將這些後果視覺化。這樣的操作能在面對短期後果控制下的衝動行事時，為我們謀得某些程度上的自由。

自我管理的困難在於，理想的行為後果需要一段時間才會發生，也因此立即性的激勵較少。若情況允許，重要的便是制定「中間階段」的目標，並學習在接近目標的時候感到欣喜。我們沒有辦法一落筆就寫出可以送印的稿件，必得先制定步驟並且體驗不同階段的樂趣：勾勒一個暫時的草案、初步閱讀、組織筆記、不拘泥於風格的寫下想法、將其格式化、重新閱讀。最理想的狀態，就是在這些活動中找到滿足感（用專業術語來說就是「內在增強物」）。史金納寫道，為了砥礪自己寫一本書，預期未來讀者的反應其實沒什麼幫助，有效激起他寫書動力的是能夠解決疑難雜症的感覺、清楚表達那些混亂狀態，寫下想讓人一讀再讀的篇章。

- 我必須承認，就像史金納一樣，我也把對立和批判的樂趣作為常備的增強物。當這位哈佛教授失去他對工作的熱情時，便閱讀幾頁和他觀點相左之作者的著作，「效果就跟喝了幾杯咖啡相似」，他是這麼描述的。而我也同樣有幾本拉岡及其仿效者的專書在側，翻閱一兩頁雜亂無章的敘述，經常就足以讓我重回工作崗位，帶著完成一項崇高任務的感覺，以一種完全可以被理解的風格編纂和準備課程。有很長一段時間，我以卡爾・波普爾（Karl Popper）的這段話作為座右銘：「追求簡單明瞭是所有知識分子的道德責任，含糊不清是一種罪惡與變相的犯罪。」譴責故弄玄虛的伎倆已經變成我強勁的增強物。
- 最後，史金納的文本也讓我明白，感知、觀察、分析、想像、闡述、思考都是取決於情境、產生的效果、和身體狀態的行為。他一再強調的：「思考就是行動。」

當然，我們許多的認知，也就像我們許多的行為一樣，都是我們沒有意識到的自動化過程。某些認知會突然出現並且令人不太愉快（「侵略性的想法」），只有透過將注意力放在其他我們選擇的事上才能避免這種情況。儘管如此，我們仍然可以積極地意識到自己的想法和行為，我們仍然可以調整許多的想法和行為模式。這一切都仰賴觀察、分析、制定「行為的」目標，和反覆的練習。

從模型中汲取靈感，但不受大師的控制

史金納經常被誤認為覺得人類只是基因和環境之產物的心理學家。但相較起那些書寫他的文本，是他的文章說服了我，在一定的程度上，我們才是自己生活的主宰者，有權根據行為的各種決定因素來行事，達到我們所選擇的目標。

自從我叛離了佛洛伊德學派之後，就不再有個人崇拜。即便史金納被視為二十世紀最偉大的心理學家，他也並非就是現代心理學的縮影，更不是我的主人。今日我的樣子得溯及許多人，我的同事、妻子、朋友、學生、病患，以及廣大的作者們，像是大衛・H・巴洛（David H. Barlow）、阿爾伯特・艾利斯（Albert Ellis）、亞倫・貝克（Aaron Temkin Beck）、唐納德・梅興巴姆（Donald Meichenbaum）、馬丁・賽里格

自我管理是一個日常問題。

曼（Martin Seligman）、斯蒂文・海耶斯（Steven C. Hayes），更有愛比克泰德（Epictète）、塞內卡（Sénèque）和蒙田（Montaigne）。史金納透過他的著作陪伴我，成為我特別感謝的夥伴，幫助我將令人沮喪的狀況轉化為喜悅和幸福的泉源。而我也深信因為我的緣故，他也輾轉為我的學生和病患提供了幫助。

關鍵句子

- 「你是誰？你就是思想的使用方式。」——（愛比克泰德，《手冊》）
- 「當你過於憤怒或情緒不佳時，考慮到人的一生歷時短暫，很快便能釋懷。」——（馬可・奧里略，《沉思錄》）
- 「若生活的樂趣就像黃金那般珍貴，便很少以錠狀示人，必須一點一滴地採集。」——（伯爾赫斯・法雷迪・史金納與瑪格麗特・沃恩（Margaret Vaughan），《如何享受老年：活得好、活得泰然與逍遙》）

更多資訊請參閱第 470～472、476 頁。

25

慢性病痛：讓自身價值為生命帶來力量

班傑明．思恭朵夫

(Benjamin Schoendorff)

我想和你們分享安東尼的例子。安東尼是我的其中一位病患，他讓我瞭解到在慢性病和殘疾的管理中，帶入價值觀所能產生的力量。

我要向安東尼的勇氣致敬，同意我覆述他的經驗。而在他的同意之下，我修改了某些個人訊息以匿名保護他，例如姓名和職業。我知道一旦他接受我撰寫這篇文章，那就是以他的價值之名給予其他人支持。在此我也代表他們感謝安東尼。

○一場意外，後果，及治療

三十歲的安東尼是一名珠寶工匠，手藝精巧，他對工作的熱情讓他長時間埋首工作也不曾埋怨辛苦和工時。他也是一名交友廣闊的運動員，和朋友分享對於爬山、騎自行車及賽車的著迷。三年前，安東尼從他的摩托車上摔落，意外的細節他已經回想不起來，只記得他沒有和另外一輛車發生碰撞。墜地時車速不是很快，但是他還是戴著頭盔強烈撞擊到了地面。

在醫院進行了幾天的觀察後安東尼回到了家中，恢復正常的生活，沒有明顯的後遺症。但又過了幾個星期，在一次長途駕駛的途中，他的脖子和肩膀感到劇烈緊縮，他的頭向右歪斜，並且發現自己很難保持在正常的軸線上。直到駕駛變得越來越困難和痛苦，他的脖子和右肩感受到強烈的壓力和痙攣。在接下來的幾週裡，這樣的痛苦和壓力劇增，痙攣的次數也增加了，脖子和肩膀不斷收縮，讓他越來越難執行工作所需的高精準度手勢。為此，安東尼前去諮詢他的全科醫師，而全科醫師則建議他去找神經科醫師。神經科醫師診斷為痙攣性的頸部僵硬，並開立了一些物理治療。

一連串的肌肉和神經檢查並沒有找到問題的生理原因，醫生甚至無法確定頸部僵硬是否是由先前的事故造成的。儘管心存疑慮，但安東尼的姿勢仍然明顯的不正常，而且痛苦變本加厲。然後他開始注射肉毒桿菌，一種以肉毒桿菌毒素為基礎的強力肌肉鬆弛劑，近年因整容手術的運用而聞名。不久之後，他便被列於無限期病假的名單上，被建議採用行為和認知療法。

第一次接觸

事故發生後的四個月，安東尼出現在我的辦公室，心煩意亂。他想知道醫生是不是因為找不到病因，便試圖用心理疾病來擺脫這麻煩事。我理解這樣的想法的確會讓安東尼生氣。事實上，安東尼按理說是沒有心理問題的，過去也從未有過紀錄。他在職場和社交生活中都相處融洽，不覺得焦慮也不覺得抑鬱。家庭關係也很正常，交友廣闊，有一些多年的摯友。曾有過幾段戀愛關係，只是還沒有找到契合的另一半，意外發生時他仍然單身。因為病假和居住公寓施工的緣故，他現在回去與父母同住。安東尼是一位友善、熱心、對自己和想法都有自信的人。

我們的第一次接觸相當不錯。基於規定，安東尼同意參與治療。不過他也沒有隱藏他對於行為與認知療法，是否能夠對他的病情帶來幫助的困惑。他似乎正為病情的不確定性而傷腦筋。肌肉鬆弛劑和鎮痛劑只能暫時為他緩解疼痛，物理治療似乎沒有任何顯著效果，他只能期待注射更多的肉毒桿菌。肉毒桿菌確實減緩了頸部和肩膀的壓力，但並不能夠讓安東尼重新找回正常的姿勢。再者，放鬆的效果在幾週之後便會消失殆盡，必須等待兩次注射之間嚴格的期限限制。伴隨他治療過程的神經科醫師依然找不到原因，安東尼只好尋求其他的醫療意見。

掉進憂鬱的漩渦

安東尼希望醫生能找出病因，並且開出能夠痊癒的治療方法。病因和預後的不確定性著實讓人難以招架。他的痛苦和壓力是這樣的：他花了很長時間平躺，專注於他的痛覺，試圖想分散注意力，但當他終於起身時，通常是為了坐在電腦前玩網路遊戲。因為對他而言，這是一個擺脫痛苦現實的有效途徑。安東尼過去從未覺得抑鬱，但如今得重新思考這件事了。

漸漸地，安東尼自我封閉了起來，他的精神明顯低落，情緒惡化。我感覺到他的微慍一點一滴化為憤怒。對於鎮痛劑和肌肉鬆弛劑的風險感到憂心忡忡，為了能夠和朋友外出，偶爾他會增加劑量，或乾脆酗酒。體育活動被他自己明令禁止。許多活動他都猶豫要不要參加，因為往往第二天就要付出慘痛的代價。當他走在路上的時候，他擔心擦身而過的人留意到他詭異的姿勢，因此痛苦地努力挺直身體表現出正常的樣子。他也不敢再接近女性。他的雇主似乎更關心自己收入的損失，而非關心安東尼的康復或是他們之間日益惡化的關係。安東尼漸漸認為自己糟糕透了，眼前的一切都索然無味。曾經完全掌控生活的他，如今受到醫療科學的支配，任憑殘疾擺佈，仰賴社會支持而飄飄盪盪。這樣的位置對他來說特別困難，他一直認為生活必須堅強，流露或承認弱點必然遭受譴責。安東尼覺得生命離開了他，墜入苦澀的憂鬱漩渦。

第一種方法：經典的認知行為療法

起初，我試圖運用過去習慣操作的認知行為療法來幫助安東尼，給予他放鬆的練習。但是，放鬆練習的嘗試卻只為他帶來更劇烈的痙攣，他在舒適的扶手椅上明顯變得更緊繃。三節練習之後，我們不得不放棄。

對想法進行治療

於是我們試圖找出牽制住安東尼的想法。透過對話的方式，我邀請安東尼重新質疑這些想法，並與現實相互對照。其他人真的會認為他是一個累贅嗎？他有證據嗎？但是，這項工作似乎只讓安東尼又更加確信讓他產生抑鬱想法的那些理由。

我們的治療工作舉步維艱。安東尼的問題來自於那個有朝一日可能會被治癒的生理因素。他深信在身體康復之前，不會有任何有用的「心理」工作，除了可以緩解他過剩的情緒之外，對他來說，心理諮商不過是個「傾倒情緒垃圾」的地方，但是安東尼的情緒垃圾桶日益沈重，這件事一目了然。看見安東尼如此迅速就侷限了心理工作的潛在效用，我不禁傷心，也不太甘心我們的諮商沒有辦法幫助安東尼繼續朝他的人生前進——即使是帶著身體障礙。

因此，與其讓我與安東尼繼續陷在當前的「光照治療」（有一天當我向安東尼表露出我對工作缺乏方向感而感到沮喪時說出了這個詞，後來這個詞彙就成為我們之間的玩笑話），即便安東尼仍對心理治療心存疑慮，我還是決定向安東尼提議更積極的療法。他說，心理治療無法治癒神經科學的問題，我們的諮商讓他和我同時感到挫折。我可以明顯感受到安東尼的惱火，有時候我不知道該怎麼做才能平息他的怒氣。我開始懷疑在他的抵抗行為背後的想法：如果我們的治療幫助他進步，那麼這將證實先前他在神經科醫師那的臆測：他的毛病只是身心問題……，只是安東尼也無法否認他目前處境相當痛苦的現實。

與病患連結

我選擇驗證他的經驗、問題的現實層面、痛苦的程度和抑鬱的強度。我意識到我們的工作可以解決他的生理問題，但是許多的醫學治療帶給他錯誤的希望，這讓問題變得更為棘手，我竭盡全力向他展示他當前處境中，那些錯誤希望所帶來的難處。我的目標是要與安東尼以及他的實際經驗重新連結，為此，我不得不讓他正視自己的絕望，感受絕望、接受絕望、並且為之反應，才能和自己重新連結。終於「電流開始通過」，而且通過得越來越多。秉著耐心，每一次當我們連結到彼此，我便詢問安東尼重新思考這項心理工作能幫助他用另一種模式和他的病症共同生活的可能性，也許能夠幫助他找到更豐富的人生。「跟著我現在脖子的這副德性嗎？不可能！」他總是這麼回答，「再說了，我告訴你，要是我以後就是這個樣子，我還寧願自盡。」

看著這個男子將自己禁錮在痛苦中，我感到強烈地悲傷。我們的諮商於我如千斤重，我也承認有時候我很難在安東尼諸多的抱怨中相隨。儘管我肯定他「傾倒情緒垃圾」的需要，但我反覆回想，不知道還能如何高聲疾呼才能讓他有所進步。

第二種方法：接納與承諾治療

當我接手安東尼的時候，我對於傳統認知行為治療還不是很有經驗，身經百戰的治療師可能對此會有更好的見解。但無論如何在遇見他之後，我開始了新一代的認知行為治療，特別是接納與承諾治療，一種培植接受和接觸個人價值觀的療法。我向安東尼提議談論他的價值以及在他的生命當中最重要的事。起初，他向我解釋只要他患有殘疾，唯一重要的事就是擺脫這個殘疾。他談到了身體障礙妨礙他要去實現的那些目標，包含在職業生涯中獲得進步、開創自己的事業、成家、參加體育競賽、和朋友組織山區旅行等。接著他的臉沉了下來，痛苦表露無遺，不想再談下去了。一如接納與承諾治療所提議的，我建議安東尼稍微說些無關目標的事，說些與他價值觀有關的事。

我反覆回想，不知道還能如何高聲疾呼，才能讓他有所進步。

聚焦生命的價值，而非生活的目標

根據接納與承諾療法，生命的價值比起生活的目標更能體現人生方向的選擇。好比說我們選擇向西邊前進，這不會是一個可以完成的目標，因為我們永遠可以再繼續往西邊走去。倘若我們停了下來，無論過去我們走了多少路，我們都將因此而不在「向西而行」的道路上。再者，無論我們走得快或慢，我們仍都能不偏不倚地往西邊而去。

因此，接納與承諾治療認為價值觀就像是方向，它代表了人們選擇做出某些行動當下的質量，而不是這些行動的結果。若我們聚焦於生命的目標而非價值，將冒著下列兩種風險：❶因失去生命的意義而無法達成這些目標。❷即便達成了目標，卻也不知道生命該往何處去。最後，生命的價值觀是人們為自己而做出的自由選擇，無論是周遭親友、社會整體或甚至是治療師，也都無法透過外力將價值觀強加於人。

爲價值觀的意義行事

我向安東尼提議了一個接納與承諾療法的練習，讓他能夠在不同的重要領域中辨別出他的價值觀。我的想法是，不管身體狀態如何，希望能幫助他重新拾起那些透過行為實踐的生命特質。我希望透過這樣的方式創造出一個空間，讓他能夠在身體障礙的情況下，自己選擇走向自身價值觀的行動，並且立即可以開始進行，而不必等待痊癒。當然，這些行動的成果相較於未患上殘疾的他，可能顯得較為微弱。然而透過這些特意為自我價值觀服務的行動，我希望能夠幫助安東尼重新找到一條值得繼續生活下去的道路。這樣子的希望也是因為我曾在生命特別困難的時候，選擇為自己的價值觀採取行動、付諸實踐，而體悟到生命的力量。

爲你的行爲賦予意義

對安東尼而言，對社會有所貢獻以及支持他人，就如同家庭、友誼和健康的經營一樣，都是重要的價值觀，所以我提議安東尼專注在這個方向上。有那麼一刻，我覺得我和他之間的氛圍輕鬆感性了起來。但是很快地，唯有在痊癒之後第二人生才可能繼續下去的憂思又回到安東尼身上，折磨著他。見到安東尼又被這些想法影響，我的心也糾結在一塊。但我也感覺到一些重要的事在我們之間發生，建立了更緊密的聯繫。就好像安東尼的一些內部空間已經被清出來，有朝一日他的生活會能夠繼續前進。彷彿我們的努力終於打開了一片新的視界。

當時我們的工作並沒有帶來太多的進步。安東尼依然沮喪，執著於和神經科醫師的下一次會面以及渺茫的手術機會，他和醫療團隊的關係依然沒有改善，心境依然淒淒慘慘戚戚，我們的諮商依然有著隔閡。

學會遠離負面想法

我們每三個星期見一次面，談論他當前的困難和價值觀，安東尼從未錯過任何一次諮商。我試圖幫助他和他的負面想法拉開一些距離，先前採用質疑他想法的方式並沒有成功，因此我決定採用被接納與承諾治療稱為「認知脫鉤」的方法來幫助安東尼遠離他的負面想法。我的目標是幫助安東尼釐清他腦中的聲音和深層的心底話，暗示安東尼他的想法不是現實，「想像一下，你的想法就好似特別優異的銷售代理人，當你買下他們向你兜售的產品時，付錢的是誰？而你會選擇那些聽起來極具說服力的產品，還是對於你的人生持續進步真正受用的產品？」如此一來，我們創造了一個小空間讓安東尼保有他的負面思考，卻也不覺得是被迫的或是進行抵抗。

儘管他的處境如此艱困，但是和自己腦袋中的負面想法保持點距離，讓安東尼能夠更直接地與自己的價值觀和心靈聯繫。在這個自由的空間裡，他可以採取行動，無論這些行動多麼幽微，都讓他體現了自己的價值觀和內心的選擇，而不是被遺憾圈束。

與人生的價值觀保持一致

我記得那一天，他自願幫母親重新翻修廚房，為一小面牆壁上漆。儘管所有的思緒都在暗示他，要是在過去他可以做得更快更好，暗示他放棄吧，但是為了表現自己奉獻的價值觀，安東尼還是堅持進行這項任務。為此，第二天他付出了劇烈的痛楚以及整日躺臥的代價。然而透過他向我描述時的語調，我察覺到安東尼終於又重新具備可以為價值觀付諸行動的能力。這是一種腦袋見不著、卻不可或缺的特質，必須用心才能看見。就比如在實踐這些行動時，儘管帶著痛楚、抑

彷若我們的努力終於打開了一片新的視界。

鬱的情緒和負面的想法，生活仍然得以拓展。只要能夠嘗試那麼一次，有過這種對價值觀付諸行動的特殊「滋味」的經驗，行動便能與日俱增。

一場行動已經開始。然而事情仍舊發展遲緩，非常遲緩。我有時候都在想，鼓勵安東尼靜靜等待的治癒方式，可能還比鼓勵他行動要來得更快些。但是在表面之下，事情正在推進。和父母同住的沉悶，讓安東尼考慮重新回到他的公寓居住才能重拾自主。有一天，他和一位退休鄰居商量，由安東尼幫助他從事一直夢想的商業案件的可能性，接下來的幾週，為了妥善制定計畫，他便定期和這位鄰居見面。漸漸地，我感覺到我們諮商時的氣壓緩和不少，我也比較能夠追隨他的對話，安東尼本人似乎也更投入在我們的交流中。

他的身體狀況沒有明顯改善，醫療的不確定性也依然存在，他仍然在等待沒有任何把握的神經科學手術治療。但儘管如此，安東尼抱怨得比較少了，也開始對自己的負面想法提出質疑，用開放的心態將自己的思緒視為思緒，而不會盲目服從。同樣地在我們的對話之中，也比較少因為他要替自己的思緒辯護而爭執不下。一點小空間，一種新的互動方式在我和他之間被創造出來。最令我印象深刻的是，他的個人選擇似乎較少出自於他腦袋的推理，而是心靈由衷的選擇。我們的關係和連結也進步了。儘管還是帶著抑鬱和負面想法，至少安東尼作出了決定性的選擇，不要斷絕和朋友的關係。他時常和朋友們通話，定期和他們外出。在我們的諮商工作一開始的時候，安東尼堅信帶著他殘疾的身體，沒有任何朋友會和他保持聯繫。但是隨著諮商工作的進展，他也越來越主動成為他想成為的那種朋友，安東尼知道怎麼和在生活邊緣掙扎的朋友們相處。我特別感動的是，有一日他和我說，他已經真心接受了這些漫漫的治療過程，因為他以劇烈的身體痛楚作為代價，前去見了一位深陷在伴侶危機痛苦深淵的朋友。

安東尼的憂鬱逐漸好轉，我們的諮商也越來越誠摯，並專注於他為了實踐生命價值觀所採取的行動。有一日，安東尼提到了他正在思考擔任志工，為有困難的孩童提供學業支持，但這項服務因為他沒有具備所需的大學水平而被婉拒了。又有一日，他的一位朋友提到合作開設兩輪車修復的工作坊，安東尼對此非常熱衷。他熱愛分享他在機械上的專業知識技能，並開始夢想和朋友一起開設珠寶的工作坊。而為了能好好照顧自己的身體，他也選擇減少在電腦前的時間，過去他認為這個方法可以減低肌肉的壓力，可是事實上痛楚卻依然存在。

> 他的個人選擇似乎較少出自於他腦袋的推理，而是心靈由衷的選擇。

○接觸重要的事物，重新賦予生命意義

今日看來安東尼似乎有所改變。然而就根本上來說，他的情況並沒有好轉，他仍然深受痙攣性斜頸所苦，扭曲他的姿勢以及導致劇烈疼痛，他的身體能力仍然嚴重下降中。問題發生的三年後，他仍然不確定是否有可能治癒。不過今日的安東尼，已經重回了值得的人生路。

我問他，在我們的諮商過程中，他最關心的是什麼？他毫不猶豫地回答：「談論價值觀，以及談論那些對我來說真正重要的事情。」透過接納與承諾治療中的「認知脫鉤」以及和負面情緒保持距離的方法，這項工作已經很成熟了，讓安東尼儘管受盡負面情緒之苦，仍然能夠以自己的方式體現對他來說真正重要的特質。

有效的途徑：價值觀的工作

我選擇分享這一則經歷，用意在於說明價值觀的工作，是如何幫助人們擺脫巨大的慢性病痛苦和不確定的癒後。接觸生活中真正重要的事物，讓人們找回饒富意義的人生。這個出自接納與承諾治療的價值觀工作，以及奠基在智能語言上的研究，能夠豐富與激發認知

行為治療。除此之外，接納與承諾治療被美國心理學會評為是少數關於慢性疼痛，通過驗證的心理學治療之一，也是唯一針對慢性疼痛進行驗證的療法。

在與安東尼共事的過程中，我為他面對痛楚和不確定性的勇氣而感動，以及他決定即使在極度的絕望處境之中也要繼續前進的決心。自從開始專注於安東尼的價值觀之後，我也深受我和他之間所建立起來的深厚連結所感動。我希望透過這則經當事人同意的故事分享，讓處境艱難的其他人，也踏上鑑別自我價值觀的那條道路，以及採取他們立即可以體現的行動。我也希望這則故事可以激勵治療師，在和病患討論重要價值觀的過程中，和病患進行交流。

更多資訊請參閱第 476 頁。

PREFACE
作者介紹

克里斯多夫・翁推(Christophe André)，精神科醫師與心理治療師，任職於巴黎聖安娜醫院（l'hôpital Sainte-Anne）。著有《*L'Estime de soi* (2007), *Vivre heureux, Imparfaits, libres et heureux* (2006)》以及《*Les États d'âme* (2009)》，Odile Jacob 出版。

法瑪・布斐・德・拉・梅頌娜芙(Fatma Bouvet de la Maisonneuve) 任職於巴黎聖安娜醫院婦女酒精成癮治療與預防諮詢處的精神病科醫師。著有《*Les Femmes face à l'alcool — Résister et s'en sortir (2010)*》，Odile Jacob出版。

羅閎・齊內維斯(Laurent Chneiweiss) 精神科醫師，主要研究領域為焦慮症。著有《*Maîtriser son trac (2005) et de L'Anxiété (2000)*》，Odile Jacob 出版。

玖耶樂・得哈斯(Joël Dehasse) 動物行為學醫師，主要研究貓與狗的行為，任職於布魯塞爾。著有《 *Tout sur la psychologie du chat* (2008)》、《*Mon chien est heureux* (2009) 》、《*Tout sur la psychologie du chien* (2009) 》，Odile Jacob 出版。

尼克拉・杜切斯(Nicolas Duchesne) 精神病醫師，任職於蒙貝利埃醫院，同時任教於蒙貝利埃大學及土魯斯大學。著有《*Des Hauts et des bas. Bien vivre sa cyclothymie* (2005)》，Odile Jacob 出版。

佛黑迭克・豐傑(Frédéric Fanget)精神科醫師與心理治療師。任教於里昂第一大學。著有《*Affirmez-vous. Pour mieux vivre avec les autres* (2002), Oser》、《*Thérapie de la confiance en soi* (2003)》、《*Toujours Mieux ! Psychologie du perfectionnisme* (2006) 》、《*Oser la vie à deux* (2010) 》，Odile Jacob 出版。

吉賽樂・喬治(Gisèle George) 從業二十餘年的兒童精神科醫師，主要領域為兒童及青少年時期研究。著有《*Mon enfant s'oppose* (2006)》、《*La Confiance en soi de votre enfant* (2009)》，Odile Jacob 出版。

布魯諾・寇茲(Bruno Koelz) 行為及認知治療師，著有《*Comment ne pas tout remettre au lendemain* (2006)》，Odile Jacob 出版。

吉伯特・拉葛律(Gilbert Lagrue) 巴黎第十二大學名譽教授，主要研究領域為血管疾病，同時也是法國菸草疾病研究的先驅。著有《*Parents : alerte au tabac et au cannabis* (2008)》及《*Arrêter de fumer ?* (2006)》，Odile Jacob 出版。

傑克・樂恭特(Jacques Lecomte) 心理學家。巴黎第十大學及巴黎天主教大學社會科學系講師。法國及法語地區正向心理學協會會長。著有《*Guérir de son enfance* (2004)》及《*Donner un sens à sa vie* (2007)》，Odile Jacob 出版；另著有《*Introduction à la psychologie positive* (2009) 》，Dunod 出版；《*Élixir de bonheur* (2010)》，Interéditions 出版。

傑哈・馬奎閎(Gérard Macqueron) 精神科醫師，AFTCC（法國行為與認知治療協會）的成員，任職於巴黎聖安娜醫院。與 Stéphane Roy 合著有《*La Timidité. Comment la surmonter* (2004)》，Odile Jacob 出版。

貝阿蒂斯・米勒特(Béatrice Millêtre) 心理學博士，專攻認知科學的心理治療師。在《*Prendre la vie du bon côté* (2008) 》中著有多篇改善心理健康的文章，Odile Jacob 出版。

克莉絲汀・米哈貝勒-撒閎(Christine Mirabel-Sarron) 精神病科醫師，任職於巴黎聖安娜醫院，同時任教於巴黎第五大學、第七大學、第八大學及國外各大學。著有《*La Dépression, comment en sortir* (2002)》，Odile Jacob 出版。

瓊-路易絲・莫內絲(Jean-Louis Monestès) 臨床心理學家及心理治療師，法國國家科學研究院（CNRS）功能性神經科學和病理學實驗室的成員。著有《*La Schizophrénie. Mieux comprendre la maladie et mieux aider la personne* (2007) 》、《*Faire la paix avec son passé* (2009)》、《*Changer grâce à Darwin* (2010)》，Odile Jacob 出版。

史蒂芬妮・歐黑-佩里梭羅(Stéphany Orain-Pélissolo) 心理學家及心理治療師，專攻行為及認知療法，特別是 EMDR（*Eye Movement Desensitization Reprocessing*，快速眼動療法）及 MBCT（*Mindfulness Baséd Cognitive Therapy*，正念認知療法），並於巴黎第五大學碩士一年級教授心理學。

迪迪耶・布勒 (Didier Pleux) 臨床心理學家，發展心理學博士，法國認知研究所療法所長。著有《*« Peut mieux faire ». Remotiver votre enfant à l'école* (2001)》、《*L'enfant roi à l'enfant tyran* (2002)》、《*Le Manuel d'éducation à l'usage des parents d'aujourd'hui* (2004)》、《*Exprimer sa colère sans perdre le contrôle* (2006)》、《*Génération Dolto* (2008)》、《*Un enfant heureux* (2010)》，Odile Jacob 出版。

史蒂芬妮・羅伊 (Stéphane Roy) 心理學治療師，任職於布魯日喬治桑醫院（centre hospitalier George-Sand）。與 Gérard Macqueron 合著有《*La Timidité. Comment la surmonter* (2004)》，Odile Jacob 出版。

班傑明・思恭朵夫 (Benjamin Schoendorff) 心理學家及心理治療師，主修行為與認知療法。是將接受與承諾療法（ACT）帶入法國的先驅之一，帶領過許多接受與承諾療法及行為與認知療法的培訓課程。著有《*Faire face à la souffrance : choisir la vie plutôt que la lutte avec la thérapie d'acceptation et d'engagement* (2009)》，Retz 出版。

多明尼克・瑟風 (Dominique Servant) 精神科醫師，法國里爾大學壓力和焦慮部門負責人，法國焦慮症和憂鬱症協會（AFTAD）的創始成員之一，為法國壓力與焦慮相關研究的重要研究員。著有《*Soigner le stress et l'anxiété par soi-même* (2003, 2009)》、《*L'Enfant et l'Adolescent anxieux. Les aider à s'épanouir* (2005)》、《*Relaxation et méditation. Trouver son équilibre émotionnel* (2007)》、《*Ne plus craquer au travail* (2010)》，Odile Jacob 出版。

傑克・梵・黑拉葉 (Jacques Van Rillaer) 心理學博士，魯汶大學名譽教授。十多年來專研佛洛伊德精神分析法，而後轉研究行為與認知療法。著有《*Illusions de la psychanalyse* (1981)》、《*La Gestion de soi* (1992) 》，Mardaga出版；《*Psychologie de la vie quotidienne* (2003)》，Odile Jacob 出版。

羅傑・讚布亨南 (Roger Zumbrunnen) 日內瓦精神病科醫師及心理治療師，專攻焦慮症研究。著有《*Pas de panique au volant!* (2002) 》及《*Changer dans sa tête, bouger dans sa vie* (2009)》，Odile Jacob 出版。

therapie comportementale et cognitive, 2007, 17, p. 3-7.

P.446 即便史金納被視為二十世紀最偉大的心理學家：En 2002, Steven Haggbloom et une equipe de dix chercheurs de l'universite de l'Etat de l'Arkansas ont etabli une liste des cent psychologues les plus eminents du XXe siecle, sur la base des citations de leur nom dans les principaux manuels et les revues les plus prestigieuses de la psychologie (? The 100 most eminent psychologists of the 20th century ?, *Review of General Psychology*, 2000, 6, p. 139-152). Skinner est numero un, suivi, dans l'ordre, par Piaget, Freud et Bandura.

健康和社會地位：*Science and Human Behavior*, Macmillan, 1953, p. 228. Trad. : *Science et comportement humain*, Paris, In Press, 2005, p. 214.

P.438 隨著行為科學的進展，更能夠排除行為作為一種功能而可能產生的變數，行為自決的機會應該大幅增加：*Ibid.*, 1953, p. 241 ; trad. : 2005, p. 224.

P.438 所有的行為在本質上都是無意識的。而即使這些行為不受到任何觀察或分析，仍然會因為某起有效的偶發事件而被製作與維持：*L'Analyse experimentale du comportement*, Wavre, Mardaga, 1971, p. 322.

P.438 我們也可能對於那些用來自我管理，或甚至讓我的做出倒立行為的刺激沒有意識：*About Behaviorism*, New York, Knopf, 1974. Reed. : Penguin Books, 1988, p. 199.

P.440 以我想要的「獨立」：魯汶大學心理學系在過去十年中發生了巨大的變化。佛洛伊德學派霸權的時代已經結束，拉岡學派的空談闊論也不見蹤跡。倒是認知與行為療法蓬勃發展，這都要特別感謝皮耶埃•飛利浦教授(Pierre Philippot)。最終我成功地為心理學專業的學生提供課程，並且在校內開展成功的合作。

P.442 觀察自己可以在自我督促的情況下做多少工作是一個啟示，我仔細斟酌我的時間。如此一來，我便可以將過去因為感到疲乏而擱置的事項繼續下去。而現在我終於意識到，過去原來我習慣縱容自己：*The Shaping of a Behaviorist. Part Two of an Autobiography*, New York, Alfred Knopf, 1979, p. 171.

P.444 史金納寫道，為了砥礪自己寫一本書，預期未來讀者的反應其實沒什麼幫助，有效激起他寫書動力的是能夠解決疑難雜症的感覺、清楚表達那些混亂狀態，寫下想讓人一讀再讀的篇章：How to discover what you have to say : A talk to students ?, *The Behavior Analyst*, 1981, 4, p. 1-7. Reedite dans *Upon Further Refl exion*, New York, Prentice-Hall,1987, p. 138.

P.444 他是這麼描述的：The Shaping of a Behaviorist, op. cit. note 12, p. 94.

P.444 追求簡單明瞭是所有知識分子的道德責任，含糊不清是一種罪惡與變相的犯罪：*Objective Knowledge*, 1972. Trad. : *La Connaissance objective*, Bruxelles, Complexe,1978, p. 55.

P.445 思考就是行動：Par exemple dans ? How to discover what you have to say ?, *op. cit.* note 13, 1987,p. 132.

P.445 這一切都仰賴觀察、分析、制定「行為的」目標，和反覆的練習：Pour des procedures concretes, voir par exemple les pages sur ? le pilotage cognitive ? dans J. Van Rillaer, *Psychologie de la vie quotidienne*, Odile Jacob, 2003, p.233-246 ; 269-272.

P.446 但相較起那些書寫他的文本，是他的文章說服了我，在一定的程度上，我們才是自己生活的主宰者，有權根據行為的各種決定因素來行事，達到我們所選擇的目標：Pour une discussion sur cette presentation, voir Marc Richelle, B. F. *Skinner ou le Peril behavioriste*, Wavre, Mardaga, 1977 ; — J. Van Rillaer, ? Jacques-Alain Miller, Frederic Skinner et la liberte ?, *Journal de*

Stephen Rollnick, *Motivational Interviewing.*, Guilford Publ., 1991.

P.354　我的假定是：Joel Dehasse, ? Le chien conscience ?, *Tout sur la psychologie du chien*, Paris,Odile Jacob, 2009. p. 413-421.

P.356　便就此佔領一個使牠們變為更加依賴的新生物聚落：Raymond et Lorna Coppinger, *Dogs. A new understanding of canine origin, behavior and evolution*, Chicago, The University of Chicago Press, 2001.

P.362　確實，我們可以在有限的動物特質範圍內，用比較可以被接受的行為來取代寵物的問題行為：La personnalite est essentiellement defi nie par la genetique; on peut forcer l'expression psychologique et comportementale de la genetique a l'aide de psychotropes, le temps que l'on administre les psychotropes, mais guere au-dela de leur arret.

P.362　用普遍責任：La responsabilite universelle signifi e que nous sommes responsables (de l'universalite) des experiences et des sensations que nous vivons ; c'est le karma, qui est le reequilibrage de la balance des experiences realisees ou refusees, qui fait que nous nous proposons dans cette vie ces experiences nouvelles ou repetitives, agreables ou desagreables.

P.362　荷歐波諾波諾：Ho'oponopono : philosophie Hawaienne de reconciliation. http://fr.wikipedia.org/wiki/Ho%27oponopono. 2010-04-16.

CHAPTER 4　**第24節**

P.432　米歇爾・德・蒙田，隨筆集，第三卷：*Essais*, 1592, adaptation en francais moderne par A. Lanly, Paris, Honore Champion,1989, livre III, ch. 13 ; ch. 12.

P.433　那般具有「強迫性」：Expression de Lacan visant l'Association internationale, presidee par Anna Freud (Ecrits, Paris, Seuil, 1966, p. 312).

P.434　在奈梅亨大學，我參加了一些恐懼症的行為療法：Les psychiatres du CHU avaient conclu un accord avec le departement de psychologie clinique : ils lui adressaient les patients phobiques pour etre traites, a titre ? experimental ?, par therapie comportementale.

P.434　或者是亨利・艾倫伯格：*The Discovery of the Unconscious*, New York, Basic Books, 1970. Trad. : *A la decouverte de l'inconscient. Histoire de la psychiatrie dynamique*, Villeurbanne, Ed. Simep,1974, p. 406-408.

P.435　漢斯・艾森克：H. Eysenck et G. Wilson, *The Experimental Study of Freudian Theories*, Londres, Methuen, 1973 ; S. Fisher et R. Greenberg, *The Scientifi c Credibility of Freud's Theories and Therapy*, New York, Basic Books, 1977.

P.436　《老年時期的智識自我管理》：*American Psychologist*, 1983, 38, p. 239-244.

P.438　很大程度上，人類似乎控制著自己的命運，也通常能夠調整影響命運的參數。藝術家、科學家、作家和禁慾主義者，通常被認為行為中有某種程度的自決，而越是渺小的自就更為令人熟悉。人類透過自我控制的做法，在各種行動的可能性之間抉擇、反思一個抽象的問題、維護自己的

P.200　這些印象被證實是由某些分子，以及某些通過大腦特定區域的局部刺激所再製：？La conscience ?, *La Recherche*, mars 2010.

P.205　貝爾・雷弗(**Hubert Reeves**)所撰寫的《星體的塵埃(***Poussières d'étoiles***)》：Hubert Reeves, *Poussieres d'etoiles*, Paris, Seuil-Sciences, 2008.

P.207　迪卡兒的「心物二元論」是個錯誤：Antonio Damasio, *Le Sentiment meme de soi*, Paris, Odile Jacob, 1999.

P.208　法國哲學家安德魯・孔德一斯蓬維爾：Andre Comte-Sponville, *L'Esprit de l'atheisme : Introduction a une spiritualite sans Dieu*, Paris, Albin Michel, 2006.

CHAPTER 3　**第19節**

P.348　在模糊的科學之下心理學家的道路：Abraham A. Moles, *Les Sciences de l'imprecis*, Paris, Seuil. 1995.

P.349　或像是**M. W. Fox**等第一批獸醫作家的出版品：M. W. Fox, *Canine Behaviour*, Springfi eld, Charles C. Thomas, 1978.

P.349　**Fuller**教授大量的實驗遺傳學研究成果：J. P. Scott, J. L. Fuller, *Genetics and the Social Behavior of the Dog*. Chicago, The University of Chicago Press, 1965.

P.349　和兒童教育書籍：Fitzhugh Dodson, *Tout se joue avant 6 ans*, Paris, Marabout, 1976.

P.349　《狗的教育：從〇到六個月》：Joel Dehasse, *L'Education du chien, de 0 a 6 mois*, Montreal, Editions de l'Homme,1982.

P.351　綜合一些馬斯洛：Maslow Abraham (1908-1970), fondateur de la psychologie transpersonnelle, mais aussi de la theorie de motivation et des besoins

P.351　一些葛羅夫：Stanilas Grof, *Psychologie transpersonnelle*. Paris, Editions du Rocher, 1985.

P.351　更多的卡斯塔尼達：Carlos Castaneda (1925-1998), qui a suivi don Juan, sorcier tolteque, et ecrit ses experiences dans une douzaine de livres publies de 1968 a 2000.

P.351　特別是在約瑟夫・班克・萊茵：Joseph Banks Rhine (1895-1980). http://fr.wikipedia.org/wiki/Joseph_Banks_Rhine (2010-04-12). Cite dans Dehasse J., *Chiens hors du commun*, Montreal, Editions de l'Homme, 1993 ; 2e edition : Mont real, Le Jour editeur, 1996.

P.352　精神疾病診斷與統計手冊：DSM : Manuel diagnostique et statistique des troubles mentaux, de l'Association psychiatrique americaine.

P.353　電影《我們懂個X》：*What the bleep do we know*? http://www.whatthebleep.com/ (2010-04-12).

P.354　我們可以得到一個想法，或是得到不同的表現形式：William R. Miller,

le mode de garde et d'accueil d'enfants de moins de sept ans, menee en 2002 par la DREES. Ces chiffres n'ont presque pas change.

P.166 約莫二四〇萬個孩童只與其中一位父母住在一起，大多數是母親：Anne Eydoux, Marie-Therese Letablier, avec Nathalie Georges, *Les Familles monoparentales en France*, Insee, juin 2007.

P.169 相關的研究指出：Francine Dufort, ? Travail salarie, famille et sante mentale des femmes : revue de la litterature ?, *Sante mentale au Quebec*, vol. 10, no 2, 1985, p. 64-72.

P.174 布迪厄寫道：Pierre Bourdieu, *La Domination masculine*, Paris, Seuil, ? Points ?, 2002.

P.174 布里吉特・格雷西：Brigitte Grezy, *Petit traite contre le sexisme ordinaire*, Paris, Albin Michel, 2009,p. 128.

P.174 米歇爾・法拉利：Etude dirigee par Michel Ferrary entre janvier et octobre 2008, parue dans *Le Monde* en 2009.

P.174 桑多爾・費倫齊：Ferenczi, ? Masculin et feminin ?, p. 71, et 亟tre mort-etre femme ?, p. 284, *Psychanalyse* IV, 1927-1933.

P.179 找出複雜的關係與角色：Christophe Andre, Francois Lelord, *Comment gerer les personnalites diffi ciles*, Paris, Odile Jacob, 1996.

P.181 法國心理學家辛西婭・弗勒里：Cynthia Fleury, *La Fin du courage*, Paris, Fayard, 2010.

CHAPTER 2　**第11節**

P.187 德瑞克・登頓：Denton Derek, *Les Emotions primordiales et l'Eveil de la conscience*, Paris, Flammarion,2005.

P.195 帕斯卡・爾博耶：Pascal Boyer, *Et l'homme crea les Dieux*, Paris, Robert Laffont, 2001.

P.195 斯科特・阿特蘭：Scott Atran, *Au nom du Seigneur : la religion au crible de l'evolution*, Paris, Odile Jacob, 2009.

P.195 Gerald Edelman, *Plus vaste que le ciel : une nouvelle theorie generale du cerveau*, Paris, Odile Jacob, 2004.

P.196 約翰——皮埃爾・尚傑：Jean-Pierre Changeux, *Du vrai, du beau, du bien : une nouvelle approche neuronale*, Paris, Odile Jacob, 2008.

P.196 帕斯卡・爾博耶：*Op. cit.*

P.197 斯科特・阿特蘭：*Op. cit.*

P.198 理查・道金斯：Richard Dawkins, *Le Gene egoiste*, Paris, Odile Jacob, 1996.

P.198 這一切都屬於情感的範疇而非理性：Jean Hamburger, *La Raison et la Passion*, Paris, Seuil, 1984.

P.199 《宗教的世界》：? Les athees ?, *Le Monde des religions*, janvier-fevrier 2006, no 5.

資料來源

CHAPTER 1　第 7 節

P.122　就是受到暴力虐待的兒童成為慈愛父母的部分：Jacques Lecomte, *Guerir de son enfance*, Paris, Odile Jacob, 2004.

P.126　出於各式的動機，我書寫這個主題：Jacques Lecomte, *Donner un sens a sa vie*, Paris, Odile Jacob, 2007.

P.128　有助於個人、團體和機構最佳功能和發展的條件和過程：JShelly L. Gable et Jonathan Haidt, ? What (and why) is positive psychology ? ?,*Review of general psychology*, 9 (2), 2005, p. 103-110 (p. 104).

P.129　並在這三個層面上指導建立集體工作的方法：JJacques *Lecomte, Introduction a la psychologie positive*, Paris, Dunod, 2009.

P.129　包含網頁的建置：http://www.psychologie-positive.net

P.129　以及我被任命為一個正向心理學協會的主席：Voir sur le site mentionne ci-dessus la rubrique ? Association ?.

P.130　因此今日，我自我歸類為樂觀現實主義者：C'est mon ami Stefan Vanistendael qui m'a fait comprendre l'importance d'associer optimisme et realisme. Il qualifi e la resilience d'? optimisme realiste ?.

P.131　曼德拉如此描述人性：Nelson Mandela, *Un long chemin vers la liberte*, Paris, Livre de Poche, 2002, p. 753.

P.131　馬丁・路德・金恩則如是說：Martin Luther King (1961). ? Love, Law, and civil disobedience ?, *A Testament of Hope, The Essential Writings and Speeches of Martin Luther King Jr.*, New York, HarperCollins,1991, p. 47-48.

CHAPTER 2　第10節

P.162　果然，最近的一項調查顯示，癥結點就在於女性該如何協調私人生活以及職業生活：Sondage Ifop, Etats generaux de la femme, 2010

P.163　更多工作上的煩憂、高出兩倍的企圖自殺比例、更多的職業過勞和工作場合的騷擾事件、攀升的精神藥物消費量：santefemmesactices.com

P.163　而我所說的「平等的正確時機」，是只有當我們關注問題的社會心理層面時才會發生：santefemmesactices.com

P.165　人的天性就是傾向於暴政與相互壓迫：*Les Prolegomenes d'Ibn Khaldoun*, Kessinger Pub, 2008.

P.166　母親獨自照顧就佔了五〇%以上：Isabelle Germain, ? Et si elles avaient le pouvoir… ?, A dire vrai, Paris, Larousse,2009, p. 107. Une enquete portant sur

- Test Eurêka-BM : un questionnaire élaboré pour permettre de prendre conscience de votre type de raisonnement. Pour vous, votre hiérarchie et vos collaborateurs.
- http://learninglab.etwinning.net/web/ mindmapping/

24. 正面看待拒絕

- Bjork D. W., *B.F. Skinner. A Life,* [ville], Basic Books, 1993.
- Skinner B. F., *Science and human beha- vior*, [ville], Macmillan, 1953 (trad. : *Science et comportement humain*, Paris, In Press, 2005).
- Skinner B. F. et Vaughan M., *Enjoy old age*, New York, Norton, 1983 (trad. : *Bonjour sagesse,* Paris, Laffont, 1986).
- Bréhier É. (trad.), *Les Stoïciens*, Paris, Gallimard, « La Pléiade », 1962.
- Van Rillaer J., *La Gestion de soi*, Wavre, Mardaga, 1992, 4e éd. : 2000. Ouvrage épuisé. Une édition remaniée est pré- vue pour septembre 211.

25. 慢性病痛：讓自身的價值來給生命帶來力量

- Dahl J., Wilson K. G., et Nilsson A., « Acceptance and Commitment Therapy and the treatment of persons at risk for long-term disability resulting from stress and pain symptoms: A preliminary randomized trial », *Behavior Therapy,* 2004, 35, p. 785-802.
- McCracken L. M., MacKichan F. et Eccleston C. , « Contextual cognitive-behavioral therapy for severely disabled chronic pain sufferers : Effectiveness and clinically significant change », European Journal of Pain, 2007, 11, p. 314-322.
- McCracken L. M., Vowles K. E. et Eccles- ton C., « Acceptance-based treatment for persons with complex, long standing chronic pain: A preliminary analysis of treatment outcome in comparison to a waiting phase », *Behaviour Research and Therapy*, 2005, 43, p. 1335-1346.
- Vowles K. E., Wetherell J. L. et Sorrell J. T., « Targeting acceptance, mindful- ness, and values-based action in chronic pain: Findings of two preliminary trials of an outpatient group-based intervention », *Cognitive and Behavioral Practice*, 2009, 16, p. 49-58.
- Vowles K. E. et McCracken L. M., « Acceptance and values-based action in chronic pain: A study of treatment effectiveness and process », *Journal of Consulting and Clinical Psychology*, 2008, 76, p. 397-407.
- Wicksell R. K., Ahlqvist J., Bring A., Melin L. et Olsson G. L., « Can exposure and acceptance strategies improve functioning and life satisfaction in people with chronic pain and whiplash- associated disorders (WAD)? A randomized controlled trial », *Cognitive Behaviour Therapy*, à paraître.
- Wicksell R. K., Melin L., Lekander M. et Olsson G. L., « Evaluating the effectiveness of exposure and acceptance strategies to improve functioning and quality of life in longstanding pediatric pain – A randomized controlled trial », *Pain*, 2009, 141(3), p. 248-257.
- Wicksell R. K, Melin L. et Olsson G.L. « Exposure and acceptance in the rehabilitation of children and adolescents with chronic pain », *European Journal of Pain*, 2007, 11, p. 267-274.

第四章：了解更多

20. 我們該往哪去？跟著自身生命的價值走

- Fanget F., *Où vas-tu? Les réponses de la psychologie pour donner du sens à sa vie*, Paris, Les Arènes, 2007.
- Monestès J.-L., *Faire la paix avec son passé*, Paris, Odile Jacob, 2009.

21. 轉換或結合其他方式，兩種改變的方法

- Cottraux J., Les *Thérapies comporte- mentales et cognitives*, Paris, Masson 2004. Cet ouvrage est un classique pour les professionnels, mais il est aussi accessible au grand public désireux de s'informer sur la thérapie comporte- mentale et cognitive.
- Epictète, *Le Manuel, Paris, Garnier- Flammarion, 1964. Le Manuel est* une édition de poche de l'enseignement d'Epictète, philosophe gréco-romain du Ier siècle apr. J.-C. C'est lui qui a dit , en treautres :«Ilya les choses qui dépendent de nous, et celles qui ne dépendent pas de nous. » Mais aussi : « Ce qui nous dérange, ce n'est pas ce qui nous arrive, c'est l'idée que nous nous en faisons. » Ou encore : « En cas de problème, le sot accuse les autres. Celui qui est un peu plus intelligent se blâme lui-même. Le sage ne s'en prend ni aux autres ni à lui-même. » L'édition recommandée ici contient en prime un texte magnifique d'un autre philosophe stoïcien, l'empereur romain Marc-Aurèle lui-même !
- Zumbrunnen R., *Changer dans sa tête, bouger dans sa vie*, Paris, Odile Jacob, 2009. J'ai réuni dans cet ouvrage pratique ce qui me paraît le plus utile pour aider mes patients et m'aider moi-même à changer durablement.

22. 我如何處理工作上的壓力

- Servant D., *Ne plus craquer au travail*, Paris, Odile Jacob 2010.
- Servant D., *Soigner le stress et l'an- xiété par soi-même*, Paris, Odile Jacob Poche, 2009.

23. 相信自己的直覺

- Grozdanovitch D., *L'Art difficile de ne presque rien faire*, Paris, Denoël, 2009.
- Millêtre B., *Petit Atelier de mieux-être au travail pour salariés de tous horizons*, Paris, First, 2010.— *Le Livre des bonnes questions à se poser pour avancer dans la vie*, Paris, Payot, 2010.
  — *Prendre la vie du bon côté. Pratiques du bien-être mental*, Paris, Odile Jacob (2009).
  — Petit *Guide à l'usage des gens intelligents qui ne se trouvent pas très doués*, Paris, Payot, 2007.
- Mintzberg H., *Le Management*, Paris, Éditions d'Organisation, 1989.
- Pink D., *L'Homme aux deux cerveaux*, Paris, Robert Laffont, 2007.

網站

- www.penser-autrement.net

13. 跟自己的過去取得和解以便享受當下
- Monestès J.-L., *Faire la paix avec son passé*, Paris, Odile Jacob, 2009.

第三章：了解更多

14. 揭露自我：學習自我剖析
- André C., *Imparfaits, libres et heureux. Pratiques de l'estime de soi*. Paris, Odile Jacob, 2006.
- Ben-Shahar T., *L'Apprentissage de l'imperfection*. Paris, Belfond , 2010.
- Fanget F., Oser. *La thérapie de la confiance en soi*. Paris, Odile Jacob, 2003.
- Koeltz B., *Comment ne pas tout remettre au lendemain*. Paris, Odile Jacob, 2006.
- Pélissolo A., Roy S., *Ne plus rougir et accepter le regard des autres*. Paris, Odile Jacob, 2009.

15. 「不」的戰爭：父母與孩子間的權威
- George G., *La Confiance en soi de votre enfant*, Paris, Odile Jacob, 2007.
- George G., *Mon enfant s'oppose,* Paris, Odile Jacob, 2006.

16. 行動前先傾聽　無

17. 治療師的自我肯定
- André C., *Imparfaits, libres et heureux*, Paris, Odile Jacob poche, 2009.
- Fanget F., *Affirmez-vous! Pour mieux vivre avec les autres*, nouvelle édition, Paris, Odile Jacob, avril 2011.
- Fanget F., *Toujours mieux, psychologie du perfectionnism*e, Paris, Odile Jacob, 2006, et Odile Jacob poche, 2010.

18. 不，我不是個完美媽媽
- Georges G., *La Confiance en soi de votre enfant*, Paris, Odile Jacob, 2009.
- Georges G., *Mon enfant s'oppose, que dire, que faire*, Paris, Odile Jacob, 2000.
- Gordon T., *Comment apprendre l'auto-discipline aux enfants. Une nouvelle approche constructive*, Le jour éditeur, 1990.
- Manes S., *Comment devenir parfait en trois jours*, Paris, Rageot, « Cascade », 1997.
- Millêtre B., *Le Livre des bonnes questions à se poser pour avancer dans la vie*, Paris, Payot, 2010.

  — *Prendre la vie du bon côté. Pratiques du bien-être mental*, Paris, Odile Jacob, 2009.

  — *J'éveille mon bébé*, Paris, Odile Jacob, 2005.

  — *Bébé s'éveille*, Paris, Gründ, 1995.

19. 寵物與飼主的關係是人際關係的反映　無

10. 在工作或其他場域中對自身的女性特質產生信心　無

11. 不再害怕老化及死亡

書籍

- André C., *Les États d'âme : un apprentissage de la sérénité*, Paris, Odile Jacob, 2009.
- Atran S., *Au nom du Seigneur : la religion au crible de l'évolution*, Paris, Odile Jacob, 2009.
- Boyer P., *Et l'homme créa les Dieux*, Paris, Robert Laffont, 2001.
- Changeux J.-P., *Du vrai, du beau, du bien : une nouvelle approche neurone, Paris, Odile Jacob, 2008*
- *Comte-Sponville A., L'Esprit de l'athéisme : introduction à une spiritualité sans Dieu, Paris, Alban Michel, 2006.*
- Damasio A., *Le Sentiment même de soi*, Paris, Odile Jacob, 1999. Debray-Ritzen P., *Ce que je crois*, Paris, Grasset, 1983.
- Denton D., *Les Émotions primordiales et l'Évẹil de la conscience*, Paris, Flammarion, 2005.
- Dawkins R., *Le Gène égoïste*, Paris, Odile Jacob, 1996.
- Edelman G., *Plus vaste que le ciel : une nouvelle théorie générale du cerveau*, Paris, Odile Jacob, 2004.
- Hamburger J., *La Raison et la Passion*, Paris, Seuil, 1984.
- Reeves H., *Poussières d'étoiles*, Paris, Seuil-Sciences, 2008.

文章

- « Penser la mort », *Le Point Références*, mai-juin 010.
- « Les athées », *Le Monde des religions*, janvier-février 2006, no 15.
- « La conscience », *La Recherche*, mars 2010.
- Denton Derek, Les Émotions primordiales et l'Éveil de la conscience, Paris, Flammarion, 2005.

12. 對放鬆療法與靜坐的體認

書籍

- André C., *Vivre activement serein par la méditation*, Symbiofeel.
- Servant D., *Dominer vos émotions par la relaxation*, Symbiofeel, Servant D., *La Relaxation.*
- *Nouvelles approches, nouvelles pratiques*, Paris, Masson, 2009.
- Servant D., « Se soigner par la relaxation », C. André (dir.), *Le Guide de psychologie de la vie quotidienne*, Paris, Odile Jacob, 2008.
- Servant D., *Relaxation et méditation. Trouver son équilibre émotionnel, Paris*, Odile Jacob 2007.

網站

- www.symbiofi.com（可於此網站下載練習影片、CD及CD-Rom）

- — *Où tu vas, tu es : apprendre à médi- ter pour se libérer du stress et des ten- sions profondes*, Paris, J'ai lu, 2005.
- — *L'Éveil des sens, Vivre l'instant pré- sent grâce à la pleine conscience*, Paris, Les Arènes, 2009
- Maex E., *Mindfulness : apprivoiser le stress par la pleine conscience*, Paris, De Boeck, 2007
- Pélissolo A, *Bien se soigner avec les médicaments psy*, Paris, Odile Jacob, 2005.
- Shapiro F., *Manuel d'EMDR*, Paris, Inter- Editions, 2007.
- *Shapiro F., Silk Forrest M., Des yeux pour guérir, Paris, Seuil, 2005. Williams M., Teasdale J., Zindel V. Segal, Kabat-Zinn J., Méditer pour ne plus déprimer, Paris, Odile Jacob, 2009.*

5. 當恐懼讓你無法行動

- André C., *Psychologie de la peur. Crain- tes, angoisses et phobies*, Paris, Odile Jacob, 2004.
- Chneiweiss L., Albert E., *L'Anxiété*, Paris, Odile Jacob, 2003.
- *Ladouceur R., Marchand A., Bois- vert J.-M., Les Troubles anxieux : approche cognitive et comportemen- tale, Paris, Masson, 1999. Mirabel-Sarron C, Plagnol A., « Agoraphobie et espace de représentation : une approche comportementale et cognitive », Annales médico-psycholo- giques, Paris, Elsevier 2010, vol. 168 : p. 38-43.*
- *Pélissolo A., Cohen-Salmon C., « Le Cerveau anxieux », Neuropsychiatrie, 6, Grenoble, Pil, 2003.*
- Vera L., Mirabel-Sarron C., Psychopa- thologie des phobies, Paris, Dunod, 2002.

6. 學習與接受自己的漫漫長路　無

7. 從復原力到正向心理學　無

第二章：了解更多

8. 接受自己的過去

- André C., *Imparfaits, libres et heureux, Paris, Odile Jacob, 2006.*
- Monestès J.-L., *Changer grâceà Darwin,* Paris, Odile Jacob, 2010.

9. 在我的生命中一貫地執行自己給出的建議

- Antoine de Saint-Exupéry, *Le Petit Prince*, Paris, Gallimard 1945.
- Pierre Dac. *L'Os à* Moëlle (vol. I), Paris, Julliard, 1963.
- — *L'Os à moëlle* (vol. II), Paris, Julliard, 1965.
- Irvin Yalom, *Le Bourreau de l'amour, histoires de psychothérapies*, Paris, Galaade, 2005.
- — *Le Jardin d'Epicure*, Paris, Galaade, 2009.

補充資料

第一章：了解更多

1. 內向，臉紅，懼怕他人的目光

治療師協會

- 法國行為與認知治療協會：www.aftcc.org
- 法語國家行為與認知治療培訓與研究協會：www.afforthecc.org
- 法語國家認知和認知治療培訓研究所：www.iffor thecc.org

網站

- www.timidite.info
- www.ereutophobie.fr
- http://mediagora.free.fr
- www.anxiete-depression.org

書籍

- André C., *Les États d'âme*, Paris, Odile Jacob, 2009.
- André C. et Légeron P., La Peur des autres, Paris, Odile Jacob, 2000. Fanget F., *Affirmez-vous!*, Paris, Odile Jacob, 2002.
- Macqueron G. et Roy S., *La Timidité*. Comment la surmonter, Paris, Odile Jacob, 2004.
- Pélissolo A. et Roy S., *Ne plus rougir et accepter le regard des autres*, Paris, Odile Jacob, 2009.

2. 克服對疾病的恐懼

- Abramowitz Jonathan S., Braddock Autumn E., Psychological *Treatment of Health Anxiety and Hypochondriasis : A Biopsychosocial Approach*, Hogrefe & Huber, 2008.
- Lejoyeux M., *Vaincre sa peur de la maladie*, Paris, La Martinière, 2002.

3. 幽閉恐懼症的記憶

- André C. *La Psychologie de la peur*, Paris, Odile Jacob, 2004.
- Ellis A., *Reason And Emotion In Psycho- therapy*, New York, Citadel Press, 1962.
- Ellis A. et Harper A., *L'Approche émo- tivo-rationnelle*, éd. De L'Homme, éd. Cim, Montréal, 1992.
- Emery J. L. *Surmontez vos peurs*, Paris, Odile Jacob, 2002.

4. 憂鬱症，當我們被你把持！

- André C., *Imparfaits, libres et heureux*. Pratiques de l'estime de soi, Paris, Odile Jacob, 2006.
- Ben-Shahar T., *L'Apprentissage du bon- heur*, Paris, Belfond, 2008.
- Kabat-Zinn J., *Méditer, 108 leçons de pleine conscience*, Paris, Les Arènes, 2010.

我們都是脆弱的人

SECRETS DE PSYS

編　　著：克里斯多夫・翁推 Christophe André
譯　　者：黃奕菱
執 行 長：陳蕙慧
副總編輯：李欣蓉
編　　輯：陳品潔
美術設計：許晉維
行銷企畫：童敏瑋
社　　長：郭重興
發行人兼出版總監：曾大福
出　　版：木馬文化事業股份有限公司
發　　行：遠足文化事業股份有限公司
地　　址：231 新北市新店區民權路108-3號8樓
電　　話：(02)2218-1417
傳　　真：(02)8667-1891
Email　：service@bookrep.com.tw
郵撥帳號：19588272 木馬文化事業股份有限公司
客服專線：0800221029
法律顧問：華洋國際專利商標事務所　蘇文生律師
印刷：中原造像股份有限公司
初版：2018 年 09 月
定價：460 元

國家圖書館出版品預行編目(CIP)資料

我們都是脆弱的人 / 克里斯多夫.翁推(Christophe André)著 ; 黃奕菱譯. -- 初版. -- 新北市 : 木馬文化出版 : 遠足文化發行, 2018.09
面 ;　公分.
譯自 : secrets de psys
ISBN 978-986-359-502-1(平裝)
1.心理治療
178.8　　　107000802